熊彼特著作集

Joseph Schumpeter

十位伟大的经济学家

从马克思到凯恩斯

TEN GREAT ECONOMISTS

From Marx to Keynes

约瑟夫·熊彼特 / 著

贾拥民 / 译

中国人民大学出版社

·北京·

前　言

本书所收入的这些文章全都写于1910—1950年这40年间，最早的三篇［分别关于瓦尔拉斯（Walras）、庞巴维克（Böhm-Bawerk）和门格尔（Menger）］是用德文写的，其余各篇都是用英文写的。除了关于马克思（Marx）的那一篇之外，其余各篇都已经在不同的经济学杂志上发表过。它们当中，有的是为了悼念某位刚刚逝世的经济学家而写的，有的则是为了某些事件的周年纪念而作的，比如庆祝马歇尔（Marshall）的《经济学原理》（*Principles of Economics*）出版50周年、纪念帕累托（Pareto）诞辰100周年，等等。因为这些文章都是在一些特殊的情况下匆匆忙忙地写就的，所以熊彼特（Schumpeter）本人认为将这些文章结集出版并没有多大的价值，但是许多人都需要它们，而且原来刊载它们的杂志又不容易找到，所以熊彼特于1950年1月去世前几个月，终于同意由牛津大学出版社（Oxford University Press）将它们整理出版。

本书正文共有十篇文章。除了关于马克思的那一篇之外，其余的都是由熊彼特本人亲自挑选出来的。熊彼特本来计划在本书中收录《〈共产党宣言〉中的社会学和经济学》（The Communist Manifesto in Sociology and Economics）一文，那是在1949年6月，他为纪念《共产党宣言》（*The Communist Manifesto*）发表100周年发表在《政治经济学杂志》（*Journal of Political Economy*）上的文章。但是现在我们决定用《资本主义、社会主义与民主》（*Capitalism, Socialism and Democracy*）一书的第一部分《马克思的学说》（The Marxian Doctrine）来取代它，因为它对作为预言家、社会学家、经济学家和导师的马克思做了更全面的论述。我非常感谢卡斯·坎菲尔德先生（Cass Canfield）和哈珀兄弟出版社（Harper & Brothers），感谢他们慷慨地准许我将《马克思的学说》这篇文章收入本书。借此机会，我还要感谢《经济学季刊》（*Quarterly Journal of Economics*）、《美国经济评论》（*American Economic Review*）、《经济学杂志》（*Economic*

Journal）和《计量经济学》（*Econometrica*）等杂志的编辑和出版商，因为他们同意把原先发表在他们杂志上的一些文章收入本书。还有几篇选入本书的文章原先发表于《国民经济与社会政策杂志》（*Zeitschrift für Volkswirtschaft und Sozialpolitik*），不过该杂志现在已经停刊了。

附录中关于克纳普（Knapp）、维塞尔（Wieser）和博特基威茨（Bortkiewicz）的三篇短文是根据戈特弗里德·哈伯勒（Gottfried Haberler）教授的建议而收入本书的。他认为这三篇短文应该重新出版，并且应该与其他传记性文章一起收入同一本书中出版。这些文章是熊彼特担任《经济学杂志》驻奥地利通讯员（1920—1926 年）和驻德国通讯员（1927—1932 年）期间为该杂志撰写的。1932 年，熊彼特离开了德国的波恩大学，来到了美国的哈佛大学。

本书作者与这些传记性文章的主题之间存在着千丝万缕的联系。他不仅敬仰这些作者的作品，而且他与他们当中的一些人熟识（除了一个例外），特别是，他与其中几位还有着深厚的友谊。[①] 再一次，例外出在卡尔·马克思（Karl Marx）身上。马克思于 1883 年去世，而熊彼特则与凯恩斯一样，恰好是在这一年出生的——凯恩斯也是“十位经济学家”中最年轻的一位。熊彼特和马克思有一个共同之处——他们都把经济发展看成一个过程。在他的《经济发展的理论》（*Theory of Economic Development*）一书中，熊彼特试图提出“一种关于经济变化的纯经济理论，强调经济变化不仅仅是建立在推动经济体系从一种均衡过渡到另一种均衡的外部因素的基础上”。在为该书的日文版撰写的序言中，熊彼特写道：“开始时我不清楚，但是读者应该立刻就能看清，[我（熊彼特）本人的] 这种思想、这种目标与构成卡尔·马克思的经济学说的基础的那种思想、那种目标完全一样。实际上，他 [马克思] 与他同时代的以及他以前的经济学家的区别就在于他对经济发展的独特看法，即把经济发展看成经济制度本身所导致的一种特定的过程。马克思经济学说的所有其他方面，都不过是采用和修改了李嘉图经济学的概念和观点而已。但是，经济发展的概念，却可以说完全是马克思自己的创见，至于他把这个概念放入黑格尔哲学背景中的做法，其实并不是关键。很可能正是因为这一点，一代又一代经济学家才会不断地提起马克思，尽管他们可以从其他

① 这是针对正文中的十篇文章而言的。至于附录中的三篇文章所述的那三位经济学家，熊彼特只与维塞尔非常熟悉，他很可能只是遇到过克纳普和博特基威茨。

许多方面批评他。”在他的《经济分析史》(*History of Economic Analysis*)手稿中,我们也可以看到熊彼特这样写道:“在他[马克思]的思想的总体框架中,发展绝不是那个时代的经济学家眼中的静态经济体系的一个可有可无的附属物,而是那个时代的经济的核心问题。马克思的分析重点集中在了,阐明在自身的内在逻辑的推动下不断变化的经济过程,究竟是怎样一刻也不停地改变着整个社会的整体结构。”在这一点上,他们的看法是一致的,但是由此而导致的结果却完全不同:马克思大力谴责资本主义社会,而熊彼特则成为资本主义的热心的辩护人。

在熊彼特看来,经济学这门学科能否取得进步,取决于远见和技术。他既推崇马克思关于经济过程的看法,同时也推崇与他只有一面之缘的瓦尔拉斯(Walras)的纯粹经济理论。在谈到瓦尔拉斯的时候,熊彼特在《经济分析史》里是这样说的:“……经济学就像是一辆巨大的公共汽车,上面搭载着许多兴趣和能力都无法相互比较的乘客。但是单就纯粹经济理论而言,我认为瓦尔拉斯是最伟大的经济学家。他的经济均衡体系把‘革命的’创造性和古典的综合性完美地结合了起来。这是唯一可以与理论物理学的成就相媲美的经济学家的作品。”

马克思和瓦尔拉斯截然不同,他们两人各走一个极端:一个试图给出经济变迁的逻辑解释,另一个则向我们提供了一个“理论工具,它在我们这门学科的历史上第一次有效地阐明了各种经济量之间互相依赖的纯粹逻辑”。

熊彼特的特点[①]是:对历史和纯理论性的东西、对计量经济学和收集到的海量事实材料、对社会学和统计学,他都持肯定和赞赏的态度,他认为它们都是有用的。他如此广泛的兴趣也反映在了本书收录的这些传记性文章当中。

他在维也纳学习期间就认识了门格尔、庞巴维克和维塞尔。门格尔和他的两位弟子——庞巴维克和维塞尔——可以算是经济学中的奥地利学派或维也纳学派的共同创始人。不过,那时门格尔已从大学退休,不再积极参加教学事务,熊彼特只和他见过一两次面。但是关于这几位学者的传记性文章无疑是可信的,因为

① 哈伯勒(Haberler)谈及熊彼特的时候曾经说过,熊彼特虽然也有自己的专长领域,“但是,作为经济学所有分支的‘大师’、作为一个通才,熊彼特在当代经济学家中拥有独一无二的地位”(《经济学季刊》,1950年8月)。

它们的作者是维塞尔和庞巴维克主持的研讨班的积极参加者（1904—1906 年）。后来，熊彼特还与庞巴维克就利息率问题进行过一场著名的论战（*Zeitschrift für Volkswirtschaft*，1913）；而且，1921 年，在庆祝维塞尔七十诞辰时，熊彼特是三位发言者之一。

虽然熊彼特接受的是奥地利学派的学术训练，虽然他很看重这个学派的思想和著作，但是他却对发展边际效用价值理论的另一个学派——洛桑学派（the School of Lausanne）——更感兴趣。这个学派源于瓦尔拉斯的著作。不过，从某种意义上说，这个学派的真正创始人其实是帕累托。帕累托是瓦尔拉斯的杰出学生，后来接替瓦尔拉斯在洛桑大学担任政治经济学教授一职。一直以来，对于英国和美国的经济学家来说，他们的著作都显得过于“数学化”和“理论化”了。同时英、美两国的经济学家还发现，阅读用其他语言写成的经济学著作事实上也是非常困难的。（也许根本就是浪费时间！）但是洛桑学派很早就拥有了两位第一流的美国信徒——欧文·费雪（Irving Fisher）和 H. L. 穆尔（H. L. Moore）。本书正文的十篇文章当中，其中三篇就是献给瓦尔拉斯、帕累托和费雪的。在关于帕累托的那篇文章的一个脚注里，熊彼特描述了一次聚会，在会上谈到了许多经济学家，帕累托对欧文·费雪大加赞扬。熊彼特这样写道：“当我听到他［帕累托］对［费雪的］《资本和收入的性质》（*Capital and Income*）一书的高度评价时，实在有些意外。”

1906 年，熊彼特在维也纳获得学位以后，到英国待了几个月。在那儿他拜访了几位经济学家，并在 1907 年第一次遇见了马歇尔。1933 年 12 月，熊彼特为《经济学杂志》撰写了一篇评价凯恩斯的传记作品集《精英的聚会》（*Essays in Biography*）的文章。在该文的注释中，他描述了与马歇尔的这次会见。在评论凯恩斯写的关于马歇尔的文章时，熊彼特这样写道：“1907 年的某一天的早餐时间，我隔着桌子看着他［马歇尔］，然后告诉他说：‘教授，在我们这次（关于我的科学计划的）谈话结束之后，我真的感到我就像是一个轻率的恋爱者，正准备尝试一场冒险的婚姻；而你就像是一位慈祥的长者，试着劝我放弃这个念头。’而他则回答道：‘事情本来就应该是这样的。如果年轻人真想在学术方面有什么作为，只听长者的劝告是没有用的。’”被收入本书的关于马歇尔的文章表明，熊彼特对马歇尔的著作是何等地重视。当年，当这篇文章在《美国经济评论》上发表后，熊彼特收到了玛丽·马歇尔于1941年6月寄自英国剑桥的一封短信。信里这样写道："我刚刚收到《美国经济评论》。现在我正以极大的兴趣阅读你写的纪念马歇尔的《经济学原理》出版50周年的文章。我知道你对他的著作一向评价很高，我很高兴你能借此机会如此热烈而恰当地表达了你的赞美。这篇文章的最后一段尤其令我感到欣喜。我也和你一样，非常欣赏凯恩斯写的《纪念阿尔弗雷德·马歇尔》一文。"

1913—1914学年，熊彼特作为一名来自奥地利的交换教授，来到了美国哥伦比亚大学，那可能是他第一次与本书一些文章所讨论到的那几位美国经济学家［陶西格（Taussig）、费雪、米切尔（Mitchell）］会面。在此之前，他已经阅读过他们的论著，而且至少已经和陶西格通过信。陶西格于1912年11月27日从马萨诸塞州剑桥给他写了一封信。在这封信中，陶西格对这位青年经济学家的英文水平大加赞赏，并且讨论了熊彼特提出的一个理论问题。"我对于你的论证没有什么异议，但是我个人还是倾向于认为，或许应该从一个更现实的角度来探讨这些问题。"陶西格还在信中提供了一些供给图表，然后继续写道："我很想把同样的论证方式应用于劳动，就像应用于资本和土地一样，以此来构建一种'租赁'劳动理论。我已经草拟出了一个大纲，准备撰写一篇长文对此问题进行论述。你当然知道，我的朋友J.B.克拉克以前就进行过这种论证。更晚近一些，欧文·费雪也进行了更详细的论证。这种论证还没有最后的结论。我不是狂妄自大的人，因此不会觉得理当由我来得出最后的结论。但是我确实希望自己能够在这个问题上有所贡献。"熊彼特和陶西格的友谊就这样建立起来了。他们的友谊一直持续到了陶西格于1940年逝世为止。实际上，在熊彼特刚到哈佛大学的头几年（1932—1937年），他一直和陶西格一起住在斯考特街2号。

同样地，熊彼特对欧文·费雪和韦斯利·米切尔（Wesley Mitchell）也很钦佩，并且也和他们有一定的感情。他和费雪共同创办了计量经济学会。在某一个周末，当熊彼特前往费雪位于纽黑文的十分俭朴的家做客时，发生了不少趣事。（费雪的家里从来不准备烟、酒、咖啡，而且我相信，甚至连肉都几乎见不到。）咖啡是为这位"堕落的"客人特别准备的。阿尔及尔大学的G.H.布斯凯（G.H.Bousquer）教授在法文版《政治经济学评论》（*Revue d'économie politique*）1950年第3期杂志上描述了他们的这次会面。本书中纪念韦斯利·米切尔逝世的文章是在熊彼特逝世前一两个星期才完成的。米切尔和熊彼特都研究经济周期，他们也都相信，要想更好地研究这一资本主义发展过程中的现象，必须进行最广泛的实证研究。熊彼特不辞辛劳地自己搜集资料，几乎没有得到任何人的帮助，因为这就是他的工作风格，但是对于那些能够明智而有效地利用国家经济部门的有关资料的人，他也十分赞赏。

虽然凯恩斯曾经长期担任《经济学杂志》的编辑，而熊彼特从1920年起就是该杂志驻奥地利的通讯员，但是直到1927年，熊彼特才和凯恩斯第一次见面。由于一些很难解释清楚的原因，他们两人的关系，无论是从个人的角度来看，还是从专业的角度来看，都算不上密切。

在翻译评述瓦尔拉斯、门格尔和庞巴维克的那三篇文章时，曾经碰到过一些困难。正如保罗·斯威齐（Paul Sweezy）在他的《帝国主义和社会阶级》（*Imperialism and Social Classes*）一书的序言中所指出的，也正如哈伯勒早些时候发表于《经济学季刊》上的一篇文章中所提到的，熊彼特在用德文写作的时候，有一种特别的风格，因此他的德语文章非常难翻译。哈伯勒说："他的笔调很有些文学化，用'奇异的风格'来形容也许最合适。这种风格能恰到好处地表达他的思想的复杂结构。这种风格的特征表现在长长的句子、大量的修饰性短语、修饰语再套修饰语，以及对微妙含义差别的细致辩解上。正如人们所想到的，他的这些风格和特征，在他的德文论著里特别明显，这是因为德语更适合于表达复杂的结构。"熊彼特本人也意识到了这一点，特别是关于庞巴维克的那篇文章，他认为那篇文章太长了，从便于英语读者理解的角度考虑，应当加以删改，甚至完全重写。他强调指出，不这样做是"不行的"。

因此，现在被收入本书的关于庞巴维克的那篇文章，与原作相比，篇幅已经少了一半。这项工作是由哈伯勒和这篇文章的译者赫伯特·查森豪斯（Herbert Zassenhaus）教授一起完成的（赫伯特·查森豪斯是熊彼特以前的学生）。在这里，我要表达我对哈伯勒教授以及三位译者——沃尔夫冈·斯托尔珀（Wolfgang Stolper）、汉斯·辛格（Hans W. Singer）和赫伯特·查森豪斯——的谢意，感谢他们的关心和大力帮助。我还要感谢保罗·斯威齐，他和我一起阅读了全部译文，还帮我润饰了多处文字，澄清了许多问题。在一些情况下，对于译文中因过分直译而显得拗口的地方，以及含义过于模糊不清的段落，我不得不冒昧地进行了一些修改。特别是其中关于庞巴维克的那篇文章，尤其如此。因此，译文如果有什么缺点，那必定是我造成的，因此由我一人负责。

其他文章都是用英文写成的，这次直接按原来的样子发表。

除了订正了一些小的印刷错误，以及为了保持格式的一致而在细枝末节上做了一些小的改动——比如大写字母、标点符号、注释的排列等——之外，就没有再做其他任何改动或修订了。

伊丽莎白·布迪·熊彼特（Elizabeth Boody Schumpeter）

1951年2月2日

于康涅狄格州，塔科尼克

目　录

卡尔·马克思*

(Karl Marx)

(1818—1883)

马克思的学说

人类凭着智慧或想象创造出来的作品，绝大多数过了一定的时间之后就永远消失了。这段时间，短的可能只是茶余饭后的片刻光阴，长的也很难超过一代人的时间。而有一些作品却不是这样。它们曾经黯然失色，甚至几度隐没，但是它们终究又会重现光彩。而且，它们不是作为文化遗产中无法被辨识的一部分重现的，而是以自己特有的形式，带着人们看得到、摸得着的烙印重新绽放光芒的。对于这些作品，我们完全可以称之为伟大的作品——这个定义把伟大和生命力联系在了一起，这并没有什么不恰当的地方。根据这个定义，伟大这个词无疑适用于马克思的学说。用多次复兴来定义伟大这种做法还有另外一个优点：可以使其免受我们的喜恶爱憎的影响。对于一个伟大

* 选自熊彼特：《资本主义、社会主义与民主》，1942 年版。经哈珀兄弟出版公司允许重印。

的作品，我们不必相信它必定是光明的来源，不必认为它的基本的构思和细节方面必定完全正确、一点错误也没有。恰恰相反，我们可以认为它是黑暗的原力，可以认为它是根本错误的，或者不同意它的任何一个具体观点。事实上，就马克思的理论体系而言，这样或那样的非难甚至完全否定并未能给它带来致命的打击，反而更有助于它的力量的发挥。

过去的 20 年见证了马克思学说最令人感兴趣的一次复兴。马克思在苏联备受尊崇，考虑到他作为社会主义信仰的伟大导师的身份，这一点实在不足为奇。在那里，马克思学说经典化的过程的唯一特征是，在马克思学说的真正内涵与布尔什维克的实践和意识形态之间，横亘着一条巨大的鸿沟，这两者之间的距离，至少像卑微的加利利人的宗教（指耶稣及其创立的基督教）教义与中世纪的红衣主教和好战领主的实践及观念之间的差距一样大。

但是另外一个现象却不那么容易解释，那就是马克思主义在美国的复兴。这个现象之所以非常令人感兴趣，是因为这个事实：在美国，直到 20 世纪 20 年代以前，无论是在工人运动中还是在知识分子的思想中，马克思主义都没有产生什么重要的影响。在那个时候，美国本土所有的马克思主义都是肤浅的、不重要的，因而也是没有地位的。此外，布尔什维克式的马克思主义复兴，在那些深受马克思主义影响的国家中也没有表现出类似于美国这样的冲刺式的迸发力。尤其值得指出的是德国。德国是所有国家中马克思主义传统最深厚的国家，在那里，一个规模不大的马克思主义正统学派在第二次世界大战前的社会主义思潮高涨时期，以及在那之前的经济萧条时期，一直保持着一定的活力，但是社会主义思潮的领导人物（不仅包括那些与社会民主党结盟的人，而且包括那些在实际问题上比社会民主党内谨小慎微的保守主义者走得更远的人）却并未对恢复原来的信条表现出多大兴趣。这些人将马克思主义供在神龛上崇拜，但是同时又十分小心地与它保持一段距离，在经济事务上，他们看待问题的方式与其他经济学家如出一辙。因此，在除了苏联之外的欧美各国，美国的现象是很独特的。或许我们不必过于在意这种现象的原因到底是什么，但是，既然这么多美国人都已经把马克思主义当成了自己的信条，那么探讨一下它的总体框架、内容以及意义，应该还是值得的。[①]

一、先知马克思

我并不是因为偶然疏忽而用宗教术语来类比马克思，硬给这一章取这个标题的。这不仅仅是一个类比，因为从某种重要的意义上说，马克思主义就是一种宗教信仰。首先，对信仰它的人来说，它提出了一个关于最终目的的学说，这种最终目的体现着人生的意义，并且是对各种事件和行动做出判断时的绝对标准。其次，它还给出了实现最终目的的行动指南。它包含了一个救世计划，还指出了人类必须脱离的种种罪恶——人类或那些“被选中”的群体按照这个救世计划行动就能摆脱这些罪恶。对此，我们可以进一步详细说明如下：马克思主义者所倡导的社会主义也属于那种许诺在人世间建立天堂的宗派或学说。我相信，如果有哪位圣典学家（hierologist）愿意系统性地阐明这些特性，那将会为马克思主义的分类和评价提供很大方便；这种分类和评价或许能够比纯粹经济学家的任何阐释都更加深刻地揭示出马克思主义的社会学本质。

说马克思主义属于一种宗教信仰，还有另外一个不那么重要的好处，那就是，它解释了马克思主义之所以如此成功的原因。[②] 纯粹的科学成就，即使远比

---

① 我将尽可能少地引用马克思的著作，同时也不提供有关他生平的资料，因为这似乎是不必要的。想了解马克思主要著作和他的生平的读者，在随便哪一本辞典中都可以找到他所需要的东西，特别是在《大不列颠百科全书》（*Encyclopaedia Britannica*）中或《社会学科百科全书》（*Encyclopaedia of the Social Sciences*）中。要研究马克思，从《资本论》（*Das Kapital*）第一卷着手最为方便［最早由 S. 穆尔（S. Moore）和 E. 艾威林（E. Aveling）译成英文，编者是 F. 恩格斯（F. Engels），1886 年］。尽管最近又出现了大量关于马克思的传记作品，但是我仍然认为 F. 梅林（F. Mehring）的著作是最好的，至少对一般读者而言肯定是这样。

② 正统马克思主义者对反对派的特有态度，也可以用马克思主义的宗教性来解释。对于这些人来说，反对马克思主义的人不但观点错误，而且身怀罪孽。这一点与任何宗教信徒如出一辙。他们不仅从理智上，而且从道义上不允许他人有任何异议。一旦“启示”已经被公之于世，持有异议就成了不可饶恕的“罪行”。

马克思所能达到的成就更为完美，也不可能像他的学说这样永垂青史。如果只会喊口号，那么无论他给他的政党准备的口号武器库多么充实，也同样不可能做到这一点。必须指出，马克思成功的部分原因，虽然只是极小的一部分，确实应该归功于他给他的拥护者们准备好的在任何一个讲坛都随时可用的武器——大量的炽热的词语、激烈的谴责和愤怒的手势。关于这个问题的这一方面，不得不说明的是，这种武器不仅过去曾经起到了很大作用，而且现在仍然在很好地发挥着作用，但是它也带来了一些不利影响。为了给社会斗争的“战场”制造这类武器，马克思有时不得不偏离从他的理论体系合乎逻辑地引申出来的结论。然而，如果马克思只是一个会提供一些煽动性的泛泛之论的布道者，那么他早就湮没无闻了。人们从来不会对提供这类服务的人心存感激，人们总是很快就会忘记那些为他们的政治歌剧编写歌词的人的名字。

但是，马克思是一位先知。为了理解他这一成就的本质，我们必须先考察他的时代背景。当时，既是资产阶级物质成就的鼎盛时期，也是资产阶级精神文化极度衰落的时期。那是一个机械唯物主义的时代，在当时的文化环境中，还没有显露出新文艺和新生活方式正在孕育的任何迹象，到处都充斥着令人反感的平庸陈腐的气息。社会上所有阶层都迅速地抛弃了任何真正意义上的信仰，工人世界中仅有的一线光明也消失了［除了从罗奇代尔（Rochdale）和储蓄银行那里还可以得到些许安慰之外］，而知识分子则自称对于穆勒（Mill）的《逻辑》（*Logic*）和济贫法非常满意。*

在这样一个特殊的时期，对于数百万人来说，马克思学说中提出的人间社会主义天堂无疑就意味着那新的一线光明和新的人生意义。或许，你大可以把马克思主义宗教随意地戏称为是一种冒牌货，或者说它是真正的信仰的戏谑——你还可以有其他许多种不同的说法——但是请不要忽视或不承认他这一伟大的成就。即使所有这数百万人都不能理解和正确评价马克思学说的真正意义，那也没

---

* 罗奇代尔是英格兰北部的兰开夏郡的一个小镇（自治市）。1844年，28位贫苦纺织工人在那里成立了一个工业品消费合作组织——罗奇代尔公平先锋合作社（Rochdale Equitable Pioneer's Society），并制定了“罗奇代尔原则”：入社自由、民主管理、收益分享、重视教育、恪守中立。它是世界上第一个现代意义上的合作组织。——译者注

有关系。这是所有先知及其预言的共同命运。重要的是，马克思的预言是以一种那个时代有实证主义思想的人可以接受的方式组织起来并表达出来的。毫无疑问，实证主义在本质上是资产阶级的，因此，将马克思主义说成是资产阶级思想的产物也没有什么不合情理之处。马克思学说的“预言化”是在这样一种情况下完成的：一方面，它以拥有超乎想象的力量的表达方式系统而详细地描述了受挫折和被虐待的心情——这使用自我治疗方法来安慰自己的“失败的大多数”从心底里产生了共鸣；另一方面，它又宣称，社会主义肯定能把人们从灾难中拯救出来，并说这是毋庸置疑的，是经得起理性论证的。

那个时代，宗教日趋衰微，只给人们留下了一些超理性的渴望，这更加使得他们彷徨如丧家之犬。以理性主义和唯物主义为主导的时代趋势——这种趋势似乎是不可避免的——却不能容忍任何没有科学内容的或只有伪科学的信条。马克思主义者把这些超理性的渴望与理性主义、唯物主义的时代趋势成功地交织在了一起，这是何等高超的技术！只宣传最终目的是不会有什么成效的；只针对特定的社会进程进行分析又最多只能引起少数一些（充其量几百个）专家的兴趣。但是，披着分析的外衣去说教，而且是着眼于人们的深切需要进行直指人心的分析，这才是马克思主义者赢得了热烈拥护的原因，他们也因此而获得了无上的褒奖。这一褒奖体现在如下的信念中，即他们深信，自己信仰的、为之奋斗的东西绝不会失败，而且最后一定会取得胜利。当然，坚定人们的信念只是其全部成就的一个方面而已。个人的力量和预言的光芒，是独立于信条的内容而发挥作用的。没有这些，新的生活和生命中的新意义就无法被有效地揭示出来。但是在这里，这一点与我们关注的重点无关。

尽管关于马克思试图要证明的“社会主义目标不可避免地要实现”这一论点的中肯性和正确性，我们可能得多说上几句，但是关于上文所述的他对“失败的大多数”的心理感觉的系统性描述，则只要说一句话就足够了。无疑，那并不是对这些人的有意识或下意识的实际感情的真实描述。相反，我们倒可以把这种描述看作一种企图的结果：试图以对社会演化逻辑的或真或假的揭示来代替对真情实感的刻画。马克思这样做了，同时还把他自己的术语“阶级意识”说成是群众自发的。但是，既然这种“教导”是有效的，马克思就继续扩展和拔高它。他从来没有为社会主义的美妙理想流下充满感情的眼泪，这是他自称强于被他称为空想社会主义者的那些人的优点之一。他也没有把工人夸耀为每天都刻苦工作的英雄——资产阶级在为自己能不能分到红利而焦虑时，倒喜欢这样做。马克思从来没有刻意奉承过工人，尽管这种倾向在他的某些不够坚定的追随者身上表现得非常明显。马克思很可能非常了解群众的特点，他的目光远远高于群众，倾注在了整体的社会目标上，这超越了群众的思想境界和需求范围。马克思也从没有拿自己树立的理想去教导别人，他从来没有这种虚荣心。每一个真正的先知都会称自己只不过是上帝的卑微的代言人，马克思也一样，他说自己从未宣讲过历史辩证逻辑之外的任何东西。这一切，表现出了一种可贵的、庄严的品质，能够有效地弥补许多偏狭和粗俗的东西。在马克思的著作和生活中，这种庄严的品质和这些缺点形成了一种非常奇异的组合。

最后，还有一点不能不提，马克思本人的文化修养极高，那些不见舆薪的庸俗社会主义教授们完全不能与他相提并论。他完全有能力理解任何一种文明及其价值的“相对的绝对”价值，不论他自己觉得与这种文明相隔多么遥远。在这一方面，《共产党宣言》就是一个最好的证据，足以证明他的胸襟是何等广阔。在这本小册子里，他热烈地赞扬了资本主义所取得的成就①，即使在宣布资本主义的未来必然的死刑时，他也从来不曾否认过它的历史必然性。诚然，对资本主义的这一立场包含着许多马克思本人也不愿接受和承认的东西，但是毫无疑问，他的这种立场确实是非常坚定的。由于他的历史理论能够给事物发展的有机逻辑一种独特的表述，因此他也更容易采取这种立场。对于马克思来说，社会上一切事物都有一定的轨道。在他一生中的某些时候，他也许是一个潜伏在咖啡馆中的阴

① 这一说法看上去似乎有些言过其实。但是，且让我们看中摘录的一些译文：“资产阶级……第一个证明了，人的活动能够取得什么样的成就。它创造了完全不同于埃及金字塔、罗马水道和哥特式教堂的奇迹……资产阶级……把一切民族甚至最野蛮的民族都卷到文明中来了。……它创立了巨大的城市……因而使很大一部分居民脱离了农村生活的愚昧状态。……资产阶级在它的不到一百年的阶级统治中所创造的生产力，比过去一切世代创造的全部生产力还要多，还要大。”（参见《共产党宣言》，3版，30～32页，北京，人民出版社，1997。——译者注）我们看到，上述的一切成就全都只归功于资产阶级，这比许多彻头彻尾的资产阶级经济学家所宣称的还要彻底得多。这就是我在上面那段文字里要表达的全部意思——这与今天的庸俗化了的马克思主义者的观点，以及当代非马克思主义的激进派的凡勃伦主义的观点，都是迥然不同的。

谋家，但是毋庸置疑，他在内心深处却是鄙视这类事情的。在他看来，社会主义绝不是要消灭其他一切生活情调，并对其他文明制造不健康的，甚至愚蠢的憎恨或蔑视的一种偏执观念。因此，他的社会主义思想和社会主义意志是在他的根本立场的基础上融合起来的；也因此，把他的社会主义命名为科学社会主义，从许多角度来看，都是自有其道理的。

二、社会学家马克思

接下来，我们不得不做一件马克思的忠实拥护者强烈反对的事情，即对马克思的学说进行客观冷静的分析。自己所认定的真理的真正源泉被他人冷酷地剖析，这自然会使这些拥护者感到不愉快。但是，最让他们憎恨的一件事情是，对马克思的作品进行肢解，把它分成若干部分，然后逐一加以讨论。他们会说，这种做法表明，资产阶级没有能力领会马克思的伟大作品的整体内容，因为它的各个部分是互为补充和互为说明的，不可分而视之。因此，一旦只从某一方面或某一部分内容加以考虑，就会失去它的真正意义。然而我们别无选择。在这里，我甘冒大不韪，在分析了作为先知的马克思之后，又来分析作为社会学家的马克思。但是，我并不否认，在马克思的作品中，确实存在着对社会看法的统一性，这种统一性在某种程度上成功地赋予他的作品分析的统一性，以及更大程度上的外在的统一性；我也不否认这样一个事实，即无论他的作品的各个组成部分从内在本质上看如何独立，马克思都已经把这些部分联系在一起了。然而尽管如此，它们仍然保持着足够的独立性，使得研究者能够在吸收某一部分所包含的他的某些劳动成果的同时，舍弃另一部分所包含的他的另一些劳动成果。在这一过程中，许多宗教信仰的魅力将会消失，但是，我们肯定会有所收获，因为这样能够抢救出一些重要的、能鼓舞人心的真理，让这些真理独立存在，反而要比继续将它与那些应抛弃的内容掺杂在一起要有价值得多。

这个看法首先适用于马克思的哲学。对于他的哲学，我们可以三言两语地带过，不用过多地去评论它。作为一个在德国接受教育的善于思辨的人，马克思拥有非常深厚的哲学基础，同时他对哲学也确实有着强烈的兴趣。德国式的纯粹哲学是马克思的出发点，也是他青年时代的最大爱好。有一个时期，他甚至认为研究哲学就是他的真正职业。马克思曾经是一位新黑格尔派哲学家。所谓新黑格尔派，大致就是说，马克思和他的同道们在接受了这位大师的基本观点和方法的同时，又舍弃了黑格尔许多信徒对于黑格尔哲学的保守解释，并用相反的解释加以替代。在马克思的著作中，只要一有机会，他的这种哲学背景就会表现出来。马克思的德国和俄国读者，由于思想倾向和接受的训练都与此类似，因此都能首先抓住这一要素，并把它作为理解马克思的思想体系的关键。这一点实在不足为奇。

但是，我却认为这是一种错误的看法（即把马克思看成一个新黑格尔主义者），而且是对马克思的科学能力的一种不公正的看法。终其一生，马克思都保持着早年的爱好。他会因为能够在自己的论证与黑格尔的论证之间找到某种形式上的类似性而高兴。他喜欢证明自己是个黑格尔主义者，并喜欢引用黑格尔的语句，但仅此而已。他从来没有背离实证科学而依附形而上学。他在《资本论》第二版第一卷的序言里也是这样说的。如果我们分析他的论证，就可以证明他在序言里所说的都是真的，不是自欺欺人。他所有的论证都以社会事实为根据，他的所有主张的真正来源没有一个出自哲学领域。然而，那些从哲学的角度出发的注释者和评论者是不可能做到这一点的，因为对于有关的社会科学，他们所掌握的知识还不够多。此外，作为醉心于构建哲学体系的人，他们都有一种心理倾向，即只愿意接受根据某些哲学原理做出的解释，而不愿意接受任何其他解释。因此，他们会把哲学理解为关于经济事实的最实事求是的陈述，这样就将问题引向了错误的方向，既误导了朋友，也误导了论敌。

在完成自己作为一个社会学家的使命时，马克思运用的手段主要是广泛掌握历史的和当代的资料。然而他所收集到的当代的资料总是显得有点过时，因为他是一个彻底的"书呆子"，非常依赖于书本上的资料，因此他得到"第一手资料"的时间往往会有所滞后（这一点与来自报纸的资料有很大区别）。马克思从来没有漏掉他那个时代任何一本具有重要意义、在较大范围内产生了影响的历史著作，尽管也有许多专论性文章逃过了他的眼睛。虽然我们不能像称赞他在经济理论领域中的博学那样称赞他在社会学领域的成就，因为他在这个领域的知识还算不上非常完备，但是他确实不仅能够用宏大的历史图景，而且能够用具体的历史细节来阐述他对于社会现象的理解。他所运用的大多数历史事实的可靠性都高于他同时代的其他社会学家。而且，马克思拥有深邃的洞察力，一眼就能看穿杂乱无章的表象，洞察隐藏于其中的历史事物的伟大逻辑，因而牢牢抓住了这些历史事实的真正本质。要做到这些，仅仅有热情，或者仅仅有分析的冲动，都是不够的，必须是两者兼而有之。马克思试图系统地阐述这个逻辑，他获得的成果，即所谓的经济史观[①]，毫无疑问直到今天仍然是社会学领域最伟大的个人贡献之一。在如此伟大的一个成就面前，它究竟是不是完全由马克思首创的，或者，它究竟应该在多大程度上归功于德国和法国的前辈学者们，这些问题就都显得不太重要了。

当然，经济史观并不意味着人们有意识地或无意识地、全部地或主要地受经济动机驱使。恰恰相反，关于非经济因素的作用和机制的解释，以及关于社会现实怎样反映在个人精神层面的分析，正是这一理论的主要组成部分，而且是它的最重要的贡献之一。马克思并不认为宗教、形而上学、艺术流派、伦理观念、政治主张等全都可以还原为经济动机，他也从来没有说这些都不重要。他只是试图揭示形塑了它们、可以解释它们的兴衰起落的经济条件。马克斯·韦伯[②]（Max Weber）的全部事实资料和论证完全适合于马克思的体系。当然，马克思最感兴趣的无疑是社会集团和阶级以及这些集团或阶级如何解释它们自己的存在、地位和行为的方式。然而令他极其不满的是（他确实以最暴烈的形式发泄了自己的愤怒），有些历史学家直接按“表面价值”接受了那些立场和概念（即意识形态或如帕累托所说的衍生物），并试图用它们来解释社会现实。如果说，在马克思看

---

① 这个学说最早出现在马克思 1847 年发表的《哲学的贫困》（*Das Elend der Philosophie*）中，该文是对普德东的《贫困的哲学》（*Philosophie de la Misère*）一书的毁灭性的批判。后来，经过改写之后的另一个版本又被包括在了《共产党宣言》（1848 年）里。

② 这里指的是马克斯·韦伯的宗教社会学研究，特别是指后来被收入他的文集的名著《新教伦理和资本主义精神》（*Die protestantische Ethik und der Geist des Kapitalismus*）。

来，思想和价值准则并不是社会发展的主要推动力，那么它们也绝不能被看作轻易就会消逝的一缕青烟。如果我可以使用类比，那么它们所发挥的作用，就相当于社会机器中的传动带。在战后，这些理论最有意思的发展是知识社会学①（sociology of knowledge），它能提供解释这一问题的最好的例证，不过我在这里无法展开讨论。但是确实有必要多费些笔墨把这个问题说清楚，因为马克思在这个方面始终受到误解。甚至他的朋友恩格斯在马克思墓前的演说中，也把这个理论的确切含义界定为：个人和集团的行为主要受经济动机的支配。这种解释不仅在某些重要的方面是错误的，而且在其余的方面也浅薄得可怜。

既然说到了这里，我们还可以顺便继续为马克思辩护一下，以免引起另一种误解。经济史观经常被称为唯物史观，马克思自己也一直这样称呼它。这一称谓一方面大大增加了这种史观在一部分人当中的声望，另一方面却使它在另一部分人那里变得更加不受欢迎。但是，这个术语其实是毫无意义的。马克思的哲学并不比黑格尔的哲学更加“唯物主义”，而且他的历史理论也不比任何其他运用经验科学方法去阐释历史过程的理论更加“唯物主义”。在这里，我们必须看清楚，这种史观在逻辑上是能够与任何形式的形而上学或宗教信仰相容的，就像关于这个世界的任何一种物理理论一样。事实上，中世纪的神学本身就提供了一些方法，可以用来建立这种相容性。②

马克思的这个理论的真正内容可以归纳为两个命题：（1）生产方式或生产条件是社会结构的基本决定因素，而人类的各种态度、行动和文明则是社会结构所孕育出来的。马克思用“手推磨”产生封建社会，“蒸汽磨”产生资本主义社会这一名言来说明他的这种含义。这种说法过分强调技术因素，甚至到了危险的程度，但是如果能够理解单纯的技术并不能解决一切问题，那么它还是可以接受的。更通俗化一点（但是必须承认，通俗化会让我们丧失许多含义），我们可以

① 知识社会学的德语是“Wissenssoziologie”。这个领域最值得一提的著名学者是马克斯·舍勒（Max Scheler）和卡尔·曼海姆（Karl Mannheim）。后者为德文版《社会学词典》（*Dictionary of Sociology*）撰写的关于这一主题的词条，是很好的入门读物。

② 我遇到过几个天主教激进派教教徒，他们全都是虔诚的天主教教徒，其中有一个还是神父。他们就持有这种看法，事实上他们宣称自己从任何一个方面来看都是马克思主义者——除了关于他们的宗教信仰问题之外。

这么说：我们的日常工作形塑了我们的思想；我们在生产过程中所处的地位决定了我们对事物的看法，或者说，决定了我们能够看到事物的哪些方面，并决定了我们每一个人在社会上可以支配的活动空间。(2) 各种生产方式本身都有其内在逻辑；也就是说，它们是根据内在的必然性而变动的，从而只需通过它们自身的作用就能够产生后继的生产方式。这一点可以用马克思的同一个例子来说明：以“手推磨”为特征的生产体系造就了一种经济形势和社会形势，即用手推磨磨粉这种机械生产方式变成了一种现实的必然性，任何个人或集团都没有力量去改变这种必然性。“蒸汽磨”的出现和使用又催生出了新的社会职能和社会地位、新的集团和新的观念，这些新生事物不断发展壮大并相互影响，直到它们自身的结构不能再容纳它们为止。于是，我们就在这里看到了这样一个推进器：它首先是推动经济变化的原因，而且，由于经济变化，它又成了推动一切社会变迁的原因。这个推进器本身却不需要任何外来的动力。

毫无疑问，这两个命题都包含了大量的真理，是非常宝贵的、非常有用的工作假设，我们在以后的叙述中还会多次回到这两个命题上来，届时这一点将会看得更加清楚。绝大多数曾经流行过的反对意见全都彻底失败了，例如，所有那些针对伦理或宗教因素的影响而提出来的反对意见，或者爱德华·伯恩斯坦（Eduard Bernstein）在很久之前就以一种可爱的单纯态度提出来的反对意见：他断言“人是有脑子的”，因而能够按照自己的选择行动。对于伯恩斯坦所提出的这一类反对意见，我在上面其实已经说了不少，因此几乎不需要进一步详细分析它们的弱点了。当然，人们可以“选择”自己的行为方式，而不用直接地受他们所处环境中的客观事实的强迫，但是，他们都是根据自己的立场、观点和倾向来做出选择的，而这些立场、观点和倾向并不能构成另一组独立的事实，它们本身就是由环境中的那套客观事实塑造的。

但是，这里又出现了另外一个问题：经济史观会否只是一个方便的近似法则？我们是否应该预料到，它在某些情况下能够起到的作用必定不如它在另外一些情况下那么令人满意？它的应用似乎从一开始就有一个明显的限制条件。社会结构、类型和态度就像很难熔化的硬币。它们一旦铸造成形以后，就会持续地固定下来，可能在好几个世纪内一直保持不变。不同的社会结构和类型就是不同程度的这种生存能力的表现，正因为如此，如果我们试图根据占主导地位的生产过程去推测，我们几乎总是会发现，任何一个集团和民族的实际行为与人们所期望看到的行为或多或少都有些差异。虽然这种情况十分普遍，但是只有当一种高度持久的社会结构被整体地从一个国家照搬到另一个国家的时候，我们才能观察得最清楚。诺曼人征服西西里后在当地所造成的社会情况，可以很好地说明我在这里要表达的意思。马克思当然不会忽略这样的事实，但是他也没有完全理解它们的全部含义。

与此相关的另外一个例子似乎具有更加不吉利的意味。现在，让我们回顾一下 6—7 世纪时法兰克王国封建的地主私有制的出现过程。这当然是一个极其重要的事件，它型构了一个将会延续很多个世纪的社会结构，同时也影响了包括需求和技术在内的生产条件。但是，对这个事件的最简单的解释，却可以从那些在决定性地征服了一些新的领土之后变成了封建地主的家庭或个人原先所担任的军事领导职能中找到（当然，在征服之后，他们仍然保有了这项职能）。显然，这种情况并不完全符合马克思的基本命题，而且很容易被解释为指向了不同的方向。虽然毫无疑问，借助于一些辅助性的假设，也可以让这种性质的事实符合基本命题，但是插入这类假设的必要性通常意味着一个理论开始走向终结。

在运用马克思的方法来解释历史变迁的过程中，还可能会遇到许多其他的困难，但是，只要承认生产领域与其他社会生活领域之间总是在某种程度上存在着相互作用，问题就会迎刃而解。[①] 然而，围绕在马克思的方法周围的基本真理的魔力，恰恰依赖于其所断言的单向因果关系的严格性和简单性。如果做不到这一点，经济史观就必定会沦落到与其他类似命题并列的地位，即成为若干种局部真理中的一种，或者让位于其他能够阐述出更多基本真理的理论。然而，即便是那样，它作为一种理论成就的地位，它作为一个工作假设的方便性，也不会因此而受到损害。

当然，对于马克思主义的忠实拥护者来说，这个理论简直就是揭开人类历史一切奥秘的万能钥匙。当看到有人以相当天真幼稚的形式应用这个理论的时候，

① 在恩格斯的晚年，他坦率地承认了这一点。普列汉诺夫（Plekhanov）则在这个方向上走得更远。

我们或许想嘲笑几句，但是在这种时候，我们应当记住它所取代的是些什么观点。只要我们记住了这一点，那么甚至连经济史观的跛足姐妹，马克思的社会阶级理论（Marxian Theory of Social Class），也都变得比较容易理解了。

马克思的社会阶级理论也是一个重要的贡献，这是我们首先必须承认的。经济学家在认识社会阶级现象方面的进展令人奇怪地异常缓慢。当然，他们也经常会把他们各种各样的主体划分为不同阶级，正是这些主体的相互作用，才产生了他们所研究的各种过程。但是，所有这些阶级只不过是展现了某些共同特征的个人的集合体而已。据此，有些人因为拥有土地所有权而被归类为地主，有些人因为出卖自己的劳动服务而被归类为工人。然而，社会阶级并不是这些外部观察者所进行的分类活动的产物，而是一种真实存在着的活生生的实体。社会阶级的存在必然会导致这样或那样的结果，而在那些简单地把社会看作个人或家庭的无定形的集合体的理论框架下，这种后果会被完全忽略。尽管社会阶级现象对于纯粹经济理论的研究的重要性究竟有多大，仍然是一个聚讼纷纭的、没有定论的问题，但是，在许多实际应用中，在一般社会发展过程的几乎所有方面，它都起着非常重要的作用，这一点是无可置疑的。

我们可以粗略地说，社会阶级这个概念第一次出现是在《共产党宣言》中的一句名言里，即人类社会的历史就是阶级斗争的历史。当然，这就把这个概念提升到了最高的位置。但是，即使我们把调子放低一些，转而主张历史事件通常可以用阶级利益和阶级态度来解释（或者说，在解释历史时现有的阶级结构往往是一个重要因素），我们也还是有足够的理由说，这个概念与经济史观本身几乎是同样有价值的。

很显然，在沿着阶级斗争原理开辟的道路前进时，我们能否取得成功，完全取决于我们自己所采用的具体阶级理论是否正确。我们对于历史的描述，我们对于各种文化模式和社会变化机制的所有解释，全都会随着我们所选择的阶级理论的不同而不同。例如，有人可能选择种族阶级理论，就像戈比诺（Gobineau）那样，把人类的历史归结为种族斗争的历史的理论；或者选择施穆勒（Schmoller）或涂尔干（Durkheim）式的劳动分工阶级理论，把阶级对抗分解为不同职业的利益群体之间的对抗。而且，在分析中可能出现的差异的范围也不会仅仅局限在阶级性质这一问题上。无论我们对阶级性质的看法是什么，只要对阶级利益[1]的定义不同，只要对阶级活动怎样展开这一问题的观点不同，就会产生不同的解释。直到今天，这个主题仍然是产生偏见的温床，有关的研究还没有进入到科学阶段。

非常奇怪的是，就我们所知，马克思从来没有系统地阐述过社会阶级理论，尽管这明显是他的思想的主要枢纽之一。他之所以迟迟未能完成这个任务，很可能是因为他在很大程度上本来就是根据阶级概念来思考和看待问题的，以至于并不觉得有必要花太大的精力给出确切的定义和说明，因而把这一工作拖得太晚，最终来不及写了。同样可能的是，这个理论的某些问题，尚未在他的思想中得到彻底解决，也就是说，他在建立一个完全成熟的阶级理论的过程中遇到了一些困难。事实上，这些困难是因为他自己坚持要针对这种现象构建一个纯经济的和过分简明的概念而产生的。马克思本人和他的追随者都在某种特殊情况下运用过这种不成熟的理论，其中，他自己的《法兰西的阶级斗争》（*History of the Class Struggles in France*）就是一个突出的例子。[2] 除了这篇文章之外，马克思对这一理论的建构没有取得过真正的进展。他的主要合作者恩格斯的阶级理论是劳动分工型的，它的含义本质上不是马克思主义的。除此之外，我们只有一些间接的和片段式的说明——其中有许多都具有惊人的力量，闪烁着思想的光芒——散见于这位大师的全部著作中，特别是在《资本论》和《共产党宣言》里。

要把这些零碎的片段整合起来是非常困难的，我们无法在这里进行这种尝试。然而，基本思想已经足够清晰。划分阶级的原则在于是否占有生产资料的所有权，包括企业厂房、机器、原料以及列入工人预算的消费品。这样我们就可以

---

① 读者将会看到，人们关于什么是阶级、什么使阶级存在下去的观点，并不能唯一地决定这些阶级的利益是什么，以及每个阶级将怎样根据“自己”——例如阶级的领导人或它的一般群众——所认为的或感觉到的属于自己的利益（长期的或短期的，错误和或正确的）而行动。集团利益问题本身就是非常麻烦的，充满了陷阱，它与所研究的集团的性质完全可能没有任何关系。

② 另一个例子是我们以后将会提到的社会主义者的帝国主义理论。有意思的是，O. 鲍尔曾经试图以资本家与工人之间的阶级斗争来解释居住在奥匈帝国的各不同民族之间的敌对关系［《民族问题》（*Die Nationalitätenfrage*），1905 年］。这种尝试值得一提，尽管分析者的技巧只能表明他所用的这一分析工具并不适合。

划分出两个阶级，而且只有两个阶级：一个是生产资料的所有者，即资本家；另一个是一无所有的、被迫出卖自己的劳动的人，即劳动阶级或无产阶级。当然，我们不能否认，或许也存在着两者之间的中间集团，例如，由既雇用劳动同时也参加体力工作的农民或手工业者组成的集团，以及由职员和自由职业者组成的集团。但是，这些集团都被当成异常现象来看待了，因为它们将在资本主义发展过程中趋于消失。资本家和无产阶级这两个基本阶级，本质上是相互敌对的，这是由它们各自所处的地位的必然性决定的，完全独立于任何个人意志。尽管每个阶级都可能会出现分裂，阶级内部各小集团之间也会发生冲突（而且这种分裂和冲突甚至可能具有决定性的历史重要性），但是，在最终的分析框架内，这种分裂和冲突都被认为是偶然发生的。唯一不带偶然性的冲突，或者说，资本主义社会基本结构所固有的冲突，是建立在生产资料的私人控制的基础之上的，即资产阶级与无产阶级之间的冲突——阶级斗争。冲突是这两个阶级之间的关系的真正性质。

正如我们马上就会看到的，马克思试图阐明，在阶级斗争中，资本家将如何相互摧毁，并最终摧毁资本主义制度。他还试图揭示，资本主义所有制如何导致进一步的积累。但是，这种论证方式以及前述把所有权问题看作社会阶级基本特征的那个定义，只会有助于提高"原始积累"问题的重要性，这也就是说，只会有助于提高"资本家在一开始是怎样成为资本家的"这个问题，或者"他们是怎样获得了（根据马克思的理论，为了开始进行剥削必须拥有的）那批财物的"这个问题的重要性。然而，在这个问题上，马克思却说得极不明确。[①] 马克思轻蔑地驳斥了"资产阶级养成所"童话。这个童话是说，某些人（而不是其他人）之所以能够变成资本家，是因为他们在工作中、在储蓄上拥有超人的智慧和能力；以前已经有很多人通过这种方式变成了资本家，现在每天仍然有不少人正在通过这种方式变成资本家。马克思是在深思熟虑之后才对这种"好孩子的故事"大加讥笑和嘲弄的，因为引起一场哄笑肯定是摆脱一个令人不舒服的理论最好的办

① 请参阅德文版《资本论》(*Das Kapital*)，第 1 卷，第 26 章中的"原始积累的秘密"(The Secret of Primitive Accumulation)。

法，每个政客都会为了自己的利益而这样做。事实上，任何一个以公正的眼光看待历史和现实的人都不可能看不到，这个“资产阶级养成所”童话虽然远远没有说出全部真理，但是肯定已经说出了大量真理。出类拔萃的智慧和能力确实是事业成功的原因，特别是在事业的初创时期，十有八九都是如此。在资本主义的初期阶段，以及任何一个个人创业初期，储蓄在过去和现在都是取得成功的过程中一个非常重要的因素，虽然不完全像传统的经济学所解释的那样。诚然，在一般情况下，任何一个人都几乎不可能以储蓄起来的节余工资和薪金为资金，建成一座工厂，从而取得资本家（工业雇主）的地位。巨额积累只能来自利润，因此必须先有利润才能有积累——实际上这正是将储蓄与积累区分开来的正确理由。创办企业所需的资金通常靠借用别人的储蓄（社会上存在着许许多多的小额储蓄，这是容易解释的），或者是靠借用银行为供将来有可能成为企业家的人使用而设立的存款。相比较而言，后一个来源更接近普遍规律，因为个人储蓄的作用在于使他不必为了日常的生计而去从事单调乏味的劳动，使他有充裕的时间去考察环境、制订计划、寻求合作机会。因此，作为一个经济理论问题，马克思对古典经济学家有关储蓄作用的论述的否定，虽然有些过分了，但还是有根据的，只是他由此而得出的推论却不是同样有根据的。所以，如果古典理论是正确的，那么马克思这种轻蔑嘲弄的态度就不见得是有充分的理由的。①

然而，马克思的这种轻蔑嘲弄的态度的确起到了作用，这帮助他为另一种原始积累理论排除了障碍。不过，另一种原始积累理论也不像我们原来所希望的那么明确。马克思关于暴力和掠夺的理论——对群众的镇压助长了掠夺，而掠夺的结果又助长了镇压——当然是顺理成章的，与各种类型的知识分子所共有的观念也是非常吻合的，而且在今天这个时代甚至比马克思所处的那个时代更加吻合。但是，它显然没有解决某些人是如何取得镇压和掠夺的权力的这个问题。通俗

① 我虽然不能停下来专门强调，但是我必须指出，其实古典经济学理论并不像马克思所声称的那么错误。从最严格的意义上讲，“储蓄”确实曾经是“原始积累”的一个重要方法，特别是在资本主义的早期阶段。此外，还有另一种虽然与储蓄不完全一样，但是却相当类似的方法。在 17 世纪和 18 世纪时，许多工厂实际上只不过是一个人用自己的双手劳动就能搭起来的工棚，只需要配备最简单的设备就能够开工。在这种情况下，未来的资本家的体力劳动再加上很小一笔储蓄资金，就是所需要的一切了——当然，还需要有头脑。

的作品是不用为这一问题而烦恼的。我也根本不会到约翰·里德（John Reed）的著作中去寻找这个问题的答案。我们关心的是，马克思是如何处理这个问题的。

不过，从马克思的主要理论的历史特性来看，他至少提供了一个近似的解决方法。在马克思看来，资本主义从封建社会中成长起来不仅仅是一个事实，而且对资本主义的内在逻辑也是极其重要的。当然，在这种情况下，同样也产生了必须探究的社会阶级的形成原因及形成机制的问题。但是马克思实际上接受了资产阶级的观点，即认为封建主义是一种暴力统治①，在这种统治下，群体受到镇压和剥削是既成事实。这样一来，最初基于资本主义社会状况而构建的阶级理论就被扩展到了它的"前辈"封建主义社会了——就像资本主义经济理论中的其他很多概念一样。② 由此，某些最棘手的问题都被偷偷地隐藏在了封建主义的混合物里，然后，再以已经被解决的状态，作为事实和证据，重新出现在了对资本主义的分析当中。资本主义社会的剥削者简单地代替了封建主义社会的剥削者。这一推论在假定封建主实际转化成了实业家的情况下是成立的，而且只此一点就可以解释前述问题中未解决的部分。历史事实也为这个观点提供了一定程度的支持：许多封建领主，特别是德国的封建领主，实际上都建立了并管理着工厂，而且常常从他们的封建地租中取得资金，从农业人口（不一定是他们自己的农奴，但很多时候确实是）那里获得劳动力。③ 然而，在所有其他事例中，可以用来弥补漏洞的材料就明显贫乏得多了。面对这种情况，唯一的办法是坦率地承认，根据马克思的观点，不可能给出令人满意的解释，也就是说，不求助于别的会导致非马

---

① 除了马克思之外，许多社会主义作家，对于暴力因素和控制行使暴力的物质手段的解释价值，表现出了毫无批判的信任。例如，费迪南德·拉萨尔（Ferdinand Lassalle）在解释政府权力时，除了枪炮和刺刀之外，几乎没有提出任何其他东西。令我迷惑不解的是，为什么这么多人都看不到这种社会学理论的弱点；为什么他们看不到如下明显的事实，即，说只有权力才能控制枪炮（和愿意使用枪炮的人），比说控制了枪炮就能产生权力，无疑要正确得多。

② 这是马克思学说与K. 罗贝尔图斯（K. Rodbertus）学说的相似点之一。

③ W. 松巴特（W. Sombart）在他的《现代资本主义》（*Theorie Des modernen Kapitalismus*）一书的第一版中试图充分运用这些例证，但是正如松巴特自己最终不得不承认的那样，把原始积累完全建立在地租积累的基础之上的这种企图，是毫无成功的希望的。

克思主义的结论的非马克思主义理论，就无法说明问题。[①]

但是，这样做就会从历史依据和逻辑依据两方面削弱这个理论。由于大多数原始积累的方法就是以后进行积累的方法——原始积累看来贯穿了整个资本主义时代——所以我们不能说，马克思的社会阶级理论除了在解释遥远过去的发展过程时有些困难以外，是完全正确的。但是，对于这样一个即使在最有利的事例中也无法接近它本来应该解释的现象的核心，因而根本不必予以严肃对待的理论，坚持指出它的缺点也许本来就是有些多余的。这些最有利的事例大部分都可以在资本主义发展阶段里找到，这个阶段的一个特征是，由所有者本人直接经营的中等规模企业占据了主导地位。除了这种类型的事例以外，阶级地位虽然在大多数情况下也或多或少地反映了与之相对应的经济地位，但它通常是取得经济地位的原因而不是取得经济地位的结果。企业经营上的成功显然并非在任何一个地方都是取得显赫社会地位的唯一途径，只有在生产资料所有权决定了一个集团在社会结构中的地位的条件下，这种情况才会发生。然而，即使当这一条件得到满足时，把所有权看作决定社会地位的标准也是不妥当的，其合理程度最多相当于把一个偶然拥有一支枪的人界定为一个士兵一样。正如经常有论者指出的，把一些人（连同他们的后代）永远看作资本家，而把另外一些人（连同他们的后代）永远看作无产阶级，在两者之间划定严格的界线，不仅是完全不切实际的，而且忽视了社会阶级的根本特点——总会有个别家族跨入上等阶层的行列，同时也总会有人从这一行列退出。我所提到的这些事实都是显而易见的、无可争议的。如果它们没有出现在马克思主义理论的范围中，原因只能是它们包含着非马克思主义的含义。

但是，请考虑一下这一理论在马克思主义的整体理论结构中所扮演的角色，并问一下我们自己，马克思究竟想让它在整体分析中发挥什么作用——即，不同于它作为一个为鼓动者而准备的工具的其他用途。这种思考绝不会是多余的。

---

① 即使我们承认，掠夺的程度达到了最高限度（即达到了正常描述的极限，但是又没有进入到知识分子的裨官野史的领域，像民间传说那么夸张），这一点也仍然是正确的。在许多时代和许多地方，掠夺实际上参与了商业资本的积聚。腓尼基人和英国人的财富都是大家熟悉的例子。但是，即使在那种情况下，马克思的说明仍然是不恰当的，因为说到底，成功的掠夺必然是以掠夺者的个人优势为基础的。可是，只要承认这一点，就出现了另一个十分不同的社会分层理论。

一方面，我们必须记住，在马克思看来，社会阶级理论和经济史观并不像我们所认为的那样是两种独立的学说。根据马克思的学说，前一个理论以特殊的方式补充了后一个理论，从而限定了（即使之更加明确）生产方式或生产条件的运用方式。生产方式或生产条件决定了社会结构，而且通过社会结构决定了所有文明的表现形式以及整个文化史和政治史的历史进程。但是，在所有的时代，除了社会主义时代之外，社会结构都是用阶级——两个阶级——来表示的。社会阶级是历史舞台上真正的灵魂人物，同时也是资本主义生产制度逻辑唯一的直接产物，而资本主义生产制度则是由阶级来影响一切其他事物的。这就解释了为什么马克思不得不把他的阶级问题归结为纯粹——甚至可以说是非常狭隘意义上的——经济现象。但是这样一来，他也就不可能从更深层次上去理解阶级了。关键在于，马克思必须把阶级概念精确地放在他的分析图式中的这个位置上。他只能这样做，别无选择。

另一方面，马克思试图利用他在划分不同社会阶级时所依据的同一些特征来给资本主义下定义。读者只要稍微思考一下就会明白，这种做法既不是必需的，也不是水到渠成、自然而然的。事实上，这是马克思在分析策略上的一个非常大胆的尝试，即把阶级现象的命运与资本主义的命运紧紧地联结到了一起，以至于根据他所给出的定义，实质上与社会阶级存在与否没有关系的社会主义社会，成了除原始社会以外唯一可能的没有阶级的社会。这是一种天才的同义反复，除了马克思所选择的阶级和资本主义的定义——根据生产资料私人所有制所下的定义——之外，任何其他定义都无法保证同样的效果。这样一来，整个社会必须刚好只存在两个阶级，即所有者和非所有者。因此，对于所有其他的划分原则，即使是更加言之有理的，也必须予以忽视，或者故意贬低其价值，或者还原为马克思自己的原则。

从这个意义上说，马克思明显夸大了资产阶级与无产阶级之间的分界线的确定性和重要性，而且夸大的程度仅仅次于他对这两个阶级之间的敌对关系的夸大。对于任何一个没有因惯于拨弄马克思学说的念珠而心存偏见的人来说，在通常情况下，这两个阶级之间的关系显然主要表现为合作关系，而任何相反的理论必定多半只能依靠一些反常的极端例子来证明自己的正确性。在社会生活中，除了某些极端情况外，敌对与和谐当然都是普遍存在的，而且事实上是不可分离的。但我还是要不揣冒昧地说，过去关于各阶级和睦相处的陈腐观点虽然也是胡说八道，但是那种观点仍然要比马克思构建的阶级理论——生产资料的所有者与使用者之间存在着不可逾越的鸿沟——好得多。不过，马克思在这里也是别无选择，这并不是因为他要得出某些革命性的结论——他同样可以从几十种其他可能的图式中得到这些结论——而是因为他自己的理论分析的需要。如果阶级斗争是历史的主题，同时也是带来社会主义的曙光的手段，如果必须刚好只存在这两个社会阶级，那么这两个阶级之间的关系在原则上必然是对抗性的，不然他的社会动力学体系的力量就会消失得无影无踪。

虽然马克思是从社会学方面为资本主义下定义的（即根据生产资料的私人控制的制度来定义资本主义），但是他的资本主义社会的“力学”却来源于他的经济理论。这一经济理论试图说明的是，包含在诸如阶级、阶级利益、阶级行为、阶级之间的交换等概念里的社会学数据，是如何以经济学上的价值、利润、工资、投资等概念为中介而得出的；它们又是如何精确地产生经济过程的——正是这种经济过程，最终将打破自身的制度框架，同时还为另外一种社会制度的出现创造条件。这个特殊的社会阶级理论是一种分析工具，它把经济史观和利润经济的概念联系在一起，从而有力地调度了所有社会事实，使所有现象都集中到了一个共同的焦点上。因此，它并不是一个只能用来解释某个单独现象而与其他现象无关的理论，它拥有一种有机体的功能，这种功能对于马克思主义理论体系的重要性其实比那些能够成功地解决眼前的紧迫问题的方法重要得多。我们如果想要理解像马克思这样精于分析的学者为什么会容忍这种理论上的缺点，我们就必须看到这种功能。

衷心赞美马克思的社会阶级理论的热心人不仅现在有，过去也一直有。这不难理解，但是，更加容易理解的是这些人的情感。他们赞美的是马克思主义理论体系的力量和伟大，他们已经崇拜到了这样的程度，以至于无论它的各组成部分有多少缺点都一概加以宽恕。我们也将试图对它加以评价（见本章第四部分）。但首先我们必须分析马克思的经济“力学”是如何完成他的整个理论体系赋予它的使命的。

三、经济学家马克思

作为一位理论经济学家，马克思首先是一个学识渊博的人。我在前面已经把马克思称为天才和先知了，为什么还要在这里突出强调他学识渊博这个特点呢？有人可能会觉得这种做法有点奇怪。但是事实上，赞扬这个特点是非常重要的。天才和先知通常不会精通专业知识，而且如果他们具有任何创造性，那也往往恰恰是因为他们的专业知识不够出众的缘故。但是在马克思的经济学中，并没有任何东西可以说明他在理论分析技术上缺乏学识和训练。他是一位求知若渴的阅读者、一位不知疲倦的研究者。他很少遗漏重要文献。他消化了他阅读过的一切，仔细钻研每一个事实、每一个论点，热情地深入细节，这在那些习惯着眼于整个人类文明和长期发展趋势的人当中，无疑是极其罕见的。不管是批评、反对，还是接受、同意，他总是把每一个问题都研究得十分彻底。关于这一点，最突出的证据就是他的《剩余价值学说史》（*Theories of Surplus Value*）一书，这部著作凝聚了他的理论热情，是一部里程碑式的不朽之作。虽然马克思肯定是为了证明某一个特定的学说而努力研究的，但是他不断地努力锻炼自己和设法精通一切应该精通的事物，从而在某种程度上摆脱了偏见和非科学的目标。正是因为他的出类拔萃的聪明才智，对要研究的问题本身的兴趣才会变成了最重要的东西，这种情况的出现几乎是不由自主的：不管他对研究的最终结果的意义看得多么重大，当他在研究时，他主要关心的始终是磨砺他那个时代的科学所提供的分析工具，解决各种逻辑上的困难，并在此基础上构建起一个在性质和宗旨上都是真正科学的理论体系，不管它可能会有什么缺点。

为什么无论是他的朋友还是他的反对者都会误解他在纯经济领域所取得的成就的性质？答案其实很容易理解。在他的朋友的眼中，马克思远远不仅是一位专业理论家；他们觉得，如果对马克思在这方面的工作给予太多的赞誉，那几乎是对他的不敬。他的反对者则厌恶他的立场和他的理论背景，他们几乎不可能承认马克思在他的著作的某些部分里完成的工作，如果这出自他人之手，他们就必定会击节赞叹。此外，经济理论的事实本来像冷金属，但是由于浸没在马克思著述的火热的辞海里，因而拥有了它们本身所没有的温度。无论是谁，只要怀疑马克思有权利被称为一位真正科学意义的理论家，就一定只能想到他的措辞，而没有想到他的思想。他们只想到了马克思那些充满热情的词句，想到了他对“剥削”和“贫困化”的强烈控诉。[贫困化（immiserization）一词可能是德语 verelendung 的最好的译法；verelendung 不是好德文，正如 immiseration 这个怪词不是好英文一样。这个词在意大利语中是 immiserimento。] 毫无疑问，所有这一切以及其他许多方面，例如，他对奥克尼女士①（Lady Orkney）的恶意的讽刺和粗俗的批评，全都是马克思的论述中的重要组成部分，它们对马克思本人是重要的，对他的拥护者和怀疑者来说也是很重要的。它们部分地解释了，为什么这么多人坚持认为，从马克思的理论中，他们总是可以看到某些比他自己的老师的类似主张有更多内涵的东西，甚至可以看到与他自己的老师的主张完全背道而驰的东西。但是，所有这些并不影响他的分析的性质。

那么，马克思是否真有老师呢？有的。要想真正理解他的经济学，首先必须认识到，作为一个理论家，他是李嘉图（Ricardo）的学生。说马克思是李嘉图的学生，不仅是因为他自己的论证显然是从李嘉图的命题出发而展开的，而且更重要的是因为他从李嘉图那里学到了推理的艺术。马克思一直在运用李嘉图的分析工具，而且他碰到的每一个理论难题，要么是以他在深入分析研究李嘉图理论的过程中遇到的困难的形式出现的，要么是以他在研究李嘉图理论的过程中发现的可以作为进一步研究的启发的形式出现的。马克思本人在很大程度上也是承认这一点的，但是他当然不会承认他对李嘉图的态度就是典型的学生对教授所应有的态度：到教授那儿去，听教授反复地说人口过剩、过剩的人口再加上机器使人口过剩，然后回到家里努力把功课做好。围绕着马克思主义而长期争论的双方都不愿意承认这一点，这也许是可以理解的。

李嘉图的理论不是唯一对马克思的经济学产生了影响的理论。不过，在所有

① 威廉三世的女友。威廉三世在位时不得人心，但在文中提到的这个时期他却已成为英国资产阶级的偶像。

对马克思产生过影响的理论中，最值得在这里略加叙述的无疑是魁奈(Quesnay）的理论，因为马克思关于整体经济过程的全部基本概念都来自魁奈。在1800—1840年之间，许多英国经济学家都试图发展劳动价值理论，他们可能已经为马克思提供了许多见解和理论细节，但是他们对马克思的影响我们在前面提到李嘉图思潮时已经涉及并包含进去了。对于这些英国经济学家，马克思的态度是，离他越近就越不客气。这些人当中有几个人［包括西斯蒙第（Sismondi)、罗贝尔图斯、约翰·斯图亚特·穆勒（John Stuart Mill)］的作品在许多问题上的观点都是与马克思相似的。对于这些著者，我们在这里不予详述，因为并非所有的事情都与我们的主要论题有关。例如，马克思在货币领域的成就显然要弱一些，他在这方面没有成功地达到李嘉图的水平。

现在，我们将针对马克思的经济理论总结出一个极其简短的纲要，可是在这样做的时候，不可避免地要对《资本论》的结构提出许多不公正的批评。这部著作有些部分尚未完成，有些部分遭到了不少严苛的非难；但是它仍然雄伟地屹立在我们面前，展现着它那无比强大的轮廓。

(1）马克思把价值理论当作他的理论结构的基石，这说明他与他那个时代以及稍晚一些的理论家的普遍倾向是一致的。他的价值理论是李嘉图式的。我相信像陶西格教授这样杰出的权威是不会同意这一点的——陶西格教授总是强调马克思与其他理论家之间的不同之处。当然，他们的理论在语言表达、推理方法以及社会学含义等方面确实有许多区别，但是在今天的理论家所唯一关心的原理上却几乎没有任何差别。① 李嘉图和马克思都认为，任何一件商品的价值（在完全均

① 但是，这究竟是不是马克思本人所关心的一切，可能还有疑问。他与亚里士多德有同样的误解，即认为，价值虽然是决定相对价格的一个因素，但是仍然与相对价格或交换关系有所不同，并且是独立于它们而存在的。商品的价值就是它所包括的劳动量这一命题很难做任何其他解释。如果真是这样，那么在李嘉图和马克思之间就存在差别了，因为李嘉图的价值就是交换价值或相对价格。这一点是值得特别指出的。这是因为，如果我们能够接受对价值的这一看法，那么马克思的理论中大量原来我们认为似乎是站不住脚的或者甚至是无意义的东西，就都变得完全不同了。当然，我们不能接受这种看法。如果我们追随一些马克思主义研究者，采取如下看法，即认为：不管是不是一种独特的“实体”，马克思的劳动量价值只不过是用以表明社会总所得应该划分为劳动所得和资本所得的一种工具（这样，个别相对价格理论就成为次要的东西了），情况也不会有所改善。正如我们马上就会看到的，马克思的价值理论也不能完成这一使命（就算我们可以把这个使命与个别价格问题区分开来）。

衡和完全竞争的条件下）都与包含在这件商品里的劳动量成比例，只要这种劳动量是与现存的标准的生产率（“社会必要劳动时间”）相一致的。他们两人都以劳动时间为标准来衡量劳动量，并使用同样的方法把不同性质的劳动归结到单一的标准上来。而且，两人都在一开始就遇到了由这个方法所带来的同样的困难（也就是说，在马克思碰到这些困难之前，就已经从李嘉图那里得知会出现这些困难了）。另外，关于垄断或者我们现在所称的不完全竞争，他们两人都没有提出过任何有价值的观点。两人都采用相同的论证来回应批评者，只是马克思的论证似乎有欠文雅，稍嫌冗长并且更加带有“哲学气息”（我们这里所用的“哲学”这个词是带有贬义的）。

众所周知，这个价值理论不能令人满意。在围绕着这种理论而展开的大量讨论中，正确的东西确实并不总在一方，它的反对者也曾经使用了许多错误的论证。争论的基本问题不在于劳动是否为经济价值的真正“来源”和“原因”。这个问题也许是社会哲学家最感兴趣的，他们试图从这里推导出对产品的道义上的请求权，马克思本人对这方面的问题当然不会丝毫不感兴趣。然而，经济学是一门实证科学，无论如何它必须描述和解释实际的过程，因此探究一下劳动价值理论是如何发挥分析工具的作用的这个问题也许更重要，而真正的困难恰恰就在于，它在这方面做得非常不好。

首先，在完全竞争以外的情况下，它就完全不适用了。其次，即使在完全竞争的情况下，它也无法顺利地发挥作用，除非劳动是唯一的生产要素，并且所有劳动都属于同一类型。[①] 如果这两个条件中的任何一个不能满足，就必须引入另

---

① 第二个假定的必要性特别有害。劳动价值理论也许能够处理由于培训（后天获得的技术）不同而导致劳动质量的差别：用于培训过程的适当工作定额，必须算入每一熟练工作小时中去，这样我们就可以在不偏离这一理论原则的前提下，认为熟练工人每一小时所做的工作等于非熟练工人每一小时所做的工作的一定倍数。但是，这个方法不能适用于由于智力、意志力、体力或灵敏性等方面的差别所引起的工作质量的“自然”差异。这样一来，我们就不得不求助于天资较差的工人和天资较优的工人每小时工作的价值的差额——但是，这一价值本身是不能用劳动量价值理论解释的。事实上，李嘉图就是这样做的，他直率地说，通过市场机制的作用可以将这些不同的质量放入它们的适当关系中去，所以我们仍然可以说工人甲一小时的工作等于工人乙一小时的工作的一定倍数。但是，他完全没有看到，他的这种论证方式实质上是在求救于别的确定价值的原理，而且实实在在地放弃了劳动量原理。由此可见，由于出现了劳动以外的其他要素，劳动量原理在其本身的范围内一开始就失败了，而且它是在有机会失败之前就失败了。

外一些假定，而那样就会使分析的难度迅速增大到无法处理的程度。因此，依据劳动价值理论的路径来推理，其实只不过是依据一个没有实际重要性的十分特殊的事例来推理，虽然，如果从该理论与相对价值理论的历史发展趋势大体一致这个角度来看，它还是有一些意义的。取代劳动价值理论的边际效用理论，无论是最初的形式，还是现在的形式（尽管现在的形式似乎有点过时了），确实在许多方面都更为优越，其真正的优点恰恰在于普遍性、适用性都更强。一方面，它能适用于垄断和不完全竞争的情况；另一方面，它同样也能适用于存在其他要素以及存在许多不同类型、不同性质的劳动的情况。此外，如果我们将上面提到过的限制性假设引入这个理论，就可以直接推导出价值和使用价值的劳动量之间的比例。① 因此现在应该很清楚了，不仅马克思主义者对边际效用理论的正确性的质疑（这是他们当初试图做的）是完全荒谬的，而且认为劳动价值理论是“错误”的也是不恰当的。毕竟这个理论已成为历史了。

（2）虽然无论是李嘉图还是马克思，似乎都没有充分意识到以劳动价值理论为出发点会使他们自己处于很不利的位置，但是他们对其中的一些问题还是看得很清楚的。特别是他们两人都尽力设法把“自然力因素”所起的作用排除掉——他们倡导的完全建立在劳动量基础上的价值理论剥夺了“自然力”在生产和分配中的“正当”地位。人们所熟悉的李嘉图的地租理论实质上就是完成这个“排除”任务的一个尝试，马克思的地租理论则是另一个尝试。一旦我们掌握了一种分析工具，能像解决工资问题那样自然而然地解决地租问题，所有的困难就都将烟消云散。因此，对于马克思主张的绝对地租学说，用不着多讨论它与级差地租学说孰优孰劣，也无须多追究它与罗贝尔图斯的学说之间的关系。

但是，即使我们暂且不考虑“自然力”的作用的问题，我们仍然不得不面对许多其他困难，这些困难是由于以生产资料形式存在的资本（它们本身也是生产

① 事实上，根据价值的边际效用理论，为了维持均衡，每种要素必须以这种形式分配到它的各种生产用途上，即分配到任何用途上的最后一个单位要素所生产的价值，和分配于其他每一个用途上的最后一个单位要素所生产的价值相同。在完全竞争和完全流动性的情况下，如果除了一种类型和质量的劳动以外就不存在任何其他要素，这显然就意味着，所有商品的相对价值或价格必然是与它们所包含的劳动时间成比例的。

出来的）的出现而引起的。在李嘉图看来，这个问题很简单。在他的《政治经济学及赋税原理》（*On the Principles of Political Economy and Taxation*）一书第一章的第四节（这一节非常有名）中，李嘉图引入了“资本货物”（资本品）这个概念，并将它作为一个事实丝毫不加怀疑地接受了下来：当资本货物，例如厂房、机器设备、原材料等，被用于生产一种商品时，这种商品将按能够给这些资本货物的所有者带来净回报的价格出售。而且李嘉图还认识到了，这个事实与从投资到生产出可售产品的过程所耗费的时间长短有关，只要经过的时间在各产业之间是不一样的，它就会迫使这些产品的真实价值偏离包含在产品内的劳动时间——包括生产资本货物本身的劳动时间——的比例。李嘉图在指出这一点的时候，表现得出奇地冷静，就好像这个现象是与他的价值理论相符合的，而不是相抵触的一样。除了这一点以外，李嘉图就再没有继续深入下去了，他把自己限制在了与这个问题有联系的某些次要问题上。显然，他相信自己的理论仍然能够说明价值的基本决定因素。

马克思也引入、接受和讨论了同一事实，同时对于它作为一个事实也从来没有质疑过。他还意识到这一事实似乎和劳动价值理论相矛盾。但是他看出李嘉图对这一问题处理得很不恰当。所以，当他按李嘉图给出的形式接受了这个问题后，就开始极其热心地钻研这一问题，然后，在李嘉图只说了几句话的地方，他却用了几百页的篇幅来进行阐述。

（3）马克思在进行这一工作的时候，不仅对有关问题的性质有了更加深刻的理解，而且改进了他从李嘉图那里继承来的分析工具。例如，他成功地用不变资本和可变资本（工资）的分类取代了李嘉图的固定资本和流动资本的分类，用以不变资本和可变资本的关系为基础的更加严密的概念“资本有机构成”取代了李嘉图关于“生产过程持续期间”的不成熟的初步概念。马克思还对资本理论做出了许多其他贡献。不过，我们现在只限于讨论他对资本的净回报的解释，这也就是他的剥削理论。

劳动群众并不总是觉得自己受到损害、被剥削。但是自称是劳动群众的“代言人”的知识分子却总是告诉他们说，他们一直在受到损害、被剥削。但是，他们其实没有任何精确的东西可以说明这一点。剥削这个词很重要，如果没有这个术语，马克思即使想做也做不成什么。马克思的功绩和成就在于，他敏锐地看出了在他之前试图充当群众导师的那些人用来说明剥削如何发生的各种观点的弱点，尽管直到今天，这些观点仍然是一些激进分子惯用的武器。任何以讨价还价能力和欺诈手段来解释剥削的老套的口号式理论都不能使马克思满意。他想要证明的是，剥削不是一种偶然的、意外的个别情况，而是资本主义制度的必然结果，它是不可避免的、完全不以任何人的意志为转移的行为。

这就是马克思的观点。他认为，一个劳动者的大脑、肌肉及神经就好像是劳动力［arbeitskraft，往往被译为劳动力（labor power），但这种译法无法令人满意］的潜在的储备和资源。在马克思看来，这种储备或资源是以一定数量存在着的实物，在资本主义社会里它是一种商品，就像其他商品一样。对此，我们只要想一想奴隶社会的情况就不难理解了。马克思的观点是：工资合同和奴隶买卖之间没有本质上的区别，所存在的无非是一些次要的差异——与奴隶买卖不同，“自由”劳动力的雇主购买的不是劳动者本身（奴隶社会），而是劳动者的潜在劳动总量中的一定份额。

既然在这个意义上的劳动（不是劳动服务或者实际的劳动时间）是一种商品，那么它就一定遵循价值规律。也就是说，在均衡和完全竞争的情况下，劳动（者）所取得的工资必须与“生产”劳动的过程中所花费的劳动时间的数量成比例。但是，“生产”储藏在一个工人身体内部的潜在劳动究竟需要多少劳动时间呢？这应该是与过去哺育劳动者，现在为劳动者提供衣、食、住所需要的费用相当的劳动时间。[①] 这些构成了劳动力资本的价格。如果他将其中一部分出售——用天数、周数或年数来表示——他就能得到和这部分劳动价值相当的工资，这就像奴隶贩子卖出一个奴隶时，在均衡状态下的价格是与该奴隶能够提供的劳动时间成比例的。这样，我们就又一次看到，马克思小心地避开了各种各样的通俗口号式的理论，它们以这种或那种形式声称，在资本主义劳动市场上，工人是被掠夺或被欺骗

---

① 除了“劳动力”和劳动之间的区别之外，贝利（S. Bailey）［《关于价值的性质、尺度和原因的评论》(*A Critical Discourse on the Nature, Measure and Causes of Value*)，1825 年］早就预见到了这一说法的不合理性，马克思自己也看到了这一点（《资本论》，第 1 卷，第 19 章）。

的；又或者，由于工人软弱可欺，所以他们被迫接受了任何强加给他们的条件。按照马克思的观点，事情并非如此简单：劳动者已经得到了他的潜在劳动的全部价值。

但是，一旦“资本家”获得了这份潜在的服务，他们就能使劳动者的工作时间比生产这份潜在服务所需要的劳动小时数更多，即迫使劳动者提供更多的劳动小时数或实际劳务。从这个意义上说，他们能勒索到比他们所支付的更多的实际劳动小时数。由于这样生产出来的产品的售价也是与生产它们所需要的劳动时间成比例的，因此这就使两个价值之间出现了一个差额——它完全是由于马克思的价值规律的作用而产生的。这一差额因资本主义市场机制的作用必然归于资本家。这就是剩余价值。[①] 因为攫取了剩余价值，所以资本家就“剥削”了劳动，虽然他们支付给劳动者的报酬不少于其潜在劳动力的全部价值，从消费者那儿获得的收入也不多于他售出产品的全部价值。我们还应当看到，马克思在这里完全没有借助于产品的不公平定价、限制产量或者在市场上进行欺诈等行为来进行分析。当然，马克思无意否认这类行为的存在，但他对它们的作用的认识非常正确，因此从来没有根据它们来做出任何基本结论。

让我们顺便欣赏一下这个剥削理论的“教学法”吧。不管“剥削”这个词现在的含义是如何的特殊，或者如何偏离了它所应有的一般含义；不管它从自然法、经院哲学家的哲学以及启蒙思潮作家那儿得到的支持是多么值得怀疑，它终究被纳入了科学理论的领域，并成为了它的拥护者用以斗争的有力武器。

在评价这一科学理论的优缺点的时候，我们必须小心地区分它的两个方面，其中一个方面一直被它的批评家所忽略。在通常的关于静态经济过程的理论层面上很容易证明，根据马克思自己的假设，剩余价值理论是站不住脚的。劳动价值理论，即使我们同意它适用于其他任何一种商品都是有效的，也永远不可能适用于劳动这个商品。因为那样做意味着工人像机器一样，是根据合理的成本计算的结果生产出来的。但是，事实显然并非如此，因此我们也就没有正当理由假设劳动力的价值和“生产”劳动力所花费的劳动时间成比例。从逻辑上说，如果马克思接受了拉萨尔的工资铁律（Lassalle's Iron Law of Wages），或者干脆像李嘉图

① 剩余价值率（剥削的程度）的定义是：剩余价值和可变资本（工资）之间的比率。

当初做过的那样，直接按马尔萨斯主义的方式进行论证，那么他的处境是可以得到改善的。但是，由于他“明智”地拒绝那样做，所以他的剥削理论从一开始就失去了一根基本的支柱。①

此外，我们还可以证明，在所有的资本家雇主都能获得剥削收益的情况下，不可能存在完全竞争均衡。这是因为，在这样的情况下，他们每个人都会努力扩大生产，但是不可避免地，这样做的总体后果只能是工资不断提高、利润逐渐减少直至为零。毫无疑问，如果借助于不完全竞争理论，引入竞争过程中的摩擦和制度性限制，并强调货币和信用领域中的各种可能的障碍，是有可能在一定程度上修正这种情况的。但是，这种方法最终只能造成一种折中的状况，而那恰恰是马克思打心眼里蔑视的。

但是，这一问题还有另外一面。我们只要再看一下马克思的分析的目标，就会理解他根本不会在这个十分容易被他人击败的地方贸然应战。我们很容易看出，剩余价值理论仅仅是一个关于完全均衡条件下的静态经济过程的命题。马克思想要分析的绝不是一种均衡状态——事实上，在他看来，资本主义社会永远不会达到均衡状态；恰恰相反，他想要分析的是经济结构中不断变化的经济过程。因此，根据上述思路提出的批评是不可能决定性地驳倒马克思的。剩余价值在完全均衡的条件下也许是不可能产生的，但是，正因为那种均衡永远不会实现，所以剩余价值就总是会出现。它们总是趋向消失，但是却又一直存在，因为它们总是不断地被重新创造出来。这个辩护并不能挽救剩余价值理论，特别是当它被用于劳动本身这个商品时，或者当它被用于支持剥削观点时。但是，这个辩护至少使我们能够对结论提出一个比较令人满意的解释，虽然一个令人满意的有关剩余价值的理论将消去剩余价值一词所蕴含的特有的马克思主义的含义。事实证明，这个方面也具有十分重要的意义。它还使马克思的经济分析工具的其他部分有了新的意义，从而能够更好地解释为什么针对这一分析工具基础的那些非常有效的批评始终未能使它受到更致命的打击。

（4）然而，如果我们对马克思学说的讨论一直停留在寻常的一般水平上，那

① 在下文中，我们将看到，马克思是如何争取替代这根支柱的。

么我们遇到的困难将会越来越大。或者更确切地说，我们将会看到，当马克思主义者试图遵循他们的导师指出的道路前进时，他们遇到的困难将会越来越大。首先，剩余价值理论并不会使上面提到的那些问题更加容易解决，这是因为劳动价值理论明显偏离了现实的经济事实的缘故。恰恰相反，它反而加剧了解决这些问题的困难。因为按照这个理论，不变资本——不包含工资的资本——不会把比消耗在生产中的价值更多的价值转移到产品中去，只有包含工资的可变资本才能做到这一点。这样一来，各企业所获得的利润就会随着它们的资本有机构成的不同而不同。但是马克思又深信，资本家之间的竞争会导致剩余价值"总量"在企业之间重新分配，最后每家企业都只能获得与它的总资本成比例的利润，或者说，各个企业利润率将趋于相等。由此，我们不难看出，这里出现的这个困难属于伪问题一类，这类问题通常是由于试图构建某种不健全的理论而导致的①，而针对这类问题的回答则属于对绝望者的劝告一类。但是关键在于，马克思不仅相信，竞争有助于解释均一的利润率的出现，有助于解释为什么各种商品的相对价格会脱离它们按照劳动计算的价值②，而且相信他的理论能够为在古典经济学中占据着重要地位的另一个规律提供一些"解释"，那个规律说，利润率存在着不

① 不过，其中有一个因素则不是不健全的。而且，这一因素的发现（不论怎样模糊），也应归功于马克思。人们生产出来的生产资料，在完全静态的经济当中也能够产生净回报这一点，并不像从古到今几乎所有的经济学家都相信的那样，是一个没有疑问的事实。如果在现实中，它们在正常情况下确实产生了净回报，那很可能是因为经济从来就不是静态的缘故。马克思关于资本净回报的论证，也许可以解释为承认这一问题的一种迂回方式。

② 马克思把解决这一问题的办法写入了他的手稿。后来，他的朋友恩格斯把这些手稿编成了《资本论》第3卷，在马克思逝世后出版。所以我们不知道马克思自己最终的主张到底是什么。也正因为如此，大多数批评者毫不迟疑地宣称，《资本论》第3卷肯定与第1卷的理论有矛盾。从表面上看，这样的论断是不公正的。如果我们把自己放在马克思的立场上——在讨论这种问题时，我们确实有责任这样做——就会发现，把剩余价值看作社会生产过程中所生产出来的一个"总量"，并把其余的问题看作对这个"总量"的分配问题，并不是不合理的。既然这不是不合理的，那么我们就仍然可以说，第3卷中所推断的商品相对价格是第1卷中的劳动数量理论得出的必然结论。因此，像从莱克西斯（Lexis）到柯尔（Cole）那些作家所主张的那样，说马克思的价值理论与他的价格理论完全脱节，前者对后者根本没有任何贡献，无疑是不正确的。但是，即使这两个理论之间不矛盾，对马克思也不会有什么帮助。其他一些指责则是有力的。关于马克思体系中价值与价格如何互相关联这个问题的最好的著作是博特基威茨（L. von Bortkiewicz）的《马克思体系中的价值计算和价格计算》(Wertrechnung und Preisrechnung im Marxschen System)，载《社会科学和社会政策汇编》(*Archiv für Sozialwissenschaft und Sozialpolitik*)，1907年。这一著作也提到了在这一场称不上真正吸引人的争论中出现了一些比较好的见解。

断下降的内在趋势。事实上，在工人消费品行业中，总资本当中的不变资本的相对重要性确实有所增加，从这一点来看，这个规律似乎是相当言之有理的：如果这些行业中厂房和机器设备的相对重要性增加（正如资本主义发展过程中发生的那样），同时剩余价值率或者说剥削率保持不变，那么总资本的收益率一般就趋于下降。这个观点曾经博得了许多赞赏，马克思本人对此应该也是很满意的；如果我们自己的理论解释了一个用过去的理论无法解释的现象，我们也常常会觉得很有成就感。就这一论证本身的优缺点加以讨论而不理会马克思根据它进行推论时所犯下的错误，将会是一件很有意思的事。但是，我们大可不必停下来进行这一讨论，因为它的前提就足以宣布它是不正确的。但是我们可以讨论一下另一个与此同源但又不尽相同的命题，它一方面为马克思主义动力学提供了一种最重要的力量，另一方面又构成了把剥削理论与马克思的分析框架中的下一部分内容联结起来的纽带。这个命题就是通常所称的积累理论。

从被剥削的劳动者身上榨取来的剩余价值的主要部分（按照某些马克思主义者的说法，实际上是全部），被资本家转化成了资本——生产资料。抽走马克思所用的这些专门术语（连同它们的特定含义），就其本身而言，这里说的不过是平常人们用储蓄和投资这两个词来描述的最最普通的事实而已。但是，对马克思来说，光有单纯的事实是远远不够的：如果资本主义社会的发展过程遵循了一个不可抗拒的逻辑规律，那么这个事实就必定是这个逻辑的一部分，而这实际上就意味着它是必然会发生的。说这种必然性产生于资产阶级的社会心理，这种解释也无法令马克思满意，例如像马克斯·韦伯那样，把清教徒的态度——坚决不把个人获得的利润用于享乐主义式的挥霍的做法显然十分适合他们的生活习惯——说成了资本家的积累行为的决定因素。当然，马克思并没有忽视任何他认为可以借助于这个方法得到的支持。[①] 但是，对于马克思所构建的理论体系来说，必须

① 例如，在一个地方［《资本论》普及本（Everyman Edition）第1卷，第654页］，马克思在论述这个主题时使用了异常生动的修辞技巧——我想，对于提出经济史观的作者来说，这走得也未免太远了一点。积累可能是、也可能不是资产阶级的“摩西及所有的先知”（!），这样的措辞可能会使、也可能不会使我们感到可笑——对于马克思来说，当他提出这种类型的论证，而且采用了这种风格的时候，通常总是暗示着他有一些缺点必须加以掩饰。

有某种比社会心理更本质的东西，是它迫使资本家去积累，而不管他们对此的感觉如何；这种东西必须非常强大，其本身就足以用来说明心理状态。幸运的是，实际上确实存在着这种东西。

在说明这种“强迫”储蓄的性质时，为了方便起见，我将接受马克思的一个论点，也就是说，我将像他那样假定，资本家进行储蓄实际上就意味着实际资本的相应增加。① 这种变化最初总是发生在总资本中的可变部分（即工资资本部分），尽管资本家的本意可能是增加总资本中的不变部分，特别是被李嘉图称为固定资本的那一部分——其中主要是机器设备。

在讨论马克思的剥削理论时，我已经指出过，在完全竞争经济中，剥削收益会诱使资本家扩大生产或试图扩大生产，因为从每一个资本家自己的角度来看，生产规模越大意味着利润越多。为了实现这个目的，他们将不得不进行积累。而这种行为的总体后果却是，使剩余价值趋于减少——或者是通过引起工资率上升、或者是通过导致产品价格降低。这正是马克思本人非常重视的资本主义内在矛盾的一个极好的例子。对于每一个资本家来说，这个趋势本身又构成了迫使他们进行积累的另外一个原因②，尽管这样做最终会使整个资产阶级的状况变得更加糟糕。因此，即使在一个如果不积累便会陷入“静态”的过程当中，也仍然会有某种强迫积累的因素存在；正如我在前面已经指出过的，在积累使剩余价值减少至零，并最终毁灭资本主义制度本身以前，这一过程都是不可能达到稳定的均衡状态的。③

---

① 对于马克思来说，储蓄或积累，与“将剩余价值转化为资本”是完全等同的。关于这一点，我不打算提出争议，尽管个别的储蓄行为不会必然地或自动地增加实际资本。在我看来，与我的许多同时代人提出的相反的观点相比，马克思的观点似乎更接近真理，因此我认为不值得在这里向它提出挑战。

② 在一般情况下，来自较小额的收入的储蓄当然要比来自较大额的收入的储蓄小。但是，对于任一给定收入，如果一个人预计收入不能持久或预计将会减少，另一个人预计收入将会维持稳定，那么前者的储蓄将会比后者大。

③ 在某种程度上，可以说马克思本人是承认这一点的。但是他又认为，如果工资上涨进而妨碍积累，那么积累率必将下降，因为利润的刺激变得迟钝了，所以资本主义生产过程的机构，本来就会把它暂时造成的障碍除去（德文版《资本论》第1卷第25章第1节）。现在来看，资本主义机构维持自身平衡的这种趋势肯定不是完全没有问题的；对它做任何断言（从最低限度来说）至少需要仔细斟酌。但是，有趣的是，如果我们在另一位经济学家的作品中偶然见到了这种主张，我们应当说这绝非是马克思主义的；而且，如果它是站得住脚的，那么它将大大地削弱马克思要论证的主旨。在这一点上，就像在许多其他地方一样，我们看到，那个时代的资产阶级经济学加给马克思的桎梏已经达到了何等惊人的程度，而他自己却认为已经冲破了这种桎梏。

然而，还有另外一些更加重要、更加迫切的事情需要考虑。实际上，资本主义经济不是、也不可能是静态的，它也不会以一种稳定的方式扩展。资本主义不断地从内部被新企业革新，也就是说，任何时刻都会有新的商品、新的生产方式或新的商业机会冲入现存的产业结构中；任何现存的工业结构和营业环境都一直处于变化的过程当中。任何事物都在它还没有被充分利用之前就已经被改变了。在资本主义社会里，经济发展就意味着混乱。正如我们将会在下一节中看到的，在这种混乱中，无论市场的完全竞争程度多么高，竞争发挥作用的方式与在静态过程中所应有的方式都是完全不同的。因生产新的产品或以更低的成本生产原有的产品而获得更多利润的可能不断变为现实，从而吸引了更多的新投资。新产品、新工艺与旧产品、旧工艺之间的竞争从来不是建立在公平基础上的平等竞争，新产品、新工艺拥有绝对的优势，它们的出现往往意味着旧产品、旧工艺的灭亡。资本主义社会的“进步”就是这样取得的。为了不让其他企业的降价销售抢去市场份额，每家企业最终都将被迫追赶潮流，进行新的投资；而为了做到这一点，就必须抽出部分利润，也就是说，进行积累。① 这样，每个资本家都要进行积累。

马克思比与他同时代的任何其他经济学家都更清楚地看到了这样一种产业变化过程，也更全面地认识到了它的重要性。当然，这并不意味着他正确地理解了它的性质、正确地分析了它的机制。对于马克思来说，这个机制只能归结为众多资本的构成。他没有适当的企业理论，他也未能正确地区分企业家和资本家，再加上他的理论分析技术也有缺点，这一切导致了许多不合理的推论和谬误。但是，对于马克思来说，单单是对上述这个过程的清晰的看法本身，就已经足够帮助他完成许多论证了。如果马克思的论证推导出来的结论不能从另外一种论证中推导出来，那么上面所说的不合理的推论就不再是致命的弱点了。甚至，在论证过程中，即使存在一些相当明显的错误和曲解，也经常可以因论证的一般要点的

① 这当然不是为技术革新提供资金的唯一方法。但是实际上，这是马克思本人曾经考虑过的唯一方法。因为这个方法确实是一个很重要的方法，在这里，我们在这一问题上不妨先听听他的说法。不过，其他方法，特别是从银行借款（即创造存款）的方法，也有重要的意义。如果要给资本主义过程描绘一幅正确的图景，就应该把各种方法都加进来，这是很有必要的。

实质正确性而得到弥补，特别是当这些错误对进一步分析没有妨害的时候，尽管对于那些未能意识到这种似非而是的情况的批评家来说，这些错误似乎是不可救药的。

我们在前面已经看到过这样的一个例子。从它本身的内容来说，马克思的剩余价值理论是站不住脚的。但是，因为资本主义过程确实会反复地产生暂时的相对于成本的剩余收益（虽然对于这一现象，也可以用许多其他理论来解释，当然它们使用的可能完全不是马克思主义的方法），所以马克思在接下来的那个论证阶段里对积累的阐释，并不会因为前一阶段的失误而完全失效。类似地，马克思也未能令人满意地证明积累的强迫性，尽管强迫积累概念对他的整个理论体系非常重要。但是，他在解释方面的这些缺点没有产生太大的害处，因为利用前面提到的方法，我们自己也很容易就能找到一个更令人满意的解释。在我们的解释中，利润的下降与其他现象一样，都有其正确的原因。从长期的角度来看，不管是因为像马克思所说的那样，不变资本相对于可变资本增加了①，还是因为其他什么原因，整个工业资本的总利润率都不一定会下降。正如我们已经看到的，记住以下这个事实就足够了：每一家企业的利润都不断地受到实际的或潜在的竞争的威胁，这种竞争源于新的产品、新的生产方法的涌现，迟早会使企业陷入亏损。这样我们就找到了所需要的驱动力，甚至得到了一个与马克思的不变资本不产生剩余价值这个命题相类似的观点——因为资本货物的任何一个集合体都不可能永远充当剩余收益的源泉——而完全不必依赖于他的理论中正确性存在疑问的那部分。

另一个例子则来自马克思理论链条中的下一个环节，即他的资本集中理论。

---

① 根据马克思的看法，利润当然也可能因为另一个原因而下降，那就是，因为剩余价值率的下降而下降。剩余价值率的下降则可能是由于工资率的上涨，也可能是由于每天工作时间的减少（例如，立法规定）。即使根据马克思主义理论，我们也可以这样说：这种情况将诱使“资本家”用节约劳动的资本货物来替代劳动，因此也会暂时增加投资，而不管有没有新产品或技术发展的冲击。可惜的是，我们无法在这里深入讨论这些问题。不过，我们倒可以提一件令人奇怪的事情。1837 年，纳索・W. 西尼尔（Nassau W. Senior）出版了一本题为《工厂法案书简》（*Letters on The Factory Act*）的小册子。在这本小册子里他试图阐明缩短工作日的工作时间这一建议，将导致棉纺织业利润彻底消失。在德文版《资本论》第 1 卷第 7 章第 7 节里，马克思异常猛烈地抨击了这个观点。事实上，西尼尔的主张确实近乎愚蠢，但是马克思却是最不应该指责他的人，因为西尼尔所说的情况，与马克思自己的剩余价值理论是完全吻合的。

该理论总结了资本主义发展过程中工业企业和控制单位规模不断扩大的趋势。如果去掉所有修饰性的用语，马克思关于这个理论的全部论述[①]，完全可以归结为如下这个直白平淡的陈述句，那就是：竞争是通过不断降低商品价格的价格战的方式展开的，至于降价能否实现，则在其他条件保持不变的情况下，取决于劳动生产率的提高，而劳动生产率的提高又要取决于生产规模的扩大，因而大资本将会打败小资本。[②] 这种说法与现在的教科书里的说法极其相似，并没有什么特别深刻或特别值得赞赏的地方。尤其值得指出的是，这种说法是不完整的，因为马克思只是片面地强调了各个单独的"资本"的规模，而且他在描述这种"竞争战"的影响时，还遇到了无法克服的技术障碍，因为他的分析技术无法有效地处理完全垄断或寡头垄断问题。

然而，许多不属于马克思学派的经济学家都宣称，他们对于这一理论深感钦佩，这种现象的出现绝不是无缘无故的。考虑到马克思当时所处的时代，预言大企业的出现这件事情本身就是一个了不起的成就。但是他所做的远不止于此。他还巧妙地把集中和积累过程联系了起来，或者更确切地说，他把集中视为积累过程的一部分——不仅把前者看作后者的实际形态的一部分，而且把前者看作后者的逻辑的一部分。毫无疑问，马克思正确地观察到了一部分后果——例如"各个资本规模的日益增大成了生产方式本身不断革命的物质基础"；除此之外，他还以片面的或曲解的方式观察到了其他一些后果。他用上了阶级斗争、政治斗争的"发电机"，使围绕着这个现象的空气"都带上了电"，仅仅凭借这一点，就足以使他的理论论述的吸引力胜过那些枯燥的经济学"定理"百倍，特别是对那些没有什么想象力的人来说更是如此。而且更加重要的是，马克思可以径自勇往直前，尽管他的理论构图中个别地方的着墨手法表明他似乎动机不纯，而且从专业人士的角度来看，他的论证也不太严密，但是这一切无法阻挡他的脚步，因为归根结底，工业巨人毕竟已经出现在地平线了，它们必然要创造出来的社会形态也

---

① 请参阅德文版《资本论》第 1 卷第 25 章第 2 节。

② 这一结论通常被称为掠夺理论。在马克思看来，它是资本家互相毁灭的斗争唯一纯粹的经济基础。

已经隐约可见。

（5）只要再加入另外两项内容，整个框架就完全了，那就是马克思的贫困化理论和他的（也是恩格斯的）经济周期理论。在前一个理论中，马克思的分析和结论都失败了，而且是彻底失败，到了不可挽救的地步；而在后一个理论中，马克思的分析和结论却都显示出了高明之处。

毫无疑问，马克思认为，在资本主义发展过程中，在人民大众当中，属于较富裕阶层的人实际工资率和生活水平是逐渐下降的，而属于较贫困阶层的人的实际工资率和生活水平也不可能得到改善，而且这种现象的出现不是偶然因素或环境因素造成的，而是资本主义发展过程中的必然趋势。[①] 从科学预测的要求来看，这当然是一个极其糟糕的预言，各种类型的马克思主义者曾经努力试图对他们面对的显然相反的证据勉强做出有利解释。最初（甚至一直到今天），他们试图通过一些孤立的例子来挽救这个“规律”，并说它是一个可以用工资统计数据证实的实际趋势的反映。后来，他们又试图通过为这个“规律”赋予另一种意义来挽救它，也就是说，他们说它所指的不是工人阶级的实际工资率或工人阶级所得的绝对份额，而是指劳动收入在国民总收入中的相对份额。虽然在马克思著作中的某些章节里也许勉强可以做这样的解释，但是这明显违背了他的大多数论述的原义。此外，即使接受这个解释也没有多大意义，因为马克思的主要结论的前提是：劳动者人均收入的绝对份额必定是下降的，或者至少是不会增加的。如果他真的曾经考虑过相对份额，那么也只能增加马克思主义的困难。最后，这个命题本身仍然是错误的。因为在总收入中，工资和薪金的相对份额虽然可能是在变化的，但是每一年变动的幅度都很少，而且从长期来看则明显保持稳定——肯定没有表现出任何下降的趋势。

---

① 这是第一道防线。任何一个如此直截了当的主张都必定会招致批评，像大多数卫道士一样，马克思主义者非常清楚这种情况，而且他们一向习惯于设立这样的防线来提防。马克思本人也不可能完全没有看到问题的另一方面，他确实也常常“承认”工资上升等情况——说到底，这是任何人都不可能不承认的；因此，事实是，马克思完全预见到了批评家们很可能会提出的任何问题。作为一位经常把理论和历史分析中的丰富事实掺杂在一起的非常“啰嗦”的作家，马克思自然比任何一个教会神父都更加懂得为这样的防线留出更大的余地。但是，虽然“承认”了这些难以对付的顽固事实，却又坚持不让它影响结论，这种做法又有什么好处呢？

然而，这里似乎还有另外一种摆脱困难的办法。有人争辩道，有些趋势在特定的时期内很可能是无法从统计数据中看出来的——在某些情况下，统计时间序列甚至还可能会表现出相反的趋势，在这里所讨论的这种趋势就是如此。但是，这种趋势仍然很可能是人们正在研究的这个体系所固有的，之所以看不出来，无非是因为它被其他例外条件所遮蔽了。事实上，这就是大多数现代马克思主义者所接受的说法。他们认为，殖民地的扩张，或者更一般地说，19 世纪大量新国家的创立，都属于这里所说的“例外条件”，它们为剥削的受害者带来了一个“禁猎期”。[①] 在下面的内容中，我们将会再一次讨论这个问题。与此同时，我们还应当注意到，有些事实构成了这个论点的表面证据，为它提供了有力支持，而且这个论证在逻辑上也是无可指责的，因此，如果那个趋势确实存在，这种论证或许真的能够解决前述困难。

但是，真正的困难在于，马克思的理论结构的这个组成部分是不能令人信服的；他在这个部分上的理论观点和分析基础都是错误的。贫困化理论的基础是“产业后备军”理论，即生产过程的机械化是造成失业的原因。[②] 而产业后备军理论又是建立在李嘉图理论体系中关于机器的那部分理论的基础上的。在马克思的学说当中，没有任何一部分——当然，除了价值理论之外——像这一部分这样完整地建立在李嘉图的理论基础之上而没有补充任何重要内容。[③] 当然，我在这里所指的只是关于这个现象的纯理论部分。像往常一样，马克思也在李嘉图的基础上进行了润饰，补充了许多细节。例如，通过巧妙的概括，他把非熟练工人代替熟练工人这一事实也纳入了失业的概念中。他还引用了丰富的实例，使用了大量华丽的辞藻。然而，最重要的是，他还为这个理论增设了令人印象深刻的背

① 虽然这个观念后来被新马克思主义者加以发展，但它确实是马克思本人提出的。

② 当然，这种失业必须同其他各种类型的失业区别开来。特别是，马克思注意到了由于商业行为的周期性变化而导致的失业。由于这两类失业并不是相互独立的，也由于马克思在进行理论论证时往往只依据后一种失业而不是前一种失业，因此导致了一种解释上的困难，但是似乎并不是所有的批评家都完全理解这种困难。

③ 任何理论家，凡是不仅研究了德文版《资本论》第 1 卷第 15 章第 3、4、5 节，特别是第 6 节（在那里马克思讨论了上面提到的补偿理论）的大量材料，而且也研究了第 24 章和第 25 章的大量材料的，对于这一点一定十分清楚。在后两章里，同样的事物穿着部分不同的外衣重复出现并且经过反复推敲了。

景，即他的社会发展过程的广阔背景。

李嘉图最初也倾向于赞同大多数人关于机器化大生产的普通看法，即一般来说，在生产过程中引入机器不可能不会给劳动者带来好处。但是，他最终对这个观点产生了怀疑（或者说，他对它的普遍正确性产生了怀疑），而且，一旦产生了怀疑，他立即以他特有的坦率态度修正了自己的主张。而当修正他的主张时，他也以他特有的态度一直追溯到了过去。他使用他惯用的“设想一些最典型的例子”的方法，提出了一个所有经济学家都很熟悉的数值例子，用来说明事情也可能会带来另一种结果。一方面，他并不否认他所证明的只是一种可能性——虽然是一种可能性相当高的可能性；另一方面，他也无意否认，机械化可能通过它对于总产量、物价等的影响，最终给劳动者带来净回报。

在这个例证本身所涉及的范围内，李嘉图无疑是正确的。[①] 今天，许多学者用更精确的方法为李嘉图的这个理论提供了支持。这些新方法既证实了李嘉图试图证明的可能性，也证实了与之相反的那种可能性；而且，它们还超越了李嘉图的例证的范围，即它们还阐明了决定随之出现的究竟是这种结果还是另一种结果的正式条件。当然我们都知道，这事实上已经是纯粹理论所能做到的一切了。为了预测实际的结果就必须要获得进一步的资料。但是就我们的目的而言，李嘉图的例证呈现出了另一个有趣的特征。他假设一家拥有一定数量的资本和一定数量的工人的企业决定实现机械化，为此，这个企业安排一组工人去制造机器，而一旦机器制造好投入生产，该企业就可以将其中的一部分工人解雇。这样一来，利润最终可以保持不变（通过竞争进行的调整，将会使任何临时收益消失），但是总收入将会改变，而且总收入下降的数字正好与先前支付给那些现在已经“自由”了的工人的工资相等。马克思在阐述他的关于不变资本代替可变资本（工资）的理论时所用方法几乎就是上述李嘉图的方法的精确复制品，而且马克思所强调的由此而导致的剩余人口概念也与李嘉图所强调的紧接着会出现的过剩人口的概念如出一辙（马克思用“剩余人口”一词代替“产业后备军”这个术语）。

---

① 或者，也可以纠正它而不至于损害它本来的重要意义。关于这个理论，还有几个可疑之处，它们可能是由于它所运用的可怜的方法导致的——可是有许多经济学家却愿意这种方法永远继续存在下去。

由此可见，马克思囫囵吞枣地接受了李嘉图的学说。

但是，在李嘉图自己设定的有限目标范围内可以接受的东西，一旦被马克思用来当作构建庞大的理论体系的基础，就不但显得过于脆弱，而且变得非常不恰当了。事实上，这已经成为另一个不合理的推论的来源，而且这一次，即使是最终结果的正确性，也无法弥补这种错误。马克思自己似乎也曾经有过这样的感觉。因为他使尽全力拼命地抓牢了他的老师的有条件的悲观主义结论，就好像后者的强有力的例证是唯一可能的情况一样。同时，他更加拼尽全力地抨击那些发展了李嘉图在谈到机器时代的补偿时所暗示的含义的学者们，这里所说的补偿是指：即使使用机器的直接影响会给劳动者带来损害，但是机器时代总体上来说对劳动者可能是有好处的（这种补偿理论是所有马克思主义者最厌恶的东西）。

马克思有许多理由这么做，因为他迫切需要为他的产业后备军理论找到一个坚实的理论基础。除了要为一些比较次要的目标服务之外，他的产业后备军理论主要是为如下两个最重要的基本目标服务的。第一，正如我们已经看到的，由于他非常不喜欢利用马尔萨斯的人口理论（这一点是完全可以理解的），他也就不得不放弃我们所说的他的剥削理论的一根主要支柱。产业后备军理论就是用来代替这一支柱的——产业后备军永远存在，因为永远都在被重新创造出来。[①] 第二，他所采用的关于机械化过程的这种特别狭隘的观点，是与《资本论》第 1 卷第 32 章那些特别著名的句子相呼应的；从某种意义上说，这些句子不仅是马克思的《资本论》第 1 卷的结论，而且是他的全部著作的最关键的最终结论。下面，我将完整地引用它们——完整程度甚至超过了讨论目前这个问题的需要——目的是让读者看清楚马克思的立场。这种立场能够很好地解释，为什么有些人对马克思膜拜如神，而另一些人则对他无比蔑视。这一段话，崇拜者认为它集先知真理之大成，鄙视者则认为它乃无耻谎言之辐辏，其原文如下：

“随着这种集中或少数资本家对多数资本家的剥夺……各国人民日益被卷

① 当然，马克思必须强调产业后备军不停地被重新创造出来。如果像某些批评家那样，认为马克思假定，由于机器的使用而丢掉了工作的人，从此以后就将永远失业，那么对于马克思来说，无论从用词的角度说，还是从含义的角度来看，无疑都是极不公正的。马克思从来没有否认过吸收。以每次所造成的失业都将被吸收这一点为根据，对马克思提出的任何批评，都完全是无的放矢。

入世界市场网，从而资本主义制度日益具有国际的性质。随着那些掠夺和垄断这一转化过程的全部利益的资本巨头不断减少，贫困、压迫、奴役、退化和剥削的程度不断加深，而且日益壮大的、由资本主义生产过程本身的机制所训练、联合和组织起来的工人阶级的反抗也不断增长。资本的垄断成了与这种垄断一起并在这种垄断之下繁盛起来的生产方式的桎梏。生产资料的集中和劳动的社会化，达到了同它们的资本主义外壳不能相容的地步。这个外壳就要炸毁了。资本主义私有制的丧钟就要响了。剥夺者就要被剥夺了。”*

(6) 马克思在经济周期领域的成就是最难评价的。在这方面，马克思真正有价值的“论著”其实是由几十个简短的观察结论和注释组成的，这些文字的大部分都是偶然形成的，几乎散见于他的所有作品中，其中许多包含在他的信札中。这些零散的、片段式的思想从未形成过一个完整的理论体系，甚至在马克思本人的脑海中，也可能没有出现过——如果出现过，最多也只是其胚胎形式。要将这些东西重新整合成一个完整的理论体系，由不同的人做很可能会导致不同的结果。如果由那些钦佩马克思的崇拜者来做，结果可能会大打折扣，因为他们倾向于美化马克思(这种倾向是可以理解的)，因此会借助于一切说得通的解释方法，从而在事实上把他们自己赞同的几乎所有后来的研究成果都归功于马克思。

由于马克思在这个领域中的贡献呈现出了非常多元化的性质，所以他的一般的朋友和敌人无论是过去也好，还是现在也好，都从未认识清楚摆在解释者面前的是一个什么样的任务。他们看到马克思如此频繁地对这个主题发表评论，又看到它与他的基本论题显然密切相关，因此就想当然地认为马克思必定有一个简单的、明确的关于经济周期的理论，并认为这种理论可能产生于他关于资本主义发展过程的其他逻辑的某种理论，就像剥削理论产生于劳动价值理论一样。于是，他们就开始着手寻找这种理论；当然，他们将会碰到些什么，我们不难想象得到。

一方面，对于资本主义为社会生产能力的发展所提供的巨大的动力，马克思

---

* 参见《资本论》，2版，第1卷，874页，北京，人民出版社，2004。——译者注

毫无疑问是持颂扬的态度的——尽管他并没有非常强烈的动机去这样做；但是另一方面，他又不断突出强调劳动群众日益增加的苦难。既然如此，在结论中，把危机或萧条归咎于受剥削的群众无力购买不断扩大的生产设备生产出来的或将要生产出来的产品，以及因为这个原因和其他无须重复的原因造成的利润率下降而导致的企业倒闭，实在是最最自然不过的事情了。这样一来，我们似乎真的可以提出消费不足理论或生产过剩理论了（具体则取决于我们想要强调的是什么因素），但是这种理论也是最没有说服力的。

马克思对经济危机的上述解释实际上可以归入消费不足导致经济危机这一类理论。[①] 有两个事实可以支持这个结论。第一，在剩余价值理论和其他的一些理论问题上，马克思的学说与罗贝尔图斯以及西斯蒙第的学说之间显然存在着密切的关系，而这两个人都是支持消费不足理论的，因此推断马克思也有同样看法是很自然的。第二，我们还可以从马克思本人的论著的一些章节中，特别是《共产党宣言》中关于危机的简要陈述中看出他确实持这个观点。虽然恩格斯对这个问题的阐述比马克思更多[②]，但这一点是无关紧要的，因为马克思后来又很明确地舍弃了这种观点，他这样做无疑是非常明智的。[③]

---

① 虽然这种解释已成为时尚，但是我在这里将只提到两位作家，其中一个人对这个理论提出了某种修正，而另一个人则明确表明继续坚持这个理论：杜干-巴拉诺夫斯基（Tugan-Baranowsky）出版了《马克思主义的理论基础》（*Theoretische Grundlagen des Marxismus*，1905 年）一书，他对马克思建筑在这一基础之上的经济危机理论提出了批评；M. 多布（M. Dobb）所著的《政治经济学和资本主义》（*Political Economics and Capitalism*，1937 年）则对马克思这种解释给予了更多的同情。

② 恩格斯关于这一问题的看法平淡无奇，这一点在他那本名为《欧根·杜林先生在科学中实行的变革》（*Herrn Eugen Dübrings Umwälzung der Wissenschaft*，1878 年）（即《反杜林论》）的论战性小册子中表现得最为突出，其中已经成为社会主义文献中最常被引用的那些章节尤其如此。恩格斯在那本小册子中对危机形态的概括十分优秀，描述也非常生动，因此非常适合于通俗宣传之用，但是，他所说的“市场的扩大跟不上生产的扩大”的含义却比较暧昧，需要人们进一步寻找解释。同时，他还赞许地引用了傅立叶（Fourier）用“过剩的危机”这个意义不言自明的术语所表达的观点。但是不能否认，该书的第十章有一部分是马克思写的，因此他也要对全书承担共同负责。

我已经注意到了，包括在这一篇概论中的对于恩格斯的几个评论都有贬抑他的性质。这一点是很不幸的，因为我从来没有任何想要缩小这一杰出人物的功绩的意图。不过我还是认为，最好坦率地承认，恩格斯的智慧，特别是作为一位理论家的智慧，确实远在马克思之下。我们甚至不能肯定，他是否总是能够理解马克思的真正意图。因此对于恩格斯对马克思理论的解释，我们在利用时必须保持谨慎。

③ 《资本论》，第 2 卷，1907 年英译本，第 476 页。同时也请参阅《剩余价值学说史》（英译本），第 2 卷，第 3 章。

事实上，马克思本人确实没有一个简单的、清晰的经济周期理论；我们也无法从他关于资本主义发展过程的“规律”中合乎逻辑地引申出这个理论。即使我们愿意接受他对剩余价值的产生所做的解释，并同意积累、机械化（不变资本的相对增加）和人口过剩（它无情地加深了劳动群众的苦难）等确实能够串联成一条以资本主义制度灭亡为最终结论的逻辑链条，也还是找不到任何一个必然会导致资本主义过程发生周期性波动的因素——这个因素还必须足以解释繁荣与萧条必然交替出现的原因。[①] 毋庸置疑，我们手边总是存在着大量触手可及的偶然事件，它们随时可以用来弥补基本解释的不足。这类偶然事件包括：错误的计算、错误的预测和其他各种错误、乐观主义和悲观主义的潮起潮落、过度的投机及对过度投机的反作用，以及各种各样的“外部因素”，等等。然而，根据马克思的积累理论，积累是一个机械的、匀速推进的过程——没有任何理由说明它不应当如此——既然如此，那么他所描述的资本主义过程也完全可能是一个匀速发展的过程；因此，就它自身的逻辑而言，资本主义过程本质上应该是既不会出现繁荣，也不会出现萧条。

当然，这种情况并不一定是一种不幸。许多其他理论家曾经认为而且现在仍然简单地认定，无论什么时候，只要足够重要的某种事物出现了差错，危机就一定会发生。此外，这种情况也不全然是一种障碍，因为它曾经把马克思从他自己的理论体系的束缚下解放出来，使他能够自由自在地观察现实事物，而不用时刻费尽心机去曲解它们。这样一来，马克思才得以广泛考虑了各种各样的或多或少有一定关系的因素。例如，他曾经多少有点肤浅地仅仅根据商品交易过程以货币为中介这个现象——而没有考虑其他因素——就说萨伊（Say）提出的不可能出现供过于求的状况的命题是无效的。而对于以耐用资本货物的大量投资为特征的行业非均衡发展，马克思则用银根宽松的市场来加以解释。他还曾经用市场开放或新社会需求的出现这一类特殊的刺激去解释“积累”的突如其来的爆发性增

---

① 对外行来说，事实似乎显然是相反的，因而即使我们说得再多，也很难让他们相信这种主张。读者要想让自己相信它是真的，最好的方法是研究李嘉图关于机器的论证。那里所描述的过程可能导致任何程度的失业，但是如果听任这个过程无限地继续下去，并不会引起除了这个制度本身的最后崩溃之外的任何一种崩溃。马克思本人是同意这种看法的。

长。他还曾经试图论证，人口的增长也是引起经济波动的一个因素[①]，但不是很成功。马克思还观察到，生产规模的扩张是“突然的痉挛式的”，而且这种形式的扩张就是“它的同等突然收缩的前奏曲”。对此，虽然他没能给出正式的解释，但是还是非常正确地指出：“政治经济学的肤浅性也表现在，它把信用的膨胀和收缩，把工业周期各个时期更替的这种单纯的征状，看作是造成这种更替的原因。”[②] 当然，马克思很重视偶然发生的和临时出现的事件的作用。

所有这一切都是常识，并且基本上都是正确的。我们看到，马克思对经济周期的分析实际上已经涉及了历来关于经济周期问题的严肃讨论曾经考虑过的所有因素，而且总体上说错误极少。此外，我们也不能忘记，仅仅是意识到周期性运动的存在，在当时就已经是一个伟大的成就了。在马克思之前的许多经济学家对此已经有了些许模糊的认识，可惜的是他们全都把主要注意力集中到了后来被称为“危机”的破坏性极大的崩溃事件上了。而且，他们也没能从正确的角度看待这些危机，也就是说，他们没有看到这些危机仅仅是周期性发展过程中必然要发生的一些事件。他们看不到这些事件的前因后果，认为这些危机只是孤立的灾难，是由于错误、过剩、渎职或是信用机制方面的缺陷而导致的。我相信，马克思是第一个超越了这种传统的经济学家，他走在了克莱芒·朱格拉（Clément Juglar）的前面——后者其实只是从统计学的角度进行了补充。正如我们所看到的，虽然对于经济周期现象，马克思未能给出一个恰当的解释，但是对于这一现象，他不仅看得非常清楚，而且理解了它的大部分机制。而且，像朱格拉一样，马克思也毫不犹豫地指出，一个周期大约延续 10 年，中间则会“穿插进一些小的波动”。[③]

---

① 具有这种看法的也不止马克思一个人。但是，希望他最终会看到这种研究方法的缺点，对他来说也不是不公正的。而且我们应当看到，他关于这个主题的看法出现在《资本论》第 3 卷，因此不能认定这些文字肯定反映了他最终的意见。

② 《资本论》，2 版，第 1 卷，730 页，北京，人民出版社，2004。紧接着这个段落的如下一段话，说明马克思又朝着现代经济周期理论研究者极为熟悉的方向前进了一步，他是这样说的：“而结果又会成为原因，于是不断地再生产出自身条件的整个过程的阶段变换就采取了周期性的形式。”

③ 恩格斯则比这还要更进一步。他在马克思的《资本论》第 3 卷中所作的一些注释表明，他也觉得应该存在较长时间的摆动。虽然他倾向于把 19 世纪 70 年代的较弱繁荣和 80 年代的较强萧条解释为结构性变化的结果，而不是更长期的萧条阶段的组成部分（就像许多现代经济学家对于战后经济的发展，特别是最近 10 年的经济发展所做的判断那样）。在一定意义上，我们可以把这看成是康德拉季耶夫（Kondratieff）关于长经济周期的思想（“长波理论”）的先声。

他对什么因素影响了周期的持续时间这个问题非常感兴趣，而且考虑到了这个问题的答案可能与棉纺织厂所用的机器的使用年限有某种关系。此外，还有许多迹象表明，他确实曾经对与危机问题有明显区别的经济周期问题进行过细致的研究，并取得了很多领先的成果，这足以使其与危机理论区分开来，他在经济周期问题上的研究有许多领先之处，它们确保他在现代经济周期理论的研究中享有崇高的创始人的地位。

另外一个方面也必须提一下。在大多数情况下，马克思是在一般意义上使用“危机”这个术语的。例如，当他说到 1825 年的危机或 1847 年的危机时，他要表达的意思与其他人一样。但是，马克思也在其他的意义上使用“危机”这个术语。因为他坚信，资本主义的发展总有一天会摧毁资本主义社会制度的框架，所以他认为在真正的毁灭发生之前，资本主义就会出现越来越多的摩擦，而且会呈现出许多致命弊病的症状。对于这个历史阶段，马克思也使用“危机”这个术语，尽管它理应被视为一个比较漫长的历史时期。他表现出了一种强烈的倾向：一定要把那些不断发生的周期性危机与资本主义制度这个独特的危机联系到一起。他甚至认为，前者在一定意义上可以被看作最终毁灭的预演。既然对许多读者来说，这一点在某种程度上可以说是理解马克思关于危机理论的一个线索，我们就有必要指出：根据马克思的理论，那些导致资本主义最终毁灭的因素，如果没有另外的恰当的补充假设，就不能成为重复发生的周期性萧条的原因。[①] 而且这一线索也不能使我们超越如下这个平庸的命题：“剥夺剥夺者”在萧条时期比在繁荣时期更加容易实现。

（7）最后，马克思关于资本主义的发展必将摧毁资本主义制度这个观念[即，总崩溃理论（Zusammenbruchstheorie）]，提供了最后一个例子，让我们看得更加清楚，他是怎样将不合理的推论和有助于挽救最后结论的深刻见解混杂在一起的。

① 读者要使自己信服这一点，只需再浏览一下 39～40 页那段引文就行了。事实上，虽然马克思常常玩这种概念游戏，但是他自己并没有陷到里边去。这一点意味深长，因为这就错过了一次概括的机会，而并不是他惯常的方式。

由于马克思的“辩证演绎法”是建立在劳动者的苦难日益加深和他们所受的压迫日益加重最终将迫使他们起来反抗这个论断的基础上的，因此也就被这个不合理的推论破坏了，因为这个不合理的推论使得证实苦难不可避免地增加这一结论的论证归于无效。此外，传统的马克思主义者早已开始对产业控制的集中化必定与“资本主义的外壳”不相容这个命题的正确性提出质疑。在他们之中，第一个运用系统的理论来表达这种疑问的人是鲁道夫·希法亭[①]（Rudolf Hilferding），他是新马克思主义这一重要学派的领袖之一。希法亭实际上倾向于相反的推断，也就是说，通过集中，资本主义将会变得更加稳定。[②]关于这个问题，我自己的见解将在下文中详述；不过在这里，我还是要先指出一点，即希法亭似乎走得太远了，尽管正如我们将会看到的，在美国这个国家目前的趋势下，相信大企业“会变成生产方式的桎梏”这种论断是没有根据的，而且尽管马克思的结论与他的前提不相符合。

然而，即使马克思所依据的论据、所进行的推理的毛病比现在我们看到的这个样子还要多，他的结论，就其断言资本主义的发展必将摧毁资本主义社会的基础这一点而论，仍然是正确的。我相信确实如此。在这里，我要把这个早在1847 年就把真理揭示得如此清晰的见解称颂为一个深刻的见解。我不认为自己是在夸大其辞。当然，现在这已经是一个常识了。第一个提出这种看法的是古斯塔夫·施穆勒（Gustav Schmoller）。施穆勒教授是普鲁士枢密院顾问和普鲁士上议院议员，他显然不太像是革命党人，也不热衷于宣传鼓动，但是他也平静地表

---

① 《金融资本论》(*Das Finanzkapital*)，1910 年版。在这部著作中，希法亭以一些比较次要的事实为依据，对马克思提出了质疑：马克思是否过分重视那些他认为是他自己确立的趋势了？希法亭认为社会发展过程要比马克思所指出的更加复杂、更加不一致。当然，这类怀疑以前也经常出现，例如伯恩斯坦就是一个很好的例子（参阅第 26 章）。但是，希法亭的分析并没有停留在各种“说到底情有可原”的情况上，而是在原则上（并利用马克思自己的理由）反驳了马克思的结论。

② 希法亭的这个命题常常（甚至被它自己的作者）与另一个命题相混淆，后者是说，经济波动将随着时间的推移而逐渐趋于缓和。在现实世界中，情况可能是这样的，但是也可能不是这样的（1929—1932 年发生的事情证明了这一点）。但是，我们说资本主义制度表现出了较大的稳定性，是指我们的价格和数量的时间序列数据是比较有规则的，而不是变幻莫测的；这并不一定意味着资本主义制度经受得住很重大的冲击，那种能力体现的是另一种稳定性。当然，反过来说，后者也不一定意味着前者。当然，这两者是互相关联的，但它们确实不是同一件事情。

达了同样的真理。不过，至于为什么这样以及如何会这样，他同样未能给出解释。

不需要再进行详尽的评述了。尽管仍然相当不完整，但是我们上面这个“概论”应当已经足可证实：第一，没有一个全心关注纯粹理论分析的人能够说是无条件成功的；第二，没有一个全心全意地关心大胆创立新学说的人能够说是无条件失败的。

当然，如果让“理论技术法庭”来“审理”，那么判决必然是不利于马克思的。马克思坚持的是一种从一开始就不适当的，而且在他自己的时代就已经迅速变得过时的分析工具；他还得出了一连串不合理的推论和显然完全错误的结论；如果对某些方面的错误进行修正，就有可能改变其基本论断，有时甚至会走向完全相反的方向——所有这一切都可以正确地用来指责马克思这位“理论技师”。

但是，即使真的走上了这个“法庭”，上面这种判决也必须附上一些限定条件，这有如下两个理由：

第一，虽然马克思经常犯错误——有时甚至会犯一些不可救药的错误，但是他的批评者也不见得总是正确的。由于他的批评者当中有些还是杰出的经济学家，这个事实其实应该算作马克思的光荣，特别是因为他本人不可能亲自与他们中的大多数人见面。

第二，马克思在许多具体问题上的贡献，无论是批评性的还是建设性的，也都应该算作他的光荣。在本文这样的一个概论里，我们没有办法一一列举马克思的贡献，更不用说去公正地逐一评价它们了。不过，我们在讨论他对经济周期的研究时，已经对马克思的一些观点进行过评论了。我还提到过，他的见解有助于改进我们关于实物资本结构的理论。他为这一领域设计的研究纲要虽然不是无懈可击的，但在最近的马克思主义范式的著作中已被证明是有用的。

但是如果存在一个“上诉法院”——即使仍然局限于“审理”理论问题——上述判决就很可能被完全推翻。因为马克思有一个真正伟大的成就能够弥补他在理论分析方面的所有“过失”。在他的分析中，虽然存在着一些错误，甚至还有一些非科学的东西，但是仍然贯穿了一个既不是错误，也不是非科学的基本观念。这个理论观念，不仅仅是关于无数相互之间没有联系的个别模式的，也不仅仅是关于一般的经济变量的逻辑关系的，而是上述模式展开或经济过程推进的实际序列。经济过程依靠自身的动力在历史长河中不断向前，每时每刻都在产生着其本身就决定了下一个状态的状态。因此，马克思这个人，虽然提出了那么多的错误观点，但他也是构想未来经济理论宏图的第一人，即使从今天的角度来看，他所想象的理论仍然是属于未来的。而我们这些人，直到现在仍然在为这种理论缓慢地、不辞劳苦地收集着原始材料、统计数据和函数方程式。

马克思不仅提出了这一构想，他还致力于将其付诸实践。因为他的理论是用来服务于伟大的目标的，所以对于有损于他的作品的一切缺点，我们都必须另作评价，尽管在许多情况下，这些缺点并不能因此而全部得到“救赎”。无论如何，马克思确实为经济学方法论做出了一个极端重要的贡献。经济学家总是要么自己写作经济史，要么就是利用其他人撰写的经济史。不管采取哪种方式，经济史中的事实都被归入了一个单独的领域；即使进入了理论领域，也只能发挥例证的作用，或者只能用来证实某个结论，也就是说，它们只能与理论机械地结合起来。但是，在马克思那里，经济史实与理论的混合却是真正意义上的融合，也就是说，他把它们应用到了产生结论的论证过程当中。马克思是有史以来第一位不仅看到了，而且系统地教导人们，经济理论如何转化为历史分析，历史叙述如何转化为历史理论的第一流的经济学家。[①] 在统计学方面，也有类似的方法论问题，但是马克思并不想着手解决，但是从一定意义上说，这已经包括在了另一个（与经济史有关的方法论）问题中。这样一来，也就回答了本文第二部分结尾处提到过的那个问题，即马克思的经济理论在多大程度上成功地充实了他的社会学框架。结论是，这项工作没有成功，但是在尝试的过程中，他确立了目标和方法。

---

① 如果马克思的忠实拥护者因此宣称，马克思为经济学的历史学派确立了目标，这种观点是不能轻易地予以漠视的，虽然施穆勒学派的著作肯定与马克思的启发基本无关。但是，如果这些拥护者进一步宣称，马克思（而且只有马克思）知道如何使历史合理化，而历史学派各学者却只知道怎样叙述事实而不了解它们的意义，那么他们就过犹不及了。因为那些人实际上是知道怎样进行分析的。如果说历史学派各学者的概括不够彻底，他们的叙述不够精练，那其实都可算是对他们的赞誉。

四、导师马克思

马克思主义结构的主要组成部分现在已经全部摆在我们面前了。那么从整体上看，这个宏大的综合体到底怎样呢？这个问题不是多余的。如果它是正确的，那么在这样的情况下，整体就会比部分的总和更正确。此外，由于综合体可能会把好的变坏、把坏的变好（几乎每一个组成部分都同时存在这两种情形），那么整体可能会比它的任何部分都更正确或者更错误。最后，还有某种只能来自整体的启示。但是关于这一点就不在这里多说了。我们每一个人都必须自己去品味它对自己意味着什么。

我们的时代厌恶不合情理的专门化，因而大声疾呼，要求推进综合研究，在以非专业成分所占比例最大的社会科学领域中，这种呼声最高。① 然而，马克思的体系却很好地证明了，这种综合虽然可能意味着新的洞见，但是有时也可能意味着新的桎梏。

我们在上文中已经看到，在马克思的论证中，他的社会学观点和经济学观点是如何相互渗透的。从目的上看，它们无疑是统一的；而且，从具体实践上看，它们在某种程度上也是统一的。因此，马克思的所有主要的概念和命题都既是经济学的，又是社会学的，它们在这两个层面上有着相同的含义——如果从我们自己的观点出发，我们仍然能够从这两个层面来讨论他的论证。例如，从理论上看，作为经济学范畴的“劳动”与“无产阶级”这个社会阶级至少在原则上是一致的，而从事实上看，它们就是同一的。又如，经济学家所说的功能性分配，一

① 在某些崇拜马克思的人身上，表现出了特别强烈的非专业因素，他们的态度比典型的马克思主义经济学家还要更加偏执，到现在仍然坚持按照表面上的价值接受马克思写下的所有作品。这是一个非常重要的问题。从任何一个国家的马克思主义者的构成来看，外行与经过专业训练的经济学家的比例至少是三比一，而且这些经济学家通常也只是本文引言所规定的意义上的马克思主义者：他们把马克思当成神，供在庙堂上膜拜，但是当他们进行研究时却会背弃这个“神”。

旦进入了马克思主义的理论体系，就拥有了完全不同的含义。功能性分配这个经济学概念原本是指，收入作为生产性服务的回报，与获得这种报酬的人属于哪个社会阶级无关，但是在马克思那里，功能性分配就表现为收入在各个社会阶级之间进行分配的形式了。再如，在马克思的体系中，资本只有在特定的阶级——资产阶级——手中才是资本；同样的东西，如果在工人的手中，就不是资本了。

毫无疑问，这种做法给理论分析带来了勃勃生机。经济理论中原本像幽灵一样的概念开始有了生气。没有血肉的定理开始活动、奔驰、呐喊起来了。在马克思那里，定理仍然保持了原有的逻辑性，但是再也不仅仅是关于抽象体系的逻辑特性的命题了，而是变成了描绘五花八门、急剧动荡的社会生活的生动笔触。与一切纯粹的经济分析所能描述的东西相比，这样的分析不仅表达了更加丰富的意义，而且包含了更加广阔的领域，因为它把所有阶级的所有活动都纳入了自己的画面，而不管某种阶级行为是否符合经济过程的一般规律。战争、革命、一切形式的立法活动、政府结构的变化……总之，所有被非马克思主义经济学简单地视为外部干扰因素的事物全部包括了进来，它们与（譬如说）机器设备投资、劳动交易一样，都在马克思的体系中找到了自己的位置。一个单一的解释性图式涵盖了所有这一切事物。

当然，这种做法同时也有它的缺点。以这种形式来“排列”概念，意味着对概念的某种束缚，由此而导致的在效率方面的损失可能与在活力方面的收获一样多。工人和无产阶级这一对概念，虽然似乎显得有点陈旧，但却是一个很好的例子，可以用来说明这里的问题。在非马克思主义经济学中，所有个人的劳务报酬在性质上都属于工资，无论获得报酬的是第一流的大律师、电影明星、公司经理，还是清洁工，概莫能外。从这种报酬所涉及的经济现象来看，它们有许多共同之处。因此，这种概括和归纳绝不是毫无意义的，也不是没有作用的；恰恰相反，这种做法是很有启发性的，它对事物的社会学解释也很有价值。但是，如果把劳动与无产阶级等同起来，就会把问题搞混淆了——事实上，这样做等于把它从我们的画面中完全抹去了。同样地，一个很有价值的经济学原理也可能被它在社会学中的变形弄得破绽百出，从而失去其丰富的含义，当然反过来也是如此。因此，一般的综合，尤其是根据马克思主义的方式所进行的综合，可能会同时导致更坏的经济学和更坏的社会学。

一般来说，综合意味着把不同研究路径的多种方法和结果协调整合起来，这是一件非常困难的工作，只有极少数人能够胜任，由此而导致的一个结果是，一般人根本不会去尝试这样做。因此，从那些只见树木不见森林的研究者（这是他们所受的教育决定的）那里，我们能够听到的只是他们对森林的不满意的叫嚣声。他们无法理解的是，造成困难的部分原因在于材料多得令人难以处理，而综合后形成的“森林”看起来又极不寻常——就像一座知识的集中营。

按照马克思主义的路线进行的综合——着眼于让所有事物都服从于同一个单一目标，把经济学分析与社会学分析协调起来——当然特别像那种知识的集中营。这种综合的目的——对资本主义社会的历史论证——是很宽泛的，但是分析结构却不够宽泛。这里确实存在着政治事实和经济原理的紧密结合，但是它们是被强行捏合在一起的，结果使得无论是哪一方都没有什么生命力。马克思主义者宣称，他们的体系能够解决非马克思主义经济学家无法解决的所有重大问题。他们确实做到了，但是他们是通过阉割问题的方式做到的。对于这一点，我们需要仔细地研究一下。

我在前面已经指出过，马克思的综合的理论体系囊括了一切历史事件（譬如战争、革命、法律的变化，等等）和一切社会制度（譬如财产权、契约关系、政府的形式，等等）。而非马克思主义经济学家则习惯于把所有这些事物当作干扰因素或数据资料来对待，这也就意味着，他们根本不打算去解释它们，而只是分析它们的运行方式和结果。当然，在界定任何一个研究项目的对象和范围的时候，类似这样的因素和数据资料都是必不可少的。如果在某些情况下，它们没有被显式地、详细地说明，那只是因为研究者预期任何人都知道它们是什么。马克思主义体系的独有特征之一恰恰是，它将这些历史事件和社会制度都纳入了经济分析的解释过程当中，或者用更专业的术语来说，就是不把它们当成已知的数据资料，而是把它们当成变量。

这样一来，拿破仑战争、克里米亚战争、美国内战、1914 年世界大战、法国投石党运动（French Frondes）、法国大革命、1830 年革命和 1848 年革命、英国的自由贸易、整个劳工运动及其任何一次具体行动、殖民扩张、社会制度的变化、每一时期和每一国家里的政党政策和国家政策——所有这一切都进入了马克思经济学的领域之内。据称，在马克思经济学的框架内，所有这些现象都可以找到理论上的解释，而解释的根据则是阶级之间的冲突（阶级斗争）、资本积累、资本构成的变化、剩余价值率的变化以及利润率的变化。作为一名经济学家，马克思不再满足于只是对一些技术性问题给出技术性的答案，他要教导全人类，让人们洞悉人类的斗争的隐秘意义。在以往的研究中，“政治”只是一个在研究基本原理时可以且必须抽除出来的独立因素；或者，即使真的把“政治”因素加入进来后，它也不过是根据人们的喜好，或者扮演一个调皮的孩子的角色，当工程师转过身去时就恶作剧地拨弄一下机器；或者扮演一个天外飞来的救世英雄的角色（因为那种被尊称为“政治家”的可疑的哺乳动物拥有神奇的智慧和美德）。不是的！政治本身就是由经济过程的结构和状态决定的，在经济理论的范围内，它变成了各种经济作用的导体，就像任何买进或卖出行为一样。

再强调一次，马克思完成的这种综合拥有特别强大的魅力。这一点很容易理解。在年轻人以及新闻界的一些知识分子（上帝似乎赐给了他们永恒的青春）的身上，这种魅力的威力表现得尤为突出。他们迫不及待地渴望得到一个好机会，以便以这种方式或那种方式去完成拯救世界的使命；他们极度厌恶单调得无法形容的教科书，因此在感情上和知识上都得不到满足，但是同时又没有能力通过自己的努力完成一个综合。最后，他们在马克思那里找到了他们渴望获得的东西。那里有打开一切最深奥秘的钥匙，有能够指挥所有大小事件的魔杖。他们在那里看到了一个能够解释一切的图式——如果允许我暂时借用黑格尔主义的术语的话——那是一个最一般又最具体的图式。因此，在面对人生中的一切重大事件的时候，他们都不会再因找不到答案而觉得彷徨无计了，他们似乎一下子就彻底看穿了那些什么都不懂的政界和商界的傲慢的傀儡。考虑到其他的选择实在无法与马克思的综合相匹敌这一事实，谁又能责备他们呢？

是的，确实如此——但是，除此之外，马克思主义的这种综合还有其他什么贡献吗？我不知道。任何一位描述英国转变成一个自由贸易国家的过程，或者分析英国早期的工业立法的成就的谦虚的经济学家都不会忘记——过去不会，现在也不会忘记——提到产生这些政策的英国经济的结构状况。如果他在自己的论文或纯理论的著作中没有这么做，那通常只是为了使分析更简洁、更高效。马克思主义者需要补充的东西，无非是对自己的原则的坚持，以及用来补充他们的原则的特别狭隘的、特别扭曲的理论。毫无疑问，这个理论是可以提供结论的，而且是非常简单、非常明确的结论，但是，只要将它系统地应用到各种具体的情况当中去，那么我们就会发现，它对于所有者与非所有者之间的阶级斗争的无穷无尽的赘述非常令人厌倦。我们将会深切地意识到它的不适当性，或者说得更糟糕一些，我们将会痛苦地感受它的浅薄平庸性。是的，如果我们不相信作为这种理论的基础的基本图式，那么就会发现它是不适当的；如果我们相信这种图式，那么就会发现它是浅薄平庸的。

马克思主义者习惯于洋洋自得地指出，马克思对资本主义发展过程中固有的经济和社会发展趋势的诊断是成功的。正如我们在前文中已经看到的，这种说法是有一定道理的：马克思比同时代的许多其他作家都更加清楚地看到了企业大型化的发展趋势，不仅如此，他还看清了随之而来的社会经济形势的某些特征。我们还看到了，在这种情况下，马克思的远见帮助了他的理论分析，它不仅弥补了后者的一些缺点，而且使后来得到的综合结果比分析时的组成因素更加正确。但是也仅此而已。而且这种成就必然要被“贫困日益增长”这一失败的预言抵消殆尽。这个预言是错误的“远见”和不正确的分析的联合结果，而且许多马克思主义者对日后的社会事态发展的大量预测都是建立在这个错误的预言的基础上的。如果有人完全相信作为整体的马克思主义的这种综合，依靠它来理解当前的形势和问题，那么就很容易陷入严重的错误当中。[①] 事实上，就算在许多马克思主义者当中，现在也已经有许多人认识到这一点了。

---

① 有些马克思主义者可能会回答说，在帮助我们理解我们的时代这个问题上，非马克思主义经济学家几乎没有做出任何贡献，因此无论怎么说，马克思主义者在这方面都要比他们更强一些。什么也不说，与说了一大堆错误的东西，这两者究竟哪个更好，这个问题姑且不论，但是我们必须记住，马克思主义者的上述说法并不符合实际情况，因为非马克思主义的经济学家和社会学家实际上已经做出了很大的贡献——尽管大多数人的贡献都只集中在个别问题上。需要特别指出的是，马克思主义者的这一说法，是不能以马克思的学说与奥地利学派、瓦尔拉斯学派或马歇尔学派的理论进行比较的结果为依据的。这几个学派的成员的兴趣在大多数情况下完全集中于经济理论方面，因此，他们在经济理论方面的具体成就是不能与马克思的综合直接比较的。如果要比较，只能拿他们构建的理论工具与马克思的理论工具进行比较，但是很显然，这个方面的所有比较结果都对前者有利。

一些马克思主义者认为，马克思给出的这个“综合体”似乎可以解释最近10年来世界各国的经历，因此摆出了一副不可一世的骄傲样子。但是，他们其实完全没有理由这样做，因为长期的萧条或不能令人满意的缓慢复苏不仅能够证明马克思的预测的正确性，也能够证明任何一个关于资本主义经济的悲观预测的正确性。在这种情况下，意气消沉的资产阶级和趾高气扬的知识分子的言论就会制造出一种截然相反的印象，而且由于他们的害怕和希望，知识分子的言论自然而然地会染上马克思主义的色彩。但是，没有任何确凿的事实可以证明马克思主义者对资本主义的诊断结论是有道理的，更加无法证明如下推论的正确性：我们现在所见证的并不仅仅是单纯的萧条现象，而是资本主义发展过程中的结构性变化的征兆——就像马克思所预测的那样。然而，正如我们将在下面的章节中看到的，所有观察到的反常现象，比如，远远高于正常水平的失业、投资机会的缺乏、货币的贬值以及企业的亏损等等，都没有超出以往的众所周知的模式，与19世纪70年代和80年代严重萧条时期曾经发生过的几乎完全一样。对于那些萧条时期的情况，恩格斯曾经用克制的语调谨慎地加以评论，从而为今天过于热心的追随者树立了一个值得效仿的榜样。

作为解决问题的工具，马克思的综合方法有其优点，也存在严重不足。有两个突出的例子可以说明这一点。

首先，让我们考虑马克思主义者关于帝国主义的理论。虽然它的全部根源都可以在马克思主要的著作中找到，但是一直到20世纪初才被新马克思主义学派所发展。新马克思主义学派在20世纪20年代曾经兴盛一时。难得的是，这个学派虽然从来没有与传统的马克思主义的信奉者和捍卫者——例如，卡尔·考茨基（Karl Kautsky）——彻底断绝联系，但是又在仔细研究马克思理论体系方面做了很多工作。维也纳是它的中心，奥托·鲍尔（Otto Bauer）、鲁道夫·希法亭、马克斯·阿德勒（Max Adler）是它的领袖。在关于帝国主义的理论这个领域里，他们可谓后继有人，许多人都在继续研究，只是侧重点略微有所转移。在这些人当中，最著名的是罗莎·卢森堡（Rosa Luxemburg）和弗里茨·斯特恩贝格（Fritz Sternberg）等。马克思主义的帝国主义理论的要点如下。

一方面，如果没有利润，资本主义社会就无法存在下去，它的经济系统也就不能维持运转。另一方面，因为这个制度的运行本身就会使利润永远处于被消灭的状态，所以不断努力，尽可能长久地维持利润的存在就成了资产阶级的中心目标。正如我们已经看到的，伴随着资本构成的质的变化，强化资本积累是一个补救办法，但是这个办法最多只能使个别资本家暂时摆脱困境，最终必将使事情变得更加糟糕。因此，在利润率不断下降的压力下——读者们肯定还记得，利润率的下降一方面是因为不变资本相对于可变资本的持续增加，另一方面是因为，如果工资趋于上升、同时劳动时间趋于缩短，那么剩余价值率就会下降——资本需要到其他国家寻找出路，因为在那些国家，仍有劳动力可供任意剥削，同时机械化过程也未曾充分展开。这样我们就看到了对不发达国家的资本输出。这种输出的主要形式是出口资本设备或出口消费品，而输出消费品的目的是为了购买劳动或者用来换取可以购买劳动的商品。[①] 但是，这只是一般意义上的资本输出，因为进口国家不会（或至少不会直接）用商品、劳务或货币来交换这些进口商品。如果为了保护这种投资，防止其因当地人的敌对行为而受到侵害——或者，只要你愿意，也可以说是为了对付当地人对剥削的反抗，同时也为了防止其他资本主义国家的竞争，资本输出将会转变为殖民行为，这就会使不发达国家处于政治上受支配的地位。殖民化通常要借助于军事力量来完成——所需的军事力量如果不是由进行殖民的资产阶级自己创建，就是由他们的母国政府提供；后面这种情形完全符合马克思在《共产党宣言》中所下的定义："现代的国家政权不过是管理整个资产阶级的共同事务的委员会罢了。"* 当然，这种军事力量不可能仅仅被用于保护投资。它还被用于征服他国，也被用于资本主义国家之间的武装冲突以及敌对资产阶级之间的自相残杀。

还有另外一个因素可以解释为什么帝国主义的理论能够发展完善到现在我们

① 对此，读者不妨想一想用来向部落酋长交换奴隶的奢侈品，或者用来交换雇佣土著劳工所需要的工资货物的奢侈品。为了保证简洁性，我将不考虑如下这种事实，即我们所设想的这种意义上的资本输出，一般来说都会作为两个国家之间的总贸易的一部分而发生，同时总贸易中也肯定包括了一些与我们所设想的特殊过程无关的商品交易。当然，这些商品交易肯定会大大促进资本输出，但是并不影响资本输出的原则。在这里，我也不想讨论其他类型的资本输出。我们要讨论的理论不是（其创立者也从未打算要让它成为）关于国际贸易和国际金融的一般理论。

* 参照《共产党宣言》，3版，29页，北京，人民出版社，1997。——译者注

看到的这个样子。既然殖民扩张是因为资本主义国家利润率不断下降所导致的，那么它就应该发生在资本主义发展过程中的较后期的阶段。马克思主义者确实说帝国主义是资本主义的一个阶级——事实上，他们更喜欢说，帝国主义是资本主义的最后阶段。因此，这个阶段必定与资本家对生产的高度集中控制同时发生，也与作为中小型企业时代的特征的那种类型的竞争的衰落同时发生。对于由此而导致的垄断趋势（对产量施加垄断性限制）以及随之而来的保护主义倾向（保护本国产业、禁止其他资本主义国家的产品的输入），马克思本人并没有过多地加以强调。也许，这是因为他是一位能力极强的经济学家，因此不需要过于依赖这种论证方法，也不愿意在这个方向上走得太远。但是，新马克思主义学派的学者却非常乐意涉足这个领域。这样一来，我们就不仅找到了推动帝国主义政策的另一个刺激因素和导致帝国主义国家之间纷争不断的另一个根源，而且作为一个副产品，我们还得到了一个关于现代保护主义的理论，尽管保护主义这种现象本身不一定是帝国主义的。

我们还必须注意，在这一过程中还有一个重要的关节点，它将使马克思主义者在解释更困难的任务时处于有利地位。当不发达国家发展起来以后，我们所说的这种资本输出将会减少，于是就会进入一个宗主国和殖民地之间相互交换制成品和原材料的时期。但是到了最后，当殖民地的竞争实力增强，开始在宗主国坚持维护自身的利益时，宗主国的制成品的输出也必定会减少。宗主国当然会试图阻止或延缓这种状况的发生，这种企图是造成每一个老牌资本主义国家与其殖民地之间出现更多的摩擦和冲突，乃至爆发独立战争的根源。但是无论怎样，殖民地的大门最终将对宗主国资本关闭，宗主国的资本将再也不能从国内利润不断消失的环境逃往国外利润丰厚的环境。于是不可避免地，产品没有销路、生产能力过剩、完全的停滞等现象都会出现；最终是经常出现的国民经济的全面破产或其他灾难——也许是陷入穷途末路、已经彻底绝望了的资产阶级发动的世界大战。这些都是可以很有把握地预料到的。历史就是这么简单。

这个理论是马克思主义者试图用综合的方法解决问题，并以此来取得权威地位的一个较好的——也许是最好的——例子。所有结论似乎都是美妙绝伦地从深深嵌入在马克思主义体系的基础当中的两个基本前提——阶级理论和资本积累理论——引申出来的。我们这个时代的一系列重大的事件似乎完全可以用它们来说明；国际政治领域的全部谜题似乎只需进行一次有力的分析就能够彻底澄清了。在这个过程中，我们可以看得很清楚，阶级行动实质上总是有着相同的内在原因，环境条件只能决定行动的策略方法和修辞用语；我们还看到，资产阶级为什么要，以及怎样根据环境条件采取政治行动或经济行动。假定某个资产阶级集团所掌握的手段和机会不变，如果商定一次贷款更加有利可图，那么这次贷款将会被商定；同样地，假定某个资产阶级集团所掌握的手段和机会不变，如果它们认为发动一次战争更加有利可图，那么它们会毫不犹豫地发动战争。后一个选项与前一个选项同样有资格进入经济理论。这样一来，甚至连最纯粹的贸易保护主义也非常美妙地从资本主义发展的逻辑中产生出来了。

此外，这个理论还充分地表明了，它与通常被称为应用经济学的那门学科中的许多马克思主义的概念有一个相同的优点，那就是，总是能够与历史事件以及当代的现实事件紧密地联系在一起。任何一个读者，在仔细阅读了我对这个关于帝国主义的理论所作的概述之后，都不可能不对以下这个事实留下深刻的印象：它的论证的每一步，都可以轻而易举地找到大量的历史例证来支持。难道会有人没有听说过欧洲人在世界上许多其他地区压迫当地的劳动者吗？难道会有人没有听说过美洲南部和中部的印第安人在西班牙等国殖民者手下受苦受难吗？难道会有人没有听说过掳取奴隶、贩卖奴隶和强迫他人充当苦力等种种恶行吗？资本输出难道不是各资本主义国家一直在做的事情吗？难道资本输出不是一直伴随着对土著居民的武力征服，以及与其他欧洲国家的武装冲突吗？虽然有些殖民活动是由特许的商业公司——例如，东印度公司（East India Company）或英属南非公司（British South Africa Company）——来执行的，但是，即使是这些活动，也总是具有很明显的军事化的一面。塞西尔·罗兹（Cecil Rhodes）和布尔战争（Boer War）难道不是马克思所能想到的最好的例证吗？在约1700年以来发生的所有事件中，殖民野心至少是引起欧洲各国之间的纷争的一个重要因素，这难道不是很显然的一个事实吗？至于现在，难道还有谁会没有听说过“原料战略”以及热带国家资本主义的发展对欧洲各国的冲击吗？类似的例子还有很多。至于贸易保护主义，就更加不必多说了，那是再清楚不过的事情。

但是，我们最好还是谨慎一些。许多被当作显而易见的证据的事例，从表面上似乎确凿无疑，但是事实上，这种没有经过仔细分析的表面证据往往是不可靠的。而且，正如每一位律师、每一位政治家都知道的那样，满怀激情地大量引用众所周知的事实，最容易让陪审团或议会接受自己提出的申诉或建议。马克思主义者深谙此道，他们充分地利用了这一技术。在帝国主义理论这个例子上，他们这种技术的运用特别成功，因为这个理论涉及的事实具有如下特点：任何一个人都略知一二，但是能够彻底理解的人却极少。事实上，虽然我们不可能在这里详细地展开讨论，但是，只要简单地想一想也足以让我们产生怀疑："它不是这样的。"

接下来，我们将讨论资产阶级与帝国主义之间的关系。首先，让我们考虑以下这个问题：如果马克思主义者关于资本输出、殖民化和贸易保护主义等问题的解释是正确的，那么，当我们用"帝国主义"这个不太精确的且经常被误用的术语来描述我们所想到的所有这些现象的时候，是否还能构成一个理论？当然，我们可以按马克思主义者的解释来给帝国主义下定义；我们也可以宣称自己确信所有这些现象必然是可以按马克思主义者的方式来解释的。但是，如果那样做，帝国主义这个问题——暂且承认这一理论本身是正确的——就只能以"循环论证"的方式来加以"解决"了。① 面对这一问题，无论是采用马克思主义的方法，还是采用任何纯粹经济学方法，究竟能不能给出一个不是循环论证的解决方案，必须详加考虑。不过，我们对此不必过分担心，因为还没有等我们走到那一步，这个"帝国主义理论"的基础就塌陷了。

---

① 这种强加给我们的空洞的循环论证的危险性，可以通过一些具体的例子来说明。例如，当法国用武力征服阿尔及利亚、突尼斯和摩洛哥，意大利用武力征服阿比西尼亚时，并不存在任何重大的资本主义利益驱使它们采取这种行动。事实上，存在这种利益只不过是一个很难成立的托词。这种利益在后来的发展也是一个非常缓慢的过程，难以令人满意，而且是在政府压力下实现的。如果这种说法看上去不完全像马克思主义的，那么人们也可以这样回答：这种行动是在潜在的或预见到的资本主义利益的压力下采取的；或者这样回答：归根结底，作为这种行动的基础，"必定"存在着某种资本主义利益或客观必然性。于是，人们就可以去追寻一些确凿的证据了。这样的证据绝不会完全不存在，因为资本主义利益像任何其他利益一样，会受到任何一种形势的影响，同时也会利用任何一种形势。也就是说，资本主义有机体的各种特殊条件总是会表现为一些可以合理地与国家的扩张政策联系起来的特色。显然，驱使人们不顾一切地进行这样一种无可救药的工作的是一个先入为主的信念，而不可能是任何其他东西。如果没有这种信念，我们永远也不会想到去从事这种工作。我们确实不必找这种麻烦。我们完全可以说，"事情一定是这样的"，就让它那样算了。这就是我所说的循环论证的意思。

乍一看来，似乎许多事例都非常符合这个理论。最重要的例子莫过于英国和荷兰对热带国家和地区的征服。但是，另外一些事例，例如，新英格兰的殖民化这个例子就完全不相符了。而且，即使是前一类事例，用马克思主义的帝国主义理论也无法给出令人满意的解释。获得利润的诱惑当然在推动殖民扩张方面发挥了重要作用，但是仅仅认识到这一点显然是不够的。[①] 新马克思主义学派也没有打算重申这种令人讨厌的陈词滥调。如果他们也要借助于这些事例，那么，殖民扩张也必然是按照我们在前面指出过的方式，在因利润率不断下降而导致的资本积累的压力下产生的，而这正是资本主义已经步入衰败阶段，或者至少也是资本主义进入完全成熟期的标志性特征。但是事实上，殖民冒险的英雄时代恰恰是早期的、远未成熟的资本主义时代，那时资本积累才刚刚开始。在那样一个阶段，上面所说的这种压力——特别是对于剥削本国劳动的障碍——显然是不存在的。当然，垄断的因素也是存在的，甚至比今天还要更加明显。然而，那只能进一步放大这种解释的荒谬性，因为它把垄断和征服当作了晚期资本主义特有的特征。

此外，这个理论的另一个组成部分——阶级斗争理论——的情况也好不到哪里去。你必须戴上特制的有色眼镜，才有可能特别注意到从来都只在殖民扩张过程中发挥着非常次要作用的阶级斗争问题；也只有在戴上特制的有色眼镜后，你才能用阶级斗争的理论去解释那些明明提供了最显著的阶级合作的例证的现象。阶级合作可以是一场争取提高工资的运动，正像它可以是一场以增加利润为目的的运动一样，而且从长期的角度来看，它能够给无产阶级带来的好处肯定比给资产阶级带来的好处大得多（部分是因为对殖民地土著劳动力的剥削）。但是，我在这里并不想强调它的后果。最根本的一点是，它与阶级斗争没有太大的因果关系，而且就它与阶级结构的关系而言，最多也只不过属于资产阶级的集团和个人，或者由于殖民事业的成功而上升为资产阶级的集团和个人的领导地位所隐含

① 只简单地强调每个国家实际上确实“剥削”了它的殖民地这一事实也是不够的。因为那是作为一个整体的国家对作为整体的另一个国家的剥削（或者说，是一个国家的所有阶级对另一个国家的所有阶级的剥削），因此与马克思主义所说的那类剥削没有关系。

的关系。然而，如果我们把有色眼镜摘掉，不再把殖民和帝国主义简单地视为阶级斗争的附带产品，那么马克思主义关于这个问题的独特见解也就所剩无几了。对于这个问题，亚当·斯密的解释至少与马克思主义同样好——事实上还要更好一些。

还需要讨论一下那个以副产品形式出现的理论，即新马克思主义学派关于现代贸易保护主义的理论。古典经济学的文献中充斥着指责“邪恶的利益集团”的语句，不过，在那个时候，“利益集团”主要指（但绝非完全指）与土地有关的利益集团，它们吵闹着要求保护自己，不惜犯下不可饶恕的损害公众福利的罪行。为此，古典作家们提出了一个相当不错的关于贸易保护主义的理论，不仅可以说明贸易保护主义的后果，而且可以阐明它的原因；我们现在只要再把与保护现代大企业的利益有关的内容也添加进去，那么这个理论就几乎尽善尽美了。同情马克思主义的那些现代经济学家确实应该想办法让自己懂得的东西再多一些，不要再说他们的资产阶级同僚甚至到现在仍然看不出贸易保护主义趋势与大集团控制趋势之间的关系，实际上，这些同僚只是认为没有必要去强调如此明显的一个事实罢了。当然，我这样说并不意味着古典学派及其现代继承人在保护主义问题上的看法都是正确的：与马克思的解释一样，他们的解释在过去和在现在都是片面的，而且他们对贸易保护主义的后果以及所涉及的利益的评价也往往是错误的。但是至少在50年前，现在的马克思主义者所掌握的关于保护主义中的垄断因素的所有知识，古典经济学家们就已经完全了解了。这个发现算不上特别不平凡，理解它并不是特别困难的事情。

而且，在如下这个非常重要的方面，古典学派无疑优于马克思主义学派。不管他们的经济学说的价值如何——也许并不太大——他们在绝大多数情况下[①]都坚持自己的观点。就贸易保护主义这个问题而言，这是一个优点。有一种观点认为，许多保护性关税之所以存在是因为大企业施加的压力。这些企业希望利用这

---

① 他们也没有总是把自己局限于经济学的范围内。不过，当他们不局限于经济学的时候，结果一般都称不上令人鼓舞。例如，詹姆斯·穆勒的纯粹经济学著作虽然算不上特别有价值，但是也绝不能简单贬斥它为毫无价值的劣质之作。真正的胡言乱语之作——而且是非常平庸无聊的胡言乱语之作——是他论述政府以及同类主题的论著。

些税收来把它们产品的国内价格维持在高于不存在这些税收时的价格水平上——这可能是为了使它们的产品能在国外以更低的价格售出。这种观点虽然是老生常谈，但却是正确的，尽管从来没有任何一种关税是完全或主要出于这个特殊的目的而开征的。但是，马克思主义的综合却使这个观点变成不恰当或是错误的了。如果我们的目标仅仅是搞清楚现代贸易保护主义在政治、社会、经济方面的所有原因和含义，那么上述观点就是不恰当的。例如，每当美国人民有机会表达自己的意见时，他们总是支持贸易保护主义政策，但这并不是因为他们忠于大企业或受大企业的支配，而是出于他们想要建立和维持一个属于自己的领地、不受世界上其他国家的盛衰兴亡影响的强烈愿望。任何一种综合，如果忽视了这类因素，那就绝不是优点，而是缺点了。另一方面，如果我们的目标是要把现代贸易保护主义的所有原因和含义（无论它们究竟是什么）都归结为现代工业的垄断因素，说它是贸易保护主义的唯一的直接原因，并据此进行系统的阐述，那么上述这种观点就是错误的。诚然，大企业确实能够利用民众的感情，而且它们还会去“培养”民众的感情，但是，如果非要说大企业创造了民众的感情，那就太荒谬了。如果某种综合产生了——更准确地说，从一开始就假定了——这种结论，还不如根本就不进行综合。

如果我们不顾事实和常识，将资本输出理论和殖民地理论吹嘘成对国际政治的根本解释，把国际政治归结为一方面是垄断资本家集团之间的相互斗争，另一方面则是每一个垄断资本家集团与无产阶级之间的斗争的结果，那么就会使情况变得更加糟糕。这类东西对某个政党的文献可能是有用的，但是用于其他地方，却只能说明童话不是资产阶级经济学的专利。实际上，对外政策极少受到大企业——或者从福格尔（Fugger）到摩根（Morgan）的金融资本——的影响。历史事实证明，在大企业家或大银行家能够出一些风头的大多数情况下，他们作为政界外行的幼稚举动往往只能带来灾难。资产阶级对待他们国家的政策的态度主要是适应性的，而不是成因性的；在以往是这样，在今天更是如此。而且，他们的态度受短期利益左右的程度达到了惊人的地步；同样地，他们通常只着眼于短期考虑，而非长远计划，也不以任何明确的“客观的”阶级利益为出发点。在这一点上，马克思主义堕落成为庸俗迷信的阐述了。[①]

在马克思主义理论体系的各组成部分中，还包括了其他一些相同性质的事例。举一个例子，在前文中，我们从《共产党宣言》中引用了马克思对政府性质的定义，这个定义肯定含有真理的成分。在许多情况下，它的正确性主要体现在，它可以解释政府对于日益明显化的阶级对抗现象的态度。然而，在它是正确的范围内，这个定义所包含的理论的价值却不大。真正值得花时间去仔细研究的是，在大多数情况下，这个理论为什么会与事实不相符；怎样与事实不相符；或者即使相符，为何也不能正确地描述那些“管理整个资产阶级的共同事务的委员会”的实际行为；而且，实际上在所有的情况下，这个理论都可以用循环论证的方法来证明其正确性。因为除了消灭资产阶级的政策之外，任何一个政策都可以被解释成“为资产阶级的利益服务”的，这些利益包括经济的以及经济以外的利益，也包括长期利益和短期利益；或者，至少从这类政策旨在避免事情变得更坏这个意义来说，必定是这样。然而，这样做并不能使这个理论变得更有价值。下面，让我们再来看第二个例子，它能够进一步说明马克思主义的综合方法解决问题的能力。

按照马克思的观点，科学社会主义区别于空想社会主义之处，就在于它证明了，不管人们的意志或愿望如何，社会主义的实现都是不可避免的。正如我们在前面已经提到过的，这个断言的全部意思无非是，资本主义的发展的趋势是资本主义旧秩序必然灭亡、社会主义新秩序终将出现，这是由资本主义发展本身的内在逻辑决定的。那么，马克思究竟在多大程度上成功地证明了这种趋势的存在呢？

关于资本主义自我毁灭的趋势这个问题，其实早就有了答案。马克思本人并

① 这种迷信与许多可敬的而又头脑简单的人所坚持的另一种迷信几乎毫无二致。他们在解释现代历史时是以这样一种假设为前提的：在某个地方，存在着一个由一群特别聪明、特别奸险的犹太人组成的委员会；这个委员会在幕后控制国际政治，甚至可能是一切政治。当然，马克思主义者不是这种迷信的受害者，但是他们的迷信的“水平”比这种迷信高不了多少。说起来很有意思，当我面对这两种学说当中的任何一种时，我总是觉得很难以某种令我自己满意的方式做出回应。这不仅仅是因为，对于那种事实性的论断总是很难加以否定，最主要的困难来自以下这个事实：一般人往往不仅缺乏关于国际事务以及有关人物的第一手知识，而且缺乏察觉这类迷信的荒谬性的头脑。

没有构建一个理论来证明资本主义必然会因为纯粹的经济原因不可避免地走向灭亡。希法亭的批评意见足以表明了这一点。一方面，马克思所做出的对于未来将会发生的事情的许多判断（这些命题对正统马克思主义学极为重要），特别是他关于贫困和压迫必定不可避免地不断加重这个命题，是站不住脚的；另一方面，即使他提出的这些命题全都是正确的，也未必能够从这些命题中引申出资本主义秩序必然崩溃的结论。但是，马克思确实正确地看到了资本主义发展过程中的另外一些趋势性的因素及其最终后果（这些是我希望加以说明的）。对于后者，也许有必要用另外一种表述来代替马克思的表述。不过，这样一来，“灭亡”这个术语就可能被证明是用词不当，特别是，当我们把它理解为因资本主义生产机器丧失了动力而引起的崩溃时。但是，这一点不会影响这个学说的本质，尽管它的表述方式和某些含义可能会受到一定影响。

关于社会主义社会终将取代资本主义社会这个问题，我们首先必须认识到，这是性质截然不同的另一个问题。资本主义以及任何其他的秩序都可能崩溃，或者说，经济和社会的发展会将其冲破，但是社会主义这只凤凰却未必一定能从灰烬中诞生。资本主义灭亡后，社会可能会陷入长期混乱，当然也可能不会出现混乱；但是除非我们把所有代替资本主义的不混乱的秩序都说成是社会主义的，就还有别的可能性存在。正统的马克思主义者——至少在布尔什维克出现之前——所期盼的那种特殊的社会组织形式（社会主义），肯定只是许多种可能情况中的一种。

马克思本人从来没有详细地描绘出社会主义社会的细节，这无疑是非常明智的。他重点强调的是社会主义社会出现的条件：一方面，庞大的产业控制体系业已存在，它极大地促进了社会化进程；另一方面，被压迫、被奴役和被剥削的无产阶级也已经存在，而且这个阶级同时也是人数众多、有组织、有纪律、高度团结的。很显然，这也就意味着，两个阶级之间经过长期的激烈斗争，已经进入了决战阶段，每个阶级都严阵以待，准备进行最后的殊死一搏。马克思还暗示了决战之后将会出现的一些情况。他暗示，拥有上述特征的无产阶级将“接管”一切，并通过无产阶级专政，消灭人剥削人的现象，建立一个无阶级的社会。如果我们的目标是要证明马克思主义只是各种“千年至福论”中的一种，那么说了这些也就足够了。但是，我们关心的并不是马克思主义这个方面的东西，而是它有没有给出科学的预测，因此，只说这么一些东西显然是不够的。与马克思相比，施穆勒的理论基础更加稳固一些。虽然施穆勒也拒绝描述社会主义的细节，但是他明确地把它设想为一个逐渐官僚主义化、国有化等等的过程，不管我们是否喜欢它，至少他的表述是有明确的含义的。因此，即使我们完全同意马克思的资本主义必然灭亡的理论，他也没有把实现社会主义的可能性落实为必然性；而如果我们不赞同他的资本主义必然灭亡的理论，他的失败就更加不必多说了。

无论我们是否接受马克思的理论（或者其他什么理论），无论出现了什么情况，社会主义秩序都不可能自动实现。要想实现社会主义，就必须明确地采取特定的行动，即使资本主义的发展为社会主义的诞生提供了马克思所说的所有条件，也是如此。这个观点无疑是符合马克思的“教导”的。马克思的革命理论只是他利用自己的想象力为这种行动披上的一件特别的外衣。马克思强调暴力，对于他这样一个在思想定型时期完整地经历了 1848 年的动荡岁月的人来说，这种倾向应该是可以理解的。他虽然对空洞的革命意识形态有很清醒的认识并鄙视之，但是却一直无法摆脱它的束缚。更何况，马克思的大部分听众都不愿意倾听那种缺乏神圣的、嘹亮的号角的启示。最后，马克思虽然看到和平过渡的可能性（至少对英国而言是如此），但是他并没有看到成功过渡的现实可能性。在他那个年代，确实很难观察到这方面的迹象。与此同时，由于他非常珍爱他自己关于两个阶级严阵以待、决战一触即发的思想，这使他更加不容易看到和平过渡的可能性。他的朋友恩格斯实际上一直在不畏艰难地研究这方面的策略问题。但是，即使可以将革命降格为一些非本质性的东西的混合物，采取明确的行动仍然是必不可少的一环。

由此出发，应该也能回答后来使马克思的追随者分裂为两个阵营的那个问题了：到底是革命，还是改良？如果真正理解了马克思的意思，那么这个问题就不难回答了。对于马克思来说，改良（演化）是社会主义之母。马克思受社会事物有自己固有的内在逻辑这种观念的影响太强烈了，因此不相信革命可以完全取代改良的所有作用。不过，革命仍然终将会到来。但是，革命只是作为一整套前提全都具备了的时候的结论而出现的。因此，马克思所说的革命无论在性质上还是在作用上都与资产阶级激进派以及社会主义阴谋家所说的革命有天壤之别。马克思的革命本质上是时机成熟的时候才进行的革命。尽管有些不喜欢这个结论的马克思主义者，尤其是那些不喜欢把这个结论应用于俄国的情况的马克思主义者[①]，在马克思的著作里找出了许多与这一结论相矛盾的地方；但是，在那些章节中，马克思所表达的东西是与他自己最深刻、最成熟的思想相矛盾的。马克思最深刻、最成熟的思想是通过《资本论》的分析结构无懈可击地表达出来的，而且与受关于事物的内在逻辑的观念所启发的任何思想一样，在一些不确定的、令人迷惑的观点的映衬之下，必然明显带有某种保守的含义。而且，为什么不应该这样呢？从来没有任何一种严肃的观点是无条件地支持某个“主义”的。[②] 马克思允许我们对他的学说进行保守意义上的阐释（在去掉了一些废话之后），这恰恰证明他的思想是可以被严肃地对待的。

---

① 在他给《剩余价值学说史》（*Theorien über den Mehrwert*）撰写的序言中，卡尔·考茨基甚至宣称，1905 年革命也是为了拥护马克思主义的社会主义，虽然大家都很清楚，在少数知识分子那里，他们所使用的马克思主义的词汇就是社会主义的全部。

② 这个论点还可以进一步加以引申。特别是，在劳动价值理论里，并没有什么东西从性质上看就是社会主义的。每个熟悉这种理论的发展历史的人，当然都会承认这一点。但是，剥削理论的情况也是一样（当然，除了特定的用语之外）。我们只需要认识到，被马克思称为“剩余”的这种东西的存在，是（或者至少过去是）我们包括在文明一词里的所有事物得以出现的必要条件（事实上，这一点确实很难否认）。我们现在所看到的情况也是这样。要成为一个社会主义者，当然不一定先要成为一个马克思主义者；但是，要成为一个社会主义者，仅仅做一个马克思主义者是不够的。在任何一种科学理论之上都可以加入社会主义的或革命的结论，但是没有任何科学理论必然意味着社会主义或革命。而且，没有任何一种科学理论能够使我们处于萧伯纳（Bernard Shaw）曾经描述过的社会学狂热当中，除非它的作者为了激发出我们的情绪，有意为之。

马里·埃斯普里·莱昂·瓦尔拉斯[*]

(Marie Esprit Leon Walras)

(1834—1910)

今天，当我们回顾瓦尔拉斯这位学者的生平时，最使我们感到震惊的是，当他毫无怨言地献身于一项任务时所表现出来的淳朴而伟大的精神。他的学说是用来展示必然性的，拥有强大的内在逻辑和理论力量，就像自然界中的神奇壮美之物一样，给我们留下了难以磨灭的印象。瓦尔拉斯潜心思考纯粹经济学问题，思考的结果构成了他的学说的主要内容；除此之外，再无他物。也没有任何东西能够干扰他的整个理论体系的统一性。在他的学说中，只有这些思想结晶是重要的，而且现在仍然在影响着我们。这位学者毕生都在努力思考，他获得的成就具有沉甸甸的分量，缓慢而沉稳地给我们留下了深刻的印象。

首先，我想简单地回顾一下瓦尔拉斯的生平事迹。从瓦尔拉斯的自传[①]中，我获得了不少与他那虽然整体

* 这篇文章原来是用德文写的，最早发表于《国民经济、社会政策和行政管理杂志》(*Zeitschrift für Volkswirtschaft，Sozialpolitik und Verwaltung*) 第19卷 (1910年)，397～402页。它是由沃尔夫冈·斯托尔珀博士 (Dr. Wolfgang F. Stolper) 译成英文的。斯托尔珀在波恩大学和哈佛大学都曾经跟随熊彼特学习，现在已经成了密歇根大学的经济学教授。

① 载《经济学家杂志》(*Giornale degli Economisti*)（意大利文版，1908年12月）。

框架朴实无华、但却在科学史上具有重要意义的学说有关的材料。瓦尔拉斯于1834年12月16日出生于法国厄尔省的埃夫勒（Evreux，Departement d'Eure）。他的学习经历表明，这位思想家可能天生不适合研究具体的现实问题：如果一个学生为了准备技术学校的入学考试，却去学习笛卡儿和牛顿的著作，那么我们完全可以预料到他的失败。就像任何一个有志于钻研思想的人都曾经经历过的那样，瓦尔拉斯对重走他人已经走熟的道路完全没有兴趣。他曾经在矿业学校学习过，不过成绩只是差强人意；然后他尝试从事新闻事业，还为好几个不同的企业工作过，但是都很不成功。对于我们来说，重要的是，早在1859年他发表的第一篇论文当中——这篇论文试图批驳蒲鲁东（Proudhon）的基本思想——瓦尔拉斯就深信可以用数学来研究经济理论。从那时起，他就明白了他自己想要什么，也是从那时起，他全力以赴，争取实现自己的这个目标。这就是他的工作的起点——从方法入手而不是从任何特定问题入手。尽管他当时还无法立即知道自己这样走下去能够走多远，但是他感到有一股力量在推动他朝着这个方向前进。而且那个时候，他也缺乏必要的研究环境和空余时间——在他的自传里，瓦尔拉斯苛刻地讽刺了法国科学界的氛围。总的来说，他当时还没有成功地站稳脚跟。

就在这个关键时期，他得到了一个献身于科学研究的机会。1860年，瓦尔拉斯参加了一次在洛桑举行的“赋税会议”。会议上的讨论鼓舞他发表了第二篇伟大的作品，而且，他在这次会议期间建立起来的与学术界的联系最终导致他在10年后接受聘请，获得了一个新设立的经济学教授职位。这个职位对经济科学的发展、对瓦尔拉斯本人都具有极其重要的意义。对瓦尔拉斯的学术论著评价较高的人，没有一个不被他的自传中的这一部分内容深深打动。瓦尔拉斯在自传中一丝不苟地描述了他是如何到省长官署申请并获得了出国许可的（由于战争动员的威胁，他必须这样做）。他还描述了自己是怎样“在1870年12月7日，从卡昂出发，经过昂热、普瓦提埃、穆兰和里昂”，最后终于抵达洛桑。他到达之后马上就开始工作，并且一直鞠躬尽瘁，将毕生心血都倾注到了工作当中。

瓦尔拉斯于1892年退休，但是他仍然作为名誉教授与大学保持着联系。他在克拉朗（Clarens）附近的一所小小的公寓里继续研究和写作，直到1910年1月4日他在那里逝世为止。

在这里，我必须讨论一下另外一件事情，那就是，由于他的著作遭到了人们的冷遇，瓦尔拉斯一生中的最后 30 年一直被笼罩在阴影里。这其实是一个相当老套的故事：在这个世界上，真理如同红颜一样，都是薄命的。当新生事物主要表现为考察问题、观察事物的方法上的创新，而不是表现为能够吸引公众的兴趣并能为公众所理解的发明创造时，本来就更容易遭受冷遇；尤其是当这种新方法与学术界同行当前的兴趣的距离很大时，就更是如此了。（瓦尔拉斯所遭遇的就是这样一种情况。）因此，我们很容易理解，瓦尔拉斯要获得外界的认可、走向成功，肯定要经过一个既艰难又缓慢的过程。如果把这一切情况都考虑在内，我们就不会对瓦尔拉斯实际上取得的成就感到不满意了。也许我们应该感到惊奇的是，他取得的成就是如此之大，而不是如此之小。瓦尔拉斯创立了一个学派，而且他的影响还远远超出了这个学派的范围（这主要得益于马歇尔的贡献）。法兰西科学院人文及政治学院（Académie des Sciences Morales et Politiques）屡次否定瓦尔拉斯的著作，但是究竟谁才应当成为被审判者，早就是一件再清楚不过的事情了。瓦尔拉斯从来不虚张声势，但是他的著作却产生了广泛而深远的影响，他个人的影响力也与日俱增。虽然在很长时期内都没有人为瓦尔拉斯辩护，但他还是在有生之年就有机会去享受成功的喜悦，因为大家都很清楚，他的理论并不需要任何辩护，而且他的思想也早就超越了通常的科学时尚的范围。瓦尔拉斯却没有感到喜悦，他一直没有忘记自己艰苦奋斗但多次以失败告终的痛苦经历。他的自传是以自嘲的语句来结束的，他似乎一直沉浸在酸楚的思绪当中。总而言之，瓦尔拉斯表面上平静的一生都笼罩着一层悲剧性的色彩。

1909 年春天，瓦尔拉斯第一篇论著发表 50 周年庆祝会隆重举行，它就像阴雨后的一缕阳光，使瓦尔拉斯十分感动。他从来没有料到自己能够得到如此多的同情和赞美，他获得了从来不敢奢望的广泛承认。这是他一生中最伟大的时刻。

经济均衡理论是瓦尔拉斯的不朽贡献。这个伟大理论的基本思想如水晶般透彻，它用一个基本原理——经济均衡——就无比清晰地阐明了纯粹经济关系的结构。洛桑大学为了纪念他而树立的纪念碑上，只铭刻了寥寥数字，而那几个字就是“经济均衡”。他还在这个基本思想的基础上提出了许多具有实际重要意义的结论。没有一个人能够比他更令人信服地主张土地国有化。此外，在货币政策领域，他所做出的贡献也是其他人难以超越的。但是，所有这些成就与他贡献给我们的全部知识相比，却是微不足道的。瓦尔拉斯把他一生的研究成果综合为三本巨著[①]，它们全都是我们这个学科领域中内容最丰富的著作，而其中包含在第一本著作第二至第四部分中的思想则更加具有金子般的永恒的力量。

瓦尔拉斯从古诺（Cournot）的经济理论出发，很快就有了发现，正如他告诉我们的：古诺的需求曲线反映的是需求量与价格之间的函数关系，只能严格地用于两种商品之间的交易，而对于两种以上商品的交易则只能提供一个近似值。一开始，瓦尔拉斯也把自己的研究限定在前一种情况下，并且以一种精确的方法从一种商品的需求曲线推导出了另一种商品的供给曲线，接着，在两条曲线的交点上，他求出了这两种商品的均衡价格。然后，从这些代表着被研究的市场上的各种商品总量的曲线出发，他求出了各个经济单位的需求量和边际效用曲线。就这样，瓦尔拉斯奠定了他的理论结构的基石——边际效用概念。这一阶段的理论发表于 1873 年，在随后的那几年中，它又继续得到了发展。瓦尔拉斯的这一理论成果与门格尔（Menger）和杰文斯（Jevons）的理论成果的一致性，以及它们在出发点和论证方法上的相异性，全都非常令人瞩目。在这些简明的定理中，包含着具有根本性的重要意义的理论成就。

在一连串不能截然分开的推理过程中，随着上述第一个问题的提出，又进一步引出了其他问题。首先就是两种以上商品的交易问题，用科学的公式来刻画这个问题所遇到的困难远非一般外行人所能想象。其次，瓦尔拉斯还引入了生产问题，以前他只是孤立地考察一定数量的消费品市场，现在他把构造类似的生产要素市场（要素市场）与消费品市场（产品市场）并列求解。这两个市场之间的相互联系，一方面是通过企业家利润为零这一准则，另一方面则是通过以下这个事实：在完全竞争和均衡的情况下，出售全部生产要素的总收入必定等于出售全部消费品的总收入。据此，只要在考虑每一个参加交易的人都努力使自己的效用最

---

① 《纯粹政治经济学要义》（*Éléments d'économie politique pure*），第四版，1900 年（第一版出版于 1874 年）；《社会经济学研究》（*Études d'économie sociale*），1896 年；《实用政治经济学研究》（*Études d'économie politique appliquée*），1898 年。

大化这个条件的同时，也考虑到各种以特定方式变动着的所谓生产系数，就可以得到一个绝妙而简明的解；从而，“成本”与“效用”相互作用的理论，以及整个经济过程的基本原理（“成本”与“效用”相互作用的理论在其中发挥着重要作用），也全都水落石出了。

瓦尔拉斯还通过下述假定提出了资本化问题：某些生产性服务的出售者会进行储蓄并把这些储蓄投资在“新的资本货物”上，由于存在这种需求，市场上就会出现一定数量的这类资本货物。这些“新的资本货物”的价格是在按照它们能够提供的服务的基础上形成的，而这种价格又构成了“旧的资本货物”的资本价值的基础。这样一来，他就解决了资本化问题，或者说，他就解决了一切商品的资本价值的来源问题。当然，这种观点是有缺陷的。我们之所以要提到它，是因为在今天我们可以把这种观点与庞巴维克（Böhm-Bawerk）的观点进行比较。如果说它在某些方面是错误的，就像早期的许多其他利息理论一样，那么它的错误也要比其他理论少得多。瓦尔拉斯的利息理论也许是能与李嘉图的利息理论相提并论的最好的理论，但它们之间的相互关系则像是大厦与地基之间的关系。

对于瓦尔拉斯理论体系中的货币理论，人们一直褒贬不一，不过在几经反复之后，最后终于成了这个领域中最成熟的理论之一。从 1876 年至 1899 年，瓦尔拉斯一直致力于货币理论的研究，他在这个时期完成的相当一部分作品都是关于这个主题的。在《纯粹政治经济学要义》第一版里，他仍然以“必要的流通量”（circulation *à* deservir）为出发点，可是到了后来，他就把他的货币理论建立在个人对支付手段的需求（encaisse désirée）的基础上了。这种区别是十分重要的。人们不可能像说出某一个人对面包的需求那样，直接说出整个经济对交换媒介的需求，但是一个人对支付手段的需求却完全与他对面包的需求相类似，因此，这种需求是可以被纳入边际效用递减规律之内的。也正因为如此，这个原理后来就得到了很好的运用。瓦尔拉斯以此为基础，从“流通方程式”发展出了一个非常高明的货币价格形成理论。但是，我现在不可能在这里对它进行具体的研究；事实上，我只需要再指出一点就足够了，那就是，瓦尔拉斯对复本位制（bimetallism）问题的论述是非常经典的，而且在未来的很长时间内都将是很权威的。

瓦尔拉斯的整个纯粹经济学理论体系都是建立在以下两个前提假定的基础上

的：第一，每一个经济单位都要最大化自己的效用；第二，每种商品的需求与供给都相等。他的全部理论都基于这两个假定。或许，埃奇沃思（Edgeworth）、巴罗内（Barone）以及其他学者已经在某些方面对他的理论进行了补充，帕累托（Pareto）等人甚至可能已经在极个别地方超越了他，但是这一切全都无损于他的论著的重要意义。任何一个对精确的自然科学的起源及其发展规律有所了解的人都知道，瓦尔拉斯的成就在方法上和本质上，与自然科学的伟大成就完全相同。经验告诉我们，各种现象之间存在着相互依存关系；探索这些现象的精确形式，把这一种形式还原为另一种形式，或从这一种形式推衍出另一种形式，是物理学家所做的工作，也是瓦尔拉斯所做的工作。而且瓦尔拉斯是在一个全新的领域中从事这项工作的，他无法像物理学家那样利用前人几百年来积累下来的成果。瓦尔拉斯一切都得从零做起，但是他决定放手去做，而且很快取得了非常不错的成果。他克服了来自外部和内部的重重困难，在没有人帮助也没有任何合作者的情况下独自前行，直到自己创造出了一些条件为止。瓦尔拉斯没有得到过任何外界的鼓励，他自己鼓励自己，他的力量来自他自己的内心深处。虽然他很清楚（他必定早就知道了），自己不能期望从同时代的经济学家和数学家那里得到认可或褒奖，但是他还是去做了。瓦尔拉斯孤独地走着自己的路，他从来没有得到一般的实际工作者和科学家通常都能得到的那种道义上的支持。因此，在瓦尔拉斯的身上，集中了所有能够把真正具有创造思想的人与那些接受别人思想的人区别开来的特征。这就是瓦尔拉斯的形象。关于瓦尔拉斯这个人，我要说的就是这些；关于他的著作，我坚信，它们迟早会得到承认和重视。

卡尔·门格尔*

(Carl Menger)

(1840—1921)

一个理论本身就有决定意义，还是需要添加许多附带性的论证来支持，是检验这个理论是否拥有强大力量的严格标准。同样地，一个人在自己的一生中是取得了某个本身就具有伟大意义的成就，还是他的生平事迹只能被描述为一系列零零星星的小成就，也是检验这个人一生事业是否具有重要意义的严格标准。门格尔可以说是做出了具有决定性意义的贡献，从而改写了科学史的思想家之一。他的名字将永远与一个全新的、引发了经济理论整体性革新的解释原则联系在一起。在评价门格尔的时候，人们可能会描述他既与众不同又可亲可敬的个性，可能会引述他的许多其他重要科学成就，可能会赞颂他诲人不倦的教学热情和卓尔不群的学者风范，但是，所有这一切，与上面所说的那个决定了他的最终形象的崇高成就相比，全都是次要的，只能成为衬托那个崇高成就的背景。当然，给门格尔立传的传记作家必须

* 这篇文章原来是用德文写的，最早发表于《国民经济与社会政策杂志》(*Zeitschrift für Volkswirtschaft und Sozialpolitik*)，新编号第1卷(1921年)，197～206页，由汉斯·辛格把它译成英文。汉斯·辛格是熊彼特在波恩大学时的学生，是联合国经济发展部门(Economic Development Section)的代理负责人。

把所有这些材料集合在一起，为这位个性鲜明而又极具人格魅力的人物描绘出一幅肖像画。但是，这幅肖像画的最重要的意义取决于他的那项伟大成就。是的，门格尔不需要再借助于其他细枝末节来为自己增光添彩。

门格尔在完全退休 20 年之后才永远地离开了我们，在这段时间里，他仍然在自己感兴趣的领域内不断探索，并悠闲地享受着其中的乐趣。这也就给了我们适当的空间，使我们能够更好地讨论他毕生从事的事业以及他取得的成就——那也是经济学科史的一个重要组成部分。确实，面对门格尔的著作，我们不得不击节赞赏。不过，在评价门格尔的著作之前，我得先概述一下他的“科学品格”得以形成的背景。自从 16 世纪以来，出于对实践的困惑，也出于制定实际政策的需要，人们已经积累了一些关于经济问题的知识。从那时起——也就是说，自现代交换经济开始超越村落或庄园的范围以来——货币和经济政策问题就引起了人们的广泛讨论，学者们开始把重要的经济事件的原因和后果以某种相互的方式联系起来。随着个体经济及自由贸易的逐渐发展，各种讨论经济问题的小册子及书籍相继问世。不过，这些小册子和书籍的作者们往往更倾向于解决实际的经济问题，而较少考虑更基本的理论问题。后来，到了 18 世纪的时候，一门统一的经济科学终于出现了。这门科学拥有自己的学派、结论、教科书和专家，学派之间也经常发生论战。这是经济学发展的第一阶段，我们可以认为，亚当·斯密就是这一阶段发展到了顶峰时出现的集大成者。在这个阶段结束后，随之而来的是一个分析及专业化的时代，英国古典经济学派在这个领域占据了统治地位。这个领域与我们要讨论的主题紧密相关，因为门格尔的成就也体现在这个领域内。在这个时期，名声最大的经济学家是李嘉图。也正是在这个时期，一个紧凑严密的理论体系逐渐发展成型，它强调科学性、精确性和广泛有效性。纯粹经济理论问世了。

然而，在如此迅速的成功之后，紧随而来的却是彻底的失败。为什么会发生这样的事情？我们很可能永远也无法完全搞清楚了。尽管在这个新兴的学科里，仍然有几位杰出的思想家在努力探索着，但是他们全都没有超越讨论一些最基础的问题的阶段。而且，我们可以清晰地看到，经济学从整体上来看已经陷入了停滞状态。在经济学界内部，研究工作几乎完全瘫痪了；而在经济学界之外，则普遍存在着对经济学的不信任、敌意和故意忽视。造成这一困境的部分原因在于经济学家已经取得的研究成果本身就存在着一些内在缺陷，这主要体现在，他们使用的研究方法的原始性，他们提出的某些思想的肤浅性，以及他们得到的结论的（可以非常清楚地看出来的）不适当性。需要指出的是，这一切并不是不可挽救的，恰恰相反，它们全都是可以改进的。但是，没有人着手来进行这种改进工作，也没有人对这个新的理论“大厦”的内在结构产生过真正的兴趣。因为——经济学失败的另一个原因也就在这里——公众舆论以及专家们基于如下理由而不再对经济学感兴趣了：新理论太急于要解决实际问题，并太急于加入各种政治党派、各种社会团体之间的争论（要求承认其科学性和正确性）。因此，自由主义的失败也就成了新理论的失败。再加上在一些国家里——尤其是在德国——普遍存在着敌视社会理论、忠于哲学和历史传统，以及墨守知识遗产的倾向，因此古典经济理论除了经济和社会政策方面的部分内容之外，几乎没有什么东西为下一代所继承，这样一来，通向它的内部结构的道路实际上被完全阻塞了。年轻一代几乎完全不知道古典理论中究竟蕴藏了多少科学知识，更加没有意识到从古典理论发展出更多的科学知识的可能性。这样一来，新理论看上去就好像只是经济思想史上的一段插曲，或者说，看上去它似乎只是试图在短期内为某些特定的经济政策提供一定理论基础而已。当然，新理论也没有全军覆没，各个地方的经济学家仍然分别维持着自己的小小的“理论蓄水池”。这是必然的。而且，从一些孤立的事例来看，新理论甚至还取得了一些具有重要意义的成就。但是，总的来说，这个领域变得荒芜了。在德国，尽管屠能（Thünen）和赫尔曼（Hermann）名声卓著，但是他们也无力改变这种局面。唯一的例外是建立在古典学派方法论基础上的社会主义理论，它仍然没有僵化，保持了活力。

这就是卡尔·门格尔横空出世前的背景。门格尔具有科学的伟大自由意志，由于有了上述背景的映衬，他的生平事业显得特别突出。在没有任何外界的激励、没有任何外界的帮助的情况下，他向摇摇欲坠、处于半倾塌状态的经济理论大厦发起了“进攻”。推动他从事这项工作的既不是对经济政策或经济思想史的兴趣，也不是为原来的理论大厦添砖加瓦的愿望，而是一位天才理论家探索新的知识原理、寻找统驭资料的新方法的强烈欲望。一般的研究者最多只能取得一些局部性的成就，即解决一门学科的许多特定问题中的一个或几个。但是，门格尔却属于完全不同的另一类研究者，他们会试图去摧毁一门学科的现有的结构和体系，然后再为它创立一个全新的理论基石。旧的理论被驳倒了，但不是因为历史学家和社会学家把它束之高阁，也不是因为经济政治和社会政策的制定者拒绝它的实际结论，而是因为有人认识到它的内部的固有缺陷，然后在它的基础之上进行钻研，把它变成了某种新的东西。

将一个新理论的基本原理向更广泛的受众阐述清楚，往往是一个相当棘手的任务。这是因为，基本原理的最终表述看上去似乎总是让人觉得非常显而易见，使得细致的阐释显得有些多此一举。因此，一个理论家的学术成就并不体现在他对基本原理的阐述内容上，而体现在他懂得如何使基本原理更加丰富，如何从基本原理推导出与它所属的学科有关的一切问题的解。如果你告诉人们说，力学的基本原理可以表述为，假定一个物体不向任何方向移动，则这个物体就是处于均衡状态的，那么，外行人是很难理解这个理论的用处和这种阐述的知识成就的。因此我们必须明白，如果我们只是简单地说门格尔理论的基本思想是，人们重视商品是因为人们需要它们，那么就很难给外行人留下什么印象——而且不要忘记，在许多理论问题上，甚至连大多数专业经济学家也可以算是外行。门格尔理论的批评家们就总是坚持认为，从来不会有人完全认识不到主观评价这种事实的存在，因此再也没有什么能比通过提出这种微不足道的理论来反对古典经济学家更加不公道的事情了。但是，对这种批评的回应是极其简单的：我们可以证明，几乎所有的古典经济学家都曾经试图以这种认识为出发点来展开自己的研究，但是后来都因无法取得进展而把它放在了一边，因为他们最后相信的是，在资本主义经济的结构中，主观评价已经失去了作为发动机的功能。然后，他们据此又认定，与成本的客观事实相比，建立在主观评价的基础上的需求现象，也像主观评价本身一样，是毫无用处的。甚至到了今天，批评门格尔学派的人还常常会声称，主观价值理论最多只能解释一定数量的消费品的价值，但是却不能解释其他任何东西。

因此，真正重要的不是如下这个发现，即人们之所以去购买、出售或生产商品，只是他们从商品能够满足他们的需要这一点出发，对商品进行评价的结果，而是与这个发现截然不同的另一个发现，即上面这个简单的事实及其在人类的需求规律中所起到的根源性作用，就完全足以解释现代交换经济中的所有复杂现象的基本事实。而且，人类的需要是除了鲁滨逊经济和没有交换的经济之外的任何一种经济结构的推动力量，尽管这一点与人们观察到的表面现象似乎截然相反。导致这一结论的思想线索是，从承认价格形成是经济结构的特有经济特征——不同于所有其他社会的、历史的和技术的特征——这一点出发，然后认定所有特定的经济事件都可在价值形成的框架内得到解释。从纯粹经济理论的立场来看，经济制度只是一个关于相互关联的价格的制度。所有特定的具体问题，无论它们可能被称为什么问题，都只是这个不断重复的同一过程的特例而已，而且所有特定的经济规律都是由价格形成规律演绎而来的。我们看到，在门格尔著作的序言里，他已经把这种认识当成一个不证自明的假设了。门格尔的主要目的是发现价格形成的规律。他提出的解决价格决定问题的方法，是建立在对人类需要的分析和维塞尔（Wieser）所称的“边际效用”理论的基础之上的，也就是说，他成功地从“需求”和“供给”两方面解决了这个问题，而一旦他做到了这一点，经济生活的整个复杂机制立刻就变得意想不到地简单、透明了。剩下来要做的事情无非是，在进一步仔细推敲细节和解决越来越复杂的具体问题的过程中，一路向前推进。

门格尔的主要著作是出版于1871年的《国民经济学原理》（*Grundsätze der Volkswirtschaftslehre*，*Erster Allgemeiner Teil*）。这部著作不仅包括了上述基本问题的解决方法，而且准确地预见了未来的发展方向；它与杰文斯和瓦尔拉斯几乎同时发表但分别独立完成的著作一样，都应该被视为现代经济理论的基础。门格尔对自己所从事的事业非常有信心，在这部著作中，他沉着、坚定、清晰地阐述了他的论点，仔细推敲、精心组织了每一个词句，开始了价值理论的伟大革新。门格尔的崇拜者常常将他的成就与哥白尼的成就相比较，而他的批评者则常常对这种比较嗤之以鼻。到了今天，关于这种争论，我们已经能够做出判断了。与作为哥白尼革命的基础的科学（物理学）相比，门格尔所革新的科学（经济学）包含的在科学上正确的思想不仅出现的时间晚得多，而且内容也少得多；从这个角度来说，哥白尼革命无论在科学成就上，还是在难度和深度上，都要胜出门格尔的科学革新一筹，更何况，哥白尼革命所涉及的那个特定领域，是一般的外行人无法对其研究成果进行检验的，因而一直带有神秘的色彩。但是，从本质上看，门格尔工作的性质与哥白尼相同，他的成就也完全可以与哥白尼的成就相媲美。我们不妨再举一个例子。假设有一位指挥官，他领导一支小部队作战并赢得了一个人们不太关注的战役的胜利，那么就他所取得的个人成就而言，是可以与拿破仑和亚历山大大帝平起平坐的。当然，这种比较可能会使不熟悉内情的外行人觉得惊奇。对比往往很容易被误解，从而导致无用的争论，但是，对比确实是确定一个人的学术地位的一种有用的方法，对那些在特定的领域不熟悉的、不能被称为专家的人们来说，尤其如此。因此，我们不得不冒险将门格尔与其他经济学家作一比较。假如我们拿门格尔与亚当·斯密相比较，我们立刻就能够清晰地看出，门格尔的个人成就所涉及的范围与这位苏格兰教授相比要狭窄得多。亚当·斯密对他所处的时代的现实需要做出了全面的回应，他的名字与那个时代的经济政策是密不可分的。门格尔的成就却是纯科学的，而且作为纯科学成就，它们还是纯分析的。事实上，门格尔的作品只与亚当·斯密的一小部分作品具有可比性。另外，与门格尔相比，斯密的有些作品却谈不上有什么独创性，更精确地说，在基本的科学问题上，斯密往往是比较肤浅的。门格尔深入钻研，完全靠自己的努力发现了真理，这是斯密无法做到的。

与斯密相比，李嘉图是更接近于门格尔的同道中人。他们两位都是理论天才，尽管在理论领域里，这两位天才的表现完全不同。李嘉图的伟大之处体现在他丰富的知识和敏锐的洞察力上，他能够根据非常基础的理论，得出非常深刻的关于实际问题的结论和见解。门格尔的伟大之处则完全体现在他对这些基础理论的贡献上。从纯科学的角度来看，门格尔的地位应该比李嘉图还要高一些。李嘉图是门格尔的前辈，他的理论是门格尔理论的必要条件——这一条件肯定是门格尔本人无法创造的。但是与此同时，门格尔又是李嘉图理论的征服者。

门格尔以及他的学派很快就被人们认定是马克思主义理论的唯一的重要竞争者，既然如此，我们就有必要将他的理论与马克思的理论比较一下。不过，在比较的时候，我们必须不去考虑作为社会学家和先知的那个马克思，即我们只能把我们的注意力集中在马克思著作的纯粹理论结构方面。门格尔的研究涉及的范围比马克思狭窄得多，因此他的著作只能与马克思的全部著作中的相关部分进行比较，但是，就这一部分而言，门格尔在独创性上及成就上都大大超过了马克思。在纯粹理论领域，马克思最多只能算是李嘉图的学生，甚至只能算是李嘉图的一些追随者的学生，特别是 19 世纪 20 年代在英国创立社会主义及准社会主义价值理论的那些理论家，都可以称得上是马克思的老师。门格尔却不是任何人的学生，他的理论是他自己独创的，而且他所创造的理论是能够屹立不倒的。为了避免误解，这里需要澄清一点：人们不能从门格尔的著作中推导出经济的社会学或经济发展的社会学。在刻画经济史画面、描述社会各阶级的斗争场面等方面，门格尔只做出了很小的贡献。但是门格尔的价值理论、价格理论和分配理论，直到今天，仍然没有人可以超越。

我们在前面曾经提到过，门格尔不是任何人的学生。事实上，可以称得上他的先驱者的只有一个人，他在门格尔之前就已经完全认识到了后来由门格尔提出的那些基本概念的重要意义。这个人就是戈森（Gossen）。门格尔的成功使人们重新对这位默默无闻的思想家所写的已经被世人遗忘的著作产生了兴趣。当然，除了戈森之外，自经院学派以来，关于主观价值论，关于建立在主观价值论的基础之上的价格理论，其他一些学者的著作中也出现过一些若隐若现的线索，特别是季诺维什（Genovesi）和伊斯纳德（Isnard）的著作，以及紧随其后的、一些德国理论家在 19 世纪的最初几十年里发表的著作。但是，所有这一切仍然属于我们在前面已经提到过的显而易见的事实问题的范围。要想从这些启示录式的线索中了解更多的东西，我们必须通过自己的努力去找到它们的伟大意义。从另一个角度来说，任何新的科学成就都必定是“老树的枝头”上开出来的“新花”，否则人们就会不知道如何面对它们，而这些科学的“新花”也将在无人问津中默默凋零。但是，在科学领域，或者在人类生活的范围内，也总会出现一些独创性的东西。门格尔的理论就是完全属于他自己的——或者说，是属于他和杰文斯、瓦尔拉斯的。

这种情况也就解释了为什么门格尔的理论被人们接受的曲折过程以及其不平坦的早期命运。门格尔的理论成就主要是他在一生中的第三个 10 年里（30～40 岁之间）潜心苦思、努力奋斗的果实。那是一个神圣的丰产时期。事实上，几乎每一位思想家都会经历这样一个阶段，取得一些日后才会大放异彩的成果。门格尔出生于1840年2月23日，他的著作《国民经济学原理》出版时，年仅31岁。这部著作原来是提交给维也纳大学的，门格尔希望通过它获得在该大学授课的资格。只有当我们对门格尔的理论产生的背景有了深刻的了解之后，才可能真正理解门格尔的个人成就的大小。纯粹经济学领域就像一片荒漠，长期以来都没有多少生命的迹象。要想找到一部稍微像样点的著作，我们就不得不回溯到1848年，回溯到索南费尔斯（Sonnenfels）那里——他的著作是第一本正式的教科书。所有拿得出手的东西都是从德国引进的。自从在大学任教以后，门格尔接触了很多人，但是几乎没有一个人能够理解他的思想以及由他开辟、后来一片繁荣的那个领域。后来，他告诉我们，当时的人们给予他的只有冷遇。不过幸运的是，他站稳了脚跟，并成了一名教授。然后，随着时间的流逝，他逐渐获得了作为一位科学家通常能够享有的荣誉，但他永远也忘不了他最初奋斗时的艰苦。而且，在德国，他的理论仍然被忽视，这主要是因为德国的经济学领域一方面被现实社会经济政策的需要所压倒，另一方面又被研究经济史具体问题的倾向所统治。门格尔一直处于极其孤立的状态。他没有一个讲坛，因此无法把自己的思想传播到世界各地。他没有自己的“势力范围”，也不拥有传统上任何一位有地位的教授随手都可以利用的工具。他知道，人们完全不能理解他，而缺乏理解又引起他们对他的敌意。

任何一个了解科学发展史“内幕”的人，为了让人们接受一种新思想，都必须先搞定某个小圈子，而这就需要使用一些策略。门格尔却对这种策略一无所知，而且即使他知道，他也缺乏实施这种策略的手段和技巧。但是最终，他的理论还是被他的反对者们接受了，这当然首先得归功于门格尔本人。在人类的灵魂深处，存在着许多微妙的联系，其中之一就是，在强大的智力（它能够把一个人从传统观念的桎梏中解放出来，并使他能够通过深入的独立研究创造出新的理论）与创造新学派的能力（即能够吸引并说服未来的思想家的那种特殊魅力）之间存在着十分密切的联系，虽然这种联系不总是很明显，并且常常是似乎不存在的。具体到门格尔这个例子，我们看到，正是由于他专心治学，所以直接导致他专注于宣传自己的理论。尽管在《国民经济学原理》出版之后，他没有再专门撰写著作来对自己的价值理论作进一步的阐述，但是他却通过自己的教学，把他的理论教给了整整一代学生。除此之外，门格尔还正确地观察到，在德国，遭到反对的不仅仅是他的理论，还有所有其他的理论。因此，他毅然承担起了一个“战斗任务”，即为对社会问题进行理论分析这种工作争取应有的地位，坚定地与反对者展开了较量。幸亏有了这场较量——这就是大家所熟悉的方法论之争——我们今天才有机会看到他阐述社会科学方法论问题的著作。* 这部著作的论述既非常细致又非常有系统，对于它的表述，生活在今天的我们也无法做出什么改进。通过这部著作，门格尔扫清了各种各样的方法论上的混乱。这个贡献同样具有永恒的价值，即使以后的知识理论的进步使我们在许多方面超越了门格尔，也不会使它黯然失色。如果将门格尔的这部著作与前面讨论过的他的最主要的著作《国民经济学原理》等量齐观，那么对他的最主要的著作是不公平的。但是这部著作对门格尔所在的那个时代产生的影响是无法估量的。不过，这部著作在德国以外没有产生多少影响；事实上，其他国家也不需要它来产生这种影响，因为在德国以外，门格尔企图通过它来传播的观念，早就已经被人们广泛接受了。然而，对于德国的科学发展来说，门格尔的这部著作确实是一个至关重要的里程碑。

在此之后，门格尔受到了幸运女神的眷顾。事实上，任何其他学派的创始人都几乎从未碰到过他这样的好运气：门格尔与两位同事——庞巴维克和维塞尔——联手开展工作，这两个人基本上与他同辈，而且都非常有创造力，能够继承他的事业。庞巴维克和维塞尔非常勤奋，他们的作品与门格尔的作品直接相关，而且虽然他们两人也都努力争取成为学术界的领袖，但是这种努力并未妨碍他们不断地回溯到门格尔的理论——最终，他们创立了“奥地利学派”。随着时间的流逝，这个学派最终凭着自己的基本观念慢慢地征服了他们所涉及的特定科学领域，取得了领袖地位。成功来得很慢，而且这种成功是以一种从心理分析的角度可以理解，但始终令人觉得不那么痛快的形式实现的。这种情形在科学史上也

---

* 这部著作是指《关于社会科学、尤其是政治经济学方法的探讨》(*Untersuchungen über die Methode der Sozialwissenschaften und der Politischen Ökonomie insbesondere*)，出版于 1883 年。——译者注

是司空见惯的，如果某个获得了领袖地位的学派缺乏某些手段（我们只能把这些手段称为“科学广告”），那么就会出现这种不痛快。这就是说，尽管人们接受了奥地利学派的基本思想，但是伴随着这种接受的并不是感谢和衷心的认可，而是某种形式的拒绝——以一些次要的、附属性的问题为借口。意大利就曾经发生过这样的事情。英国的主要理论家们同样也未能免俗。而在美国以及在法国，当人们最终接受了新理论时，态度就要真诚得多、宽厚得多了。在斯堪的纳维亚半岛各国以及荷兰，情景也大致如此。一直到奥地利学派取得了上述成就之后，他们的新理论才在德国作为既成的事实被接受下来。因此，门格尔在他有生之年终于看到了，在任何一个经济学比较发达的地方，经济学家们都在讨论他的理论；他也看到了，他提出的基本观念已经慢慢地在不知不觉之间超越了“有争议的思想”的阶段，成为没有丝毫争议的科学知识宝库的一部分。确实，他敏锐地意识到了这一切。尽管像任何一位真正的学者一样，门格尔有时也会因为某位同事发动的对他的某个小小的攻击而恼火，但是，他早就清醒地意识到，自己已经在科学史上写下了光辉的一页；而且，他也意识到了他的名字永远不会从科学史上消逝这一事实。

众所周知，随着科学的发展，今天的任何一项科学成就都会被修正和完善，从这个角度来看，古往今来没有任何一项科学成就可以说是永恒不变的。门格尔的追随者们，以及在同一个学科中追随瓦尔拉斯的其他研究者，已经在很多方面发展和修正了门格尔最初设想的理论结构，而且毫无疑问，将来他们还会继续这样做。但是，从另外一个角度来看，门格尔的成就可以说是永恒的，是永远不会过时的。之所以这样说，是因为时至今日，我们都知道，他已经成功地在知识的道路上向前迈出了一大步。而且他的著作完全不同于那些昙花一现的短命出版物：那些出版物注定要湮没无闻，而他的著作则将流芳千古。

如果门格尔的上述成就还不够伟大，还有其他一些成就可以补充，其中最重要的是他为德国《政治学辞典》（*Handwörterbuch der Staatswissenschaften*）撰写的货币理论，以及他对资本理论和对实际货币问题研究的贡献。我们必须记住他作为一名杰出的教师所做出的贡献，他在这方面的成就早就被我们当中所有比较年长的人所铭记，永远不会忘记，而不仅仅局限于经济学家这个小圈子。此外，我们还应该提及他那广泛得惊人的兴趣。当然，这一切与他的价值理论和价格理论相比，其实全不算什么。是的，只有价值理论和价格理论才真正体现了他的人格，如果我可以这么说的话。

因此，我们纪念的不仅是一位伟大的思想家，而且是一个值得人们爱戴的人。他给所有了解他的人留下了无数珍贵的记忆，我们将会永远怀念他。

阿尔弗雷德·马歇尔*

（Alfred Marshall）

（1842—1924）

为纪念阿尔弗雷德·马歇尔《经济学原理》出版50周年而作。

一

大约在15年以前，我在伦敦经济学院做过一次系列讲座。在做讲座的过程中，我在不经意间表达了我对马歇尔这一伟大人物的敬意。听众中有人写信给我，以提问的方式表达了这样一种看法：马歇尔的思想就像穆勒的思想或亚当·斯密的思想一样，

* 原载《美国经济评论》，第31卷，第2期，1941年6月。版权（1941年）属美国经济学会所有。

这篇论文是根据我在美国经济学会的一次会议上宣读的一篇“论文”的记录稿改写的，那次会议于1940年12月29日在新奥尔良召开。在改写过程中，我根据我早年所写但从未发表的另一篇论文，在若干个地方补充了一些内容。而这篇未发表的论文也已经根据凯恩斯先生的《马歇尔回忆录》（Memoir of Marshall）所提供的资料进行了一些修改。凯恩斯写的《马歇尔回忆录》原先发表于《经济学杂志》，其后重印于《纪念阿尔弗雷德·马歇尔》（*Memorials of Alfred Marshall*）一书中（庇古编辑，1925年），后来又于1933年重印于凯恩斯的传记文集《精英的聚会》（*Essays in Biography*）一书中。我要感谢这篇《马歇尔回忆录》，我认为它是最杰出的传记作品之一。我这篇文章里对《马歇尔回忆录》的引用所根据的是1933年的版本。

迟早都是要过时的。我将以对这个问题做出回应的方式来阐明我必须公开表达的观点。

是的，从某种意义上来说，马歇尔的经济学已经过时了。他对经济过程的看法、他的研究方法和研究结论，很久以前就不再为我们所用了。我们可能会喜欢并崇拜他的强有力的宏大理论结构，尽管这个结构由于受到了各种批评和新思想的强烈冲击而在一定程度上被打乱了，但是它的庄严的轮廓仍然渗透在我们自己的论著的背景中。我们对马歇尔的理论结构的喜欢和欣赏，就像我们对佩鲁吉诺（Perugino）笔下的圣母像的喜欢和欣赏一样：我们很清楚地认识到，画中的圣母完美地体现了那个时代的思想和情感；同时我们也同样清楚地认识到，那个时代离我们已经很远很远了。

当然，这是最近50年来经济学家努力工作的必然结果。如果对于我们来说，马歇尔的《经济学原理》一书现在仍然没有成为一本“经典著作”（尽管“经典著作”这个词语的含义有些模糊），那么就等于说，我们这50年来的努力全部付诸东流了。这是任何一个科学领域中的任何一本经典著作的共同命运。“如果可以拿小事情与大事情相比较”（Si licet parva componere magnis），那么我们就会看到，现代经济学与《经济学原理》一书阐述的理论之间的关系，与现代物理学与19世纪90年代的物理学之间的关系有着惊人的相似之处。如果我没有记错，洛伦兹（H. A. Lorentz）在1894年曾经说过，他觉得理论物理学已发展到了尽善尽美的地步，因此不再是很令人感兴趣的东西了。毫无疑问，现在这种确定感觉已经不复存在了。那些非常美妙、非常简洁、非常清晰的轮廓线已经一去不复返；取而代之的是像战场一般的混乱无序，到处都是一堆一堆的互不相关的事实和一项一项的互不相关的技术，完全看不到把所有这些东西整合成一个完整的结构的希望。在经济学领域，也发生了非常类似的事情。在这里，我说的并不是资本主义制度的变迁，也不是与资本主义制度兴衰联系在一起的人们的道德和政治态度的转变。我也不是说马歇尔对实际问题、社会问题及其他类似问题的看法都已经完全过时。当然，马歇尔在某些具体问题上的观点可能是过时了，但它们究竟是否过时，对本文的目的并没有多大影响。真正重要的是，马歇尔的分析工具过于陈旧了——即使那些改变了我们的政治态度的事情没有发生过，他的分析工具仍然会显得过时。是的，即使历史停滞不前，除了理论之外一切事物都不再向前发展，上面这个结论也不会改变。

然而，在另外一种意义上说，马歇尔的学说是永远不会过时的，它的影响将永远持续下去。这不仅是因为他的学说涵盖范围极其广泛、理论力量极其强大，已经成为重要的学术遗产，被后来的经济学家所继承，而且是因为他的学说本身就具有一种独特的"品质"，能够有效地抗御时间的侵蚀。在马歇尔生活的那个时代，进化与发展的口号响彻天地，受这种氛围的熏陶，马歇尔是最早认识到经济学是一门演化科学（进化科学）的经济学家之一。（但是，那些反对他的批评家们不仅忽视了他的思想中的这一因素，而且在许多情况下，他们事实上正是因为认为他的经济学不包含演化因素而指责他。）特别是，马歇尔已经认识到，他所研究的人类本性是具有可塑性的、一直处于变化中的，而且是不断变化着的环境的函数。不过，这种认识虽然难得，但是对我们现在所关注的问题并不太重要。重要的是，马歇尔坚决地把他的"进化思想"贯彻到了他的理论研究当中。在马歇尔那里，理论研究从来不会终结。与穆勒不同，马歇尔永远不会说某个问题已经彻底解决了，再也不需要他或任何其他学者来对这个问题进行进一步的解释了。恰恰相反，他早就清醒地认识到，自己所构建的只是一个临时性的结构。他所指出的方向总能超越自己当前的研究范围，永远指向自己没有机会进步的全新天地。这样一来，新的问题、新的观念和新的方法对于其他学者的著作来说，也许是敌人，但是对于马歇尔的著作来说，却是同盟军。在他所构筑的庞大而坚固的"营寨"里，他预留了广阔的、足以容纳所有"同盟军"的空间——他提前为它们准备好了栖身之所。无论过去，还是现在，都有许多人反对马歇尔，但是绝大多数的反对都是局部性的。而且，在很多情况下，这些反对者将会发现——或者说，别人将帮助他们发现——马歇尔早就预测到了他们的目标，因而他们的反对并没有什么实际意义。

二

马歇尔的《经济学原理》是他 20 多年辛勤工作的结晶。[①] 当它最终在 1890 年问世时，立刻获得了圆满的成功。它成功的原因是显而易见的。这不仅是因为这部著作确实是一部伟大的作品，而且是因为它是以最有吸引力的外表呈现在人们面前的，完全符合那个时代的人们的品味，与当时的经济学领域的状况也非常契合——当然，这一切不仅要归功于作者的判断力，也要归功于作者的天赋。

但是，这部著作的确切性质到底是什么？要想给出明确的判断，其实并不是一件容易的事情。如果简单地直接根据《经济学原理》一书所提出的分析工具的核心来进行判断，那么就很难给予它完全公正的评价。因为在这个核心的背后、在这个核心的范围之外，还环绕着 19 世纪的英国资本主义的经济社会学，而这种经济社会学则是建立在极其广阔且坚实的历史基础之上的。虽然马歇尔可能算不上一位了不起的历史学家，但是他确实是一位一流的经济史学家。而且，他对历史事实的精准掌握，与他严谨的分析习惯从来未曾相互割裂过，而是结合成了一个非常严密的整体；这就是说，活的事实归纳成了理论，而原理又贯穿在了纯粹的历史观察当中。当然，这个特点在《工业与贸易》(*Industry and Trade*)中表现得要比在《经济学原理》中明显得多。在《经济学原理》一书中，即使是在历史概论部分，史实也被大刀阔斧地删减了，以至于无论是他的追随者还是批评者都几乎找不到什么历史事实。然而不管怎样，历史事实并没有完全从《经济学原理》一书中消失；而且，马歇尔对他那个时代的商业活动的孜孜不倦的、极

① 在这 20 年当中，马歇尔发表了几篇论文，并且与他的妻子合作，在 1879 年出版了他的（或她的）《工业经济学》(*Economics of Industry*)一书。在同一年，在亨利·西季威克（Henry Sidgwick）的敦促下，马歇尔自费印发了两本著名的专论——《对外贸易的纯粹理论》(*The Pure Theory of Foreign Trade*)和《国内价值的纯粹理论》(*The Pure Theory of Domestic Values*)，它们不仅在英国产生了广泛影响，而且传播到了国外。这两本专论的大部分内容后来都被包括进《经济学原理》中，同时也被包括进了马歇尔的另一部著作《货币、信用和商业》(*Money, Credit and Commerce*)的附录里。

易引起他人共鸣的研究成果也体现在了这部著作中——事实上，几乎从来没有任何一个学院派的经济学家像他那样了解自己所处时代的商业生活。正是因为有了这种性质，《经济学原理》的成就才表现出了一定程度的时代局限性。毫无疑问，在进行分析的时候，马歇尔的注意力过多地被他那个时代的中等规模的英国企业的商业实践活动吸引了，在一个声称自己的理论具有普遍意义的理论家那里，本来是不应该让这类具体问题占据如此高的比重的。但是，正是在这个方面，马歇尔所取得的“现实主义”的理论成就远远地超过了亚当·斯密——他是唯一可以用来与马歇尔比较的人。这很可能也是为什么马歇尔在英国没有遭到制度主义学派反对的原因之一。

我们可以很肯定地说，这样的反对曾经在我们的国家出现过，而且这不难理解。在美国，一个被抽离了历史背景的、极度简单化的马歇尔主义盛行于大学的日常经济学教学过程中；这种情况不断恶化，以至许多更关注现实的、更有朝气的知识分子非常厌恶它。因此，出现以下这样一种结果实在是再自然不过的事情了：当许多人决定背离“传统”的马歇尔主义的时候，他们会以为自己是在与真正的马歇尔主义决裂；同时，当他们决定冲破障碍，拥抱经济现实时，却完全没有认识到马歇尔主义的路标可以指引他们实现自己的目标。

当然，马歇尔《经济学原理》的分析核心是它的静态经济理论。它的独创性确实不够突出，至少没有像它应有的那样显著，因为对我们来说，它只不过是当时已经成长起来或者正在成长起来的一个流派的一员；而且，这个流派的其他成员无疑都是独立于马歇尔的。另外，马歇尔的工作习惯以及他发表成果的方式也不利于经济思想史学家对他的理论及时做出公正的判断。我希望读者不要误解我在这里表达的意思。凯恩斯先生是马歇尔的学生，在为他的老师撰写的传记中，他提供了很多证据，并以证人身份，力图证明马歇尔的主观创造性。我认为，它们都是非常有说服力的。[①] 马歇尔本人则在这个问题上保持着庄严的沉默，他的感情只表现为：对古典学派的著作，尤其是对李嘉图和穆勒的著作持谨慎而公正的态度，而对门格尔、杰文斯以及最伟大的理论家瓦尔拉斯等采取戒备而中立的

① 凯恩斯：《精英的聚会》，180 页及以后。

态度。无论如何，下面的描述不会与真实情况有太大的出入。

我们从凯恩斯的传记文章中得知，把马歇尔引入经济学家阵营的原来并不是作为一位知识分子的好奇心，而是一种更强大、更仁慈的动机。马歇尔原本致力于伦理思考，他看到了英国贫困阶层蒙受的苦难和屈辱，认为自己的伟大使命就是帮助他们改善境况。但是，每当他谈到自己决定献身于伦理学研究时，他就会遭到沉浸于当时英国经济思想的一位朋友的坚决反对，这就是他为什么会转而向穆勒的《政治经济学原理》寻求解决问题的钥匙的原因。在马歇尔的著作中，还有其他一些迹象表明，他确实是从阅读《政治经济学原理》开始学习经济学的。1867 年，他又吸收了李嘉图的观点。即使我们没有确凿的证据可以证明，也可以很容易地推断出来，当一个像马歇尔这样的受过全面的数学训练的、意志坚定的人下定决心要学习这两位经济学家的著作时，将会发生一些什么事情。首先，他肯定会感到震惊，这两位经济学家（其中尤其是穆勒）在证明的正确性和结果的确定性方面，竟然会表现得如此含糊和漫不经心；其次，他肯定会立即开始动手清除各种限制条件，进行归纳总结和一般化。事实上，要把穆勒的结构转换成为马歇尔的结构，除了上述两点以外，也真的不需要更多其他东西了。

当然，这是一个极其重要的成就。许多成就小得多（相对于自己的学科而言）的理论物理学家也获得了不朽的声望，就是一个明证。马歇尔本人公开承认古诺和屠能对他的帮助，这两个人对他的深远影响也的确是显而易见的。他用于局部均衡或特定均衡分析的需求曲线和供给曲线就来自古诺［当然也不能忘记弗莱明·詹金斯（Fleeming Jenkins)］，而边际分析方法，任何一个精通数学的经济学家都会自然而然地想到它是屠能的贡献。至于其中的边际效用概念，1862 年，杰文斯在英国经济学会于剑桥召开的一次会议上发表了《政治经济学数学理论通论》(*Brief Account of a General Mathematical Theory of Political Economy*)，提出了"效用系数"这个概念（它涵盖了边际效用概念）。瓦尔拉斯的《纯粹政治经济学要义》一书的两个组成部分分别发表于 1874 年和 1877 年，其中包括的静态模型的理论结构，比马歇尔的《经济学原理》还要完整。但是，考虑到马歇尔的阅读习惯，这位经济学家在当时很可能不知道这些著作的上述内容。至于所有其他在技术上有一定优势的作家，他们对马歇尔的贡献最多只是零碎的。

这似乎解释了，马歇尔为什么会表现出那种把事实上属于其他经济理论革新者的所有贡献都归之于穆勒和李嘉图的倾向。虽然瓦尔拉斯的崇拜者可能会因为《经济学原理》中很少提到瓦尔拉斯而觉得不高兴（他们这样认为似乎是有理由的），虽然马歇尔的崇拜者可能会因为马歇尔没有表现得更加宽宏大量而感到遗憾（他们这样认为似乎也是有理由的），但是从总体上看，尽管马歇尔对他人的致谢或许有些不够充分，但是我们也无法提出什么真正严重的反对意见。不过，对于他以口头形式和书面形式对他本来应该深深感谢的、曾经给了他极大帮助的非人格化的“同盟军”——即数学——所给予的评价，我们却是可以提出严重的反对意见的。

如果上述判断是正确的，那么真正的关键也就浮出水面了。马歇尔的数学才能对于他在经济理论领域取得的成就无疑是一个非常有利的条件，但是这远远不是全部，更加重要的是，恰恰是由于数学分析方法的实际运用，才导致了上述成就的产生；而且，要把斯密-李嘉图-穆勒的理论转变为一个现代研究机器，如果没有数学分析方法，也是很难完成的。当然，也有人可能会争论说，任何一个具体结论，甚至是关于由相互依存的经济变量组成的经济体系的一般看法，都可以通过非数学的方法来获得；这就像人们同样可以争论说，我们步行无法到达的任何地方，火车也无法带我们去。但是，即使我们故意忽视如下事实，即除了在一些特别简单的情况下，不需要利用数学之外，不采取本质上是数学的方法是无法给出任何严格的证明的，我们也无法否认另一个事实，即马歇尔的分析就是以数学手段为先决条件的。但马歇尔总是拒绝承认这一点。他从来没有给予他这位忠实的同盟军——数学——应得的赞誉。他隐藏了自己用来工作的工具。

当然，他之所以采取这种态度，是有充分的理由的。他不希望吓跑外行。他希望自己的著作“连一般的商人都能读懂”，这无疑是一种奇异的野心！他担心自己会树立一个不好的榜样，让那些受过数学训练的人误以为数学这种工具就是一个经济学家所需要的一切。这种顾虑当然是完全正当的。然而，人们有理由期待，对于那些在某种程度上正是因为受到了他的成就的鼓舞而开始全身心地拥护精确的经济学的人，他能够给予更多的鼓励。他似乎没有认识到，“被数学左右”

的危险并不限于经济学领域，只不过在其他领域还没有太多证据表明这种危险性如此可怕罢了。任何一门科学，如果必须保证所有热心的信奉者都不会掉队，那么就不可能会有进步。经济学不能脱离人类知识的其他分支学科，形单影只地听任自己被束缚在外行人也能立即理解这种低水平上止步不前。事实上，如果读者连最基本的微积分原理都不懂，那么是无法完全理解马歇尔本人的著作的，那么企图让他们按照马歇尔的思路去思考问题也就是不可能的。如果马歇尔能够坚决地支持数学化这个方向，那么就有可能得到更好的结果；要知道，在开辟这一前进路线的过程中，马歇尔本人所做的工作比其他任何人都多。

三

任何一个流派的每一个成员都有某些自己的独一无二的特点，因此，要充分而确切地描述马歇尔个人的特点，仅仅指出他所属的流派是不够的。

第一，使理论家们刮目相看的一个特点是他的结构的简洁性。如果我们将马歇尔的表述方法与瓦尔拉斯的表述方法进行一番比较，就会发现在马歇尔身上，简洁性这个与成功直接相关的优点尤其突出。瓦尔拉斯的论著显得冗长乏味，而马歇尔的文笔却流畅典雅。马歇尔的文章精雕细琢，其优雅的外表很好地掩盖掉了一切刻意使力的迹象。他的原理的表达方式很雅致，论证过程也很简洁、精辟——至少在他的概略的附录中是如此。马歇尔的数学修养似乎连带着提高了他的文字叙述能力，更不用说这还使他的几何图示简明得令人欣喜若狂了。

几何图示方法以前也曾经被用于阐述经济理论，特别是古诺就曾经使用过这种方法。不过，现在我们当中的许多人都没有太大兴趣来使用这种方法了，因为使用这种简单的二维图示不可避免地会让人感到过于简单化。但是事实上，在处理那些最基本（或者说，最初步）的问题时，这种方法仍然是最有效的工具，其价值实在难以估量。事实证明，利用图示，我们可以轻而易举地澄清各种各样的疑点难点；而在课堂教学中，几何图示方法更是为我们带来了极大的便利。而实际上，迄今所有最有用的经济学图示，我们都应该归功于马歇尔。

第二，《经济学原理》的正文可以证明（事实上，它的附录更加足以证明）马歇尔已经完全掌握了一般均衡的概念。他发现了“一个完整的哥白尼体系。依赖于这个体系，经济宇宙中的所有组成要素都通过相互抗衡和相互作用而维系在了属于自己的适当的位置上”①。但是，为了说明这个体系的运行方式，他又构造并广泛使用了另外一种模型，这种模型容易掌握得多，然而它的应用范围也要有限得多。在大多数情况下，尤其是在该著作的第 5 篇里，他主要考虑“工业领域”中从事生产经营的中等规模的企业；而且，就这些“工业领域”的重要性而言，它们都不足以对经济学体系中其他经济部门的发展产生重大影响。同样地，他也主要考虑个别的商品，用于这些商品的支出都只占它们的购买者的开支总额中的一小部分。这种“局部的”或“特殊的”分析是有一些缺点的，但是马歇尔却没有予以充分说明——也许他自己也没有充分意识到。马歇尔没有告诉他的追随者，这种模型把许多现象排除在了考虑的范围之外；他也没有告诉他的追随者，当这种模型被一些粗心大意的人掌握时，将会变得非常危险。庇古教授曾经强调过，这种模型只适用于讨论“小规模”的工业，这种强调是极其必要的，但是我敢肯定，马歇尔的一些追随者显然会因此而感到惊讶。此外，还有一些信徒则随随便便地将马歇尔的供求曲线运用到劳动这一类商品上。但是，如果我们坦率地承认这种方法基本上是一种近似法——并且如果我们不再坚持我们今天对马歇尔那种工业概念的反对意见——那么，我们就可以尽情地享用这种模型结出的丰硕的果实了。而正是为了上述目的，马歇尔牺牲了严格意义上的精确性，进行了比他所采取的表现方法更加勇敢得多、新颖得多的尝试。

第三，为了获得这一成果，马歇尔发明了一系列现在每个人都知道的非常方便的工具，例如替代系数、弹性系数、消费者剩余、准地租、内部经济和外部经济、代表性企业、主要成本和补充成本、长期和短期，等等。到今天，所有这些都成了我们的“老朋友”，而且都已经变成了我们分析工具箱中的常备工具，以

① 凯恩斯：《精英的聚会》，223 页。

至我们几乎不再认识到，我们其实应该感谢它们。当然，对于我们来说，它们或它们所代表的事物并不都是全新的。但是，即使是那些旧的工具，在马歇尔以前也没有找到自己适当的位置，实际上是从马歇尔开始才第一次变成了真正有用的工具。不过，事实证明，像老朋友一样，它们有时也是不可靠的。其中有一些工具，例如，代表性企业、外部经济等，当我们试图从静态分析和个别工业领域的束缚中挣脱出来时，会掩盖而不是纠正我们必然会遇到的逻辑困难。另外，向下倾斜的成本曲线和供给曲线也无法通过这些工具完全实现“救赎”。事实上，有人曾经进行过这种尝试，结果只是白白地耗费了本来可以更好地运用到彻底重建中去的大好精力。

第四，只要我们回顾一下马歇尔之所以采用局部均衡分析方法的可能原因，重新审视一下他提供给我们的这些随手可用的便利工具，我们就不能不被他的理论的现实主义特征打动。局部均衡分析方法能够揭示出个别产业以及个别企业的实际问题。当然，它的作用远远不止这些，它也是产业组织理论的科学基础。至于他提供的分析工具，有些是直接来源于企业的经济活动的，例如，主要成本和补充成本；而其他一些工具，例如准地租、内部经济和外部经济等，则非常适用于把握商业形势和阐述商业问题。在以上这些方面，马歇尔同时代的任何一个经济学家同行都没有做过太多尝试。而在其他方面，他们却不仅曾经尝试过，而且做得相当成功，在某些方面甚至比马歇尔做得更加全面、更加完美。因此，如果只阐述一般均衡理论，那么无论多全面、多详尽，也不过是对瓦尔拉斯的研究工作的重复；如果只阐述与局部均衡方法有关的概念，又会流于平庸。但是，如果把局部均衡方法阐述为一般均衡理论启发下的结果，同时又是一般均衡理论的补充，那么就不同凡响了，而且这完全是马歇尔自己的成就。

第五，也是最后，虽然马歇尔创立的基本上是一个静态理论，但是他总是能够超越这个静态理论的范围来看问题。只要一有机会他就会加入动态的因素，而且他所做的这种补充实际上已经超过了他所坚持的静态理论所能容纳的程度。他的研究路线的某些部分之所以显得有些模糊不清，主要就是因为这个特点而导致的，尤其是，当他的研究路线与隐藏在他所处理“时间因素”背后的一些现象发生了“碰撞”的时候。他的某些曲线具有混合性质，后来的分析很快就发现了这一点。他虽然没有攻克这个堡垒，可是他把他的“军队”成功地引向了这个堡垒。这还不是全部。如果我们从静态与动态（static-dynamic）的区分转到静止与演化（stationary-evolutionary）的区分，我们就可以看到更加重要的一点。马歇尔似乎能够容忍他的分析工具的静态性质（这未免令人觉得有些遗憾），但是他非常不喜欢静止的假定，甚至因此而忽视了这种假定对于某些特定目标的用处。马歇尔是从演化变迁的角度进行思考的——演化是一个有机的、不可逆转的过程。正因为如此，他的定理和概念也被赋予了某种演化的意味，至于他在论述这些定理和概念时所依据的实际观察结果中，这种意味就更加浓厚了。我并不认为，隐藏在这些定理和概念背后的演化理论是令人满意的。任何一个图式，如果没有超越市场自动扩张（在这里，自动扩张是指仅仅由人口的增加和储蓄的增加这两种因素推动的扩张），而直接声称市场自动扩张引发内部经济和外部经济，而内部经济和外部经济又会导致进一步的扩张，都是不可能成立的。但是它仍然是一个演化的理论，是亚当·斯密理论的一个重要发展，远远超过了李嘉图和穆勒在这个问题上的贡献。

四

马歇尔的成就无疑是非常显著的，但是如果他在大步向前的时候，没有披着一件正好契合了时代精神的理论外衣，那么他就不会获得如此巨大的成功。从根本上说，马歇尔创造了一个“分析机器……在发现某些真理时普遍适用的机器……不是一个具体的真理，而是用来发现具体真理的机器”[①]。人们早就发现，存在着一种被当作经济分析的一般方法的东西；或者换种说法，人们发现，就经济学家所用的分析方法的逻辑而言，无论他们是研究国际贸易、失业、利润、货币还是任何其他问题，他们都使用基本上相同的图式，这种图式不随他们要研究

① 转引自凯恩斯先生的论著里的“拼凑引用语”，见《精英的聚会》，208页。

的特定主题的不同而不同。这不是马歇尔的发现，也不是他所属的那个经济学流派的发现（他是该流派的一位极其杰出的成员）。事实上，至少从重农主义时期起，所有对自己从事的专业有所了解的经济学家都已经明白了这个真理，要证明这一点，我们只需看看李嘉图的著作就足够了。很显然，李嘉图的著作《政治经济学及赋税原理》的第一章就是这种"发现具体真理的机器"的蓝图，而第二章是对第一章的补充，其余各章则只是一系列将这个蓝图付诸实践的实验。但是重要的是，在马歇尔以前，从来没有一个经济学家能够像他那样，如此完整地掌握这种图式的含义，如此极力地宣扬它，并且如此前后一贯地遵循它。

放到今天，对于一个对经济理论的性质和作用有同样认识的人，我们最多只能期待他写出一本与《经济学原理》大异其趣的著作，或者换句话说，他写出来的著作绝不会像《经济学原理》一样，受到如此普遍的欢迎。在前面，我们已经看到了《经济学原理》比其他论著更加幸运的一些原因，现在我们还需要进一步指出，在这部著作中，几乎每一页文字都能展现出马歇尔高深的历史—哲学造诣，而且他的分析图式是"嵌入"在一个能够博得外行人好感的华丽的框架中的。因此，他的分析结构不是直接暴露在读者面前的狰狞的骨架，而是有血有肉的，上面还覆盖着光滑的皮肤。由于马歇尔对实际商业事务有真切的了解，因此这些骨架和皮肉被他轻而易举地结合成了一个完美的整体。这也就意味着，马歇尔所做的并不仅仅是给出一些简单的、读者容易理解的例证，他已经使自己的理论能够从整体上被一般公众接受。在这一点上，任何其他类似的经济理论著作都没有做到过。

然而，《经济学原理》受欢迎的原因还不止于此。在那些比经济学更加"幸运"的人类知识领域里，理论家们可以更加自由地进行研究，他们不必经常地考虑、指明自己要探索的知识的实用价值。他们甚至可以完全不考虑自己所研究的理论是否可以应用于实际问题——这也正是他们如此顺利地取得成功的原因之一。与此相反，经济学家则不仅要与那些很难成功解决的问题"奋力搏斗"，而且还因为需要考虑人们对直接"有用"的结果的迫切要求而苦恼。例如，人们会要求经济学解决当下的实际问题，要求经济学家至少能够表现出改善人类处境的意愿。而且，与物理学家不同，经济学家是不可能这样来回答问题的：所有成功的生产都是迂回生产，即使是那些实用的结果也最好通过不以它为直接目标的方法去争取。但是，马歇尔对于这类要求背后的信念并没有任何抵触情绪。恰恰相反，他其实是完全赞同这种信念的。“为艺术而艺术”在他高尚的盎格鲁-撒克逊（Anglo-Saxon）心灵中是毫无地位的。为他的国家、为他的时代服务，把一些人们立即就能用得上的东西教给他们，这恰恰是他本人最希望做到的事情。对于那些有关人生价值的朴素道理，马歇尔并不反对；事实上，他本人也喜欢宣扬高尚生活的准则。

此外，他对高尚生活的看法、他对社会问题的观点、他对公共领域和私人领域的见解，也恰恰与他对自己的国家和自己的时代的看法、观点和见解相吻合。更准确地说，他的理想和信念不是1890年时普通英国人的理想和信念，而是1890年时一般英国知识分子的理想和信念。他接受了他周围的制度，特别是私有企业和家庭制度；他毫不怀疑它们的生命力以及围绕着这些制度发展起来的文明的生命力。他接受了当时流行的功利主义化的、非神学化的基督教信仰。他心安理得地高举着正义的大旗，丝毫不怀疑曾经受到过打击的折中主义的有效性——通过履行“白种人的责任”，在功利主义正义的信条与莫卧儿大帝（Great Mogul）的遗产之间进行调和。他一方面出于自己火热的内心，而欣然对社会主义理想表示同情；另一方面又由于有一颗冷静的头脑，而悠然自得地驳倒了社会主义者。这样一来，他能够给予读者的东西，恰恰是他们所渴望的东西——一种既高尚又令他们快慰的启示；而且，他在这样做的时候同时还满足了自己的良心的需求。

我们可以怀疑一部科学著作是否应该涉及信仰问题——虽然在这个方面，马歇尔和牛顿的做法几乎如出一辙。[①] 我自己就是对这种做法表示怀疑的一个人，而且不止于此。我们很多人都可能不赞同这种特殊的信息。我承认，很少有什么

① 我认为，在这两位伟人之间存在着一种奇异的相似之处，这令我感到惊奇。我常常弄不清楚这种奇异的相似之处有多少是来自他们的大致相同的环境，有多少只是纯粹出于偶然。这种相似之处不仅表现在他们两人都在学术界拥有泰山北斗般的地位，都一贯坚信自己的信仰，都具有不同寻常的敏感度，远远不止于此。他们两人都对自己学科的研究方法有重要的发展，而且都极其不愿意将自己的全部发现发表出来。他们都宁愿将蓝图收藏在自己的身边。他们都得出了许多重要结论，但是他们在表述这些结论时所用的方法却并不是他们发现这些结论时所用的方法；而且他们的结论都是长期拖延后才公开发表的。特别是，到了晚年，他们两人都对自己早年取得的那些非常伟大的成果刻意表现出了强烈的轻视。

东西，像混杂了边沁主义味道的维多利亚中期的道德说教那样令我反感，这种说教所依据的是中产阶级的价值标准，既没有魅力，也没有热情。但是，我自己的反感改变不了如下这个事实：绝大多数马歇尔的读者的感觉却完全不同，他们喜欢马歇尔这种在他们看来充满了唯一正确的、高尚的精神的分析。

五

但是，在马歇尔的著作中，还有一种比他实际完成的任何研究更加伟大的东西。它能够保证自己不朽，或者说它拥有任何一个特定的具体成果所不可比拟的生命力。在《经济学原理》中，马歇尔凭借他的天才为我们创造了一系列供我们使用并不可避免地会在我们手中磨损掉的便利工具。更加重要的是，这部著作还提出了许多关于如何继续前进的微妙的建议和指导，而且它还提供了许多证明，可以证明马歇尔拥有我在本文开头曾经证明过的那种领袖气质。列举一些例子来说明前者（马歇尔为后人提供了便利的工具）是很容易的，但是要说明后者（《经济学原理》体现了马歇尔的领袖气质）则是很困难的。

第一，如此重要的一部著作能够指导受了它的教育的整整一代人的研究工作，这是非常自然的事情。也正因为如此，在1890年以后的30年间的经济学文献中，充斥着对马歇尔的主张和方法的重述、发展和推论。马歇尔的学生和接班人庇古教授的著作，罗伯逊（Robertson）、拉文顿（Lavington）、肖夫（Shove）以及很多其他人的著作，为我们提供了无数大家都很熟悉的实例。甚至连埃奇沃思的一部分著作也属于这一类。事实上，在举例说明的时候，在理论方面举一个例子，然后再在技术方面另外举一个例子，也就足够了。

马歇尔是最早证明完全竞争并不总能保证产出最大的人。在我看来，这个证明就像是古老城墙上被打开的第一个缺口，它还自然而然地引出了这样一个命题：通过限制利润递减的行业和扩大利润递增的行业，产量可能会超过完全竞争时的最大产量。庇古、卡恩（Kahn）和另外一些人沿着这个线索继续深入研究，最终拓展出了一个具有重大意义和价值的新领域。

另外，尽管需求弹性的概念也许不像人们所赞扬的那样有价值，但是它确实开创了一种风气——现在我们大家都在运用弹性概念来进行推理，而且觉得非常方便。现在使用的弹性概念已经多达十几个，其中，排在第一位的是替代弹性概念。尽管替代弹性概念只在极其严格的假定条件下才有效，因此实际上几乎不能应用于任何实际问题，但是它确实极大地有助于消除那些曾经引起过很不必要的争论的问题，例如，把机器引入生产过程是否会损害劳动者的利益这样的问题。替代概念在马歇尔的理论结构中是基础性的。我们几乎可以把对“替代原理”的强调看作马歇尔的理论结构与瓦尔拉斯的理论结构之间的最主要的纯理论区别。因此，新的分析工具完全可以由能够在《经济学原理》中找到的材料构成，我们只需将这些材料组合在一起就可以了。

第二，尽管马歇尔对长期与短期的区分并没有很好地表达出他原来打算通过这种区分表达的意思，但是在现实中，这种区分极大地推动了经济学思想的发展，因此完全有资格获得它应该得到的敬意（人们立即接受这种区分，就表达了这种敬意）。马歇尔本人就曾经多次利用过这种区分，并且通过他的言传身教给我们上了宝贵的一课；我们这一代过去已经、现在仍然渴望从这一课中受益。而其结果是，一个完整的经济学分支以缓慢成长的方式发展起来了，那就是短期分析法。

第三，马歇尔显然还是另一个比较新的经济思想体系，即不完全竞争理论的创始人。我认为，总体来看这一点应该不会引起什么争议，但是源于英国式的不完全竞争理论的证据特别明显。皮埃罗·斯拉法（Piero Sraffa）在他于1926年发表的著名论文中向英国读者提出的思想，就是从与马歇尔的成本递减曲线的逻辑难题的斗争中产生的，这一点在《生产成本和生产数量》（*Costo di Produzione e Quantità Prodotta*）中可以看得更加清楚。而且，在《经济学原理》中，尤其是在它关于个别企业的特殊市场的注解中，我们还能发现许多正面的建议。哈罗德先生（Mr. Harrod）和罗宾逊夫人（Mrs. Robinson）构建的理论结构是我们钦佩的，但是这除了证明他们是极富创造力的经济学家之外，还有力地证明了他们都是优秀的马歇尔主义者。

第四，马歇尔还在一般均衡和局部均衡之外，提出了第三种理论（我承认，对于我以马歇尔的名义提出来的这第四点主张，并不是绝对没有争议的）。我曾说过，虽然他掌握了一般均衡分析方法，但是却把它放到了不重要的位置上，而把使用起来比较方便的局部均衡分析方法放到了更突出的位置上；然而在《经济学原理》中，尤其是在其第 6 篇中，他又着手对整个经济过程进行广泛的概括。假如这些概括既不是局部均衡分析，也不是一般均衡分析，那么它们的性质是什么呢？我认为我们必须承认还有第三种类型的理论——在我自己的研究中，我把它称为“总量分析法”。当然，马歇尔没有将他对这类总量的论述与货币联系起来。他在这一点上的失败可能是我要向他提出的唯一的重要批评。（尽管他在货币理论方面有很多很重要的发现，但是由于本文是对《经济学原理》一书的评论，所以在这里不能过多地提及那些发现。）然而，说实在的，如果一个人从局部均衡分析出发，随后又希望对经济过程整体进行一些论述，那么，当他对不那么方便的一般均衡分析方法失去了信心时，难道不会自然而然地转向总量分析法吗？而到了这个时候，作为总产出理论和就业理论的货币理论（借用罗宾逊夫人的话来说）不就自动降临了吗？

第五，正如我曾经指出过的，马歇尔主张应该有一个明确的经济发展理论。虽然与他向来的习惯一样，他没有刻意去引起读者对这个理论的关注，但是这个理论确实是他的思想的核心。我不希望别人误解我对这个理论怀有同情，然而我还是必须强调指出，它所产生的影响比我们大多数人能够意识到的要大得多，不过不是作为一种哲学，而是作为一种研究工具。H. L. 穆尔（H. L. Moore）的趋势价值，只有在马歇尔这个理论的基础上才可以被认为近似于均衡价值。W. M. 珀森斯（W. M. Persons）也是从这个理论当中找到了对趋势进行研究的理论基础的，他在他的“哈佛晴雨表”丛书（Harvard-barometer series）中完成的工作就是这方面的一个例子。很显然，这也就引出了马歇尔最重要的贡献。

第六，马歇尔的理论是促使现代计量经济学诞生的影响最大的理论之一。《经济学原理》与《国富论》有很多相似之处，但是，如果不考虑它们出版的不同年代，并将两者都归类为受当时的客观条件限制的主观努力的成果，然而按同一标准来衡量的话，那么前者有一点是绝对胜过后者的。亚当·斯密明智而审慎地汇集并发展了他那个时代和以前各时代的思想中他认为最有价值的所有思想，但是对于他所接触的范围内最重要的成就之一，即17世纪的“政治算术”，他却没能做出任何发展。与斯密不同，马歇尔则审时度势，坚决地把经济学研究引向定量科学的方向，并为它打下了坚实的基础。马歇尔在这个方面的贡献的重要性是怎么评价也不会过高的。经济学在得出确切能用的数字表述的结论之前，永远都不会获得、也不应获得任何声望。

马歇尔对于这一点的认识的透彻程度，可以从他的《新老经济学家》（The Old Generation of Economists and the New，1897年）这篇演说中看出来。但是我们应该感谢他的远远不只是一个方案；我们还应当为他给出的确定的研究方法而感谢他。要看清楚这一点，我们只需要再浏览一遍我描述过的他提供的那些“便利的工具”就可以了。很显然，从统计学意义上说，所有这些工具都是极具操作性的。只要尝试一下利用统计资料构造企业模型、家庭模型、市场模型，我们就会发现，在这个过程中碰到的问题大多是马歇尔创造这些工具时打算解决的问题。当然，即使不考虑这方面的作用，这些工具也是非常有用的，但是可以肯定地说，在我们认识到以下事实之前，我们是不可能对它们进行正确的评价的：不管它们可能是别的什么东西，它们首先是计量工具——便于我们进行数字计算的工具——并且是目的在于统计计量的一般工具的一部分。它们肯定不是唯一可能的工具，也可能不是最好的工具，但它们确实是同类工具中最先出现的，计量经济学的发展几乎不可能从其他任何工具开始。

例如，非常多的计量经济学研究都首先指向统计上的需求曲线的估计，而马歇尔的需求理论则为此提供了可以接受的基础。这显然不是一种巧合。如果他没有打算创建一种近似方法——并证明这种方法至少在很多情况下是统计上可以驾驭的，那么强加上那些使我们能确定点弹性或需求曲线本身的约束条件也就变得毫无意义了。事实上，我们只要站在这个立场来看问题，那些曾经招致很多反对意见的约束条件也就变得完全可以理解了。不妨以消费者租这个概念为例稍作说明。诚然，我们并不能直接从这个特定的概念得到太多的东西，但是，为什么马歇尔会不满意于只是简单地提到作为许多变量的函数的这一“剩余”的存在，而一定要像杜普伊（Dupuit）此前所做的那样，坚持把自变量的数量减少为两个呢？除非这个概念本身就意味着要对定量化的福利从统计学的角度进行评估。当然，同样的论证也适用于他的成本函数和供给函数等概念，而且特别地，还可以解释他为什么一定要坚持采用长期工业供给曲线的原因。这些曲线在某些理论家看来并不可取，但是它们打开了巨大的统计上的可能性空间[①]，从而向更加正确、更加普遍的模型又接近了一步。

马歇尔在货币理论领域里的收获还可以用来解释如下现象：在他的著作中，到处都可以看到他关于能够有效地处理统计资料的理论工具重要性的见解，而这实际上也正是他的著作最突出的特点。庞巴维克的推理无疑也是定量的，但是他似乎从来没有想到过统计计量的可能性，他也从来没有尝试让自己的理论向适合于统计计量的方向发展。至于瓦尔拉斯的体系，虽然不像我们很多人认为的那样毫无希望，但是（要进行统计计量）也存在着难以克服的困难。只有马歇尔的学说鼓励我们向这个方向前进，虽然它也同时告诫我们要小心谨慎。我们可以根据他的教导进行工作，无论是极力推动我们前进还是要求我们谨慎前行，他都是我们所有人的伟大导师。

我们正站在一个山谷的边缘上。我们都想在这个山谷中找到一条康庄大道，不过不幸的是，我们全都失败了。然而，每当我们回过头去看时，总能看见他宁静地、庄严地、安稳地坐在他的信仰的大本营中，仍然一如既往地对我们谆谆教导着许多值得听取的东西。其中，最值得我们深思的莫过于如下这一句："我越研究经济学，越觉得自己拥有的经济学知识太少太少……在差不多半个世纪后的今天，我比在刚开始研究经济学的时候更能感觉到自己对它的无知。"的确，他是一位伟大的经济学家。

① G. T. 琼斯（G. T. Jones）在他的关于递增报酬的著作中，曾经部分地利用了这种可能性。

维尔弗雷多·帕累托*

（Vilfredo Pareto）

（1848—1923）

布斯凯教授（Professor Bousquet）在他的一本关于帕累托生平和著作的书[①]中，引用了社会主义者的《前进》（*Avanti*）日报在帕累托逝世时所刊发的一篇悼念文章中的词句，把帕累托描述为"资产阶级的卡尔·马克思"。我不知道把帕累托这样的人称为"资产阶级"的是否恰当，因为他从来没有放弃过任何一个对无知的、懦弱的资产阶级表示蔑视的机会。不过，如果撇开这一点

* 原载《经济学季刊》，第63卷，第2期，1949年5月。版权（1948年）属哈佛大学理事会（President and Fellows of Harvard College）所有。

① G. H. 布斯凯：《维尔弗雷多·帕累托的生平和著作》（Vilfredo Pareto，sa vie et son oeuvre），载于《现代史研究、史料和考证汇编》（*Collection d'études，de documents et de témoignages pour servir à l'histoire de notre temps*），巴黎，1928年。除了书中讨论帕累托著作的数学部分的内容之外，我们特别推荐这部著作。因为这部著作是由一位本身就是经济学家和社会学家的作者怀着极大的热情写成的，而且作者又尽量避免了门生或者传记作家通常会有的那种心理状态（即，专门记录传主的光荣事迹）。除了这部著作之外，布斯凯还撰写了《帕累托以来的社会学概论》（*Précis de sociologie d'après Pareto*），并为帕累托的《社会主义体系》（*Systèmes Socialistes*）和《政治经济学教程》（*Manuel d'économie politique*）这两本书撰写了序言，还于1928年用英文写了一篇题为《维尔弗雷多·帕累托的著作》（*The Work of Vilfredo Pareto*）的短篇评论。此外，布斯凯在他的《论经济思想的发展》（*Essai sur l'évolution de la pensée économique*）一文中，也给帕累托保留了一个崇高的位置。其他纪念评论帕累托的文章还有很多，我们在这里只需提一提其中的"官方评论"就足够了，它们包括：阿方索·德·皮特里-托内利教授（Professor Alfonso de Pietri-Tonelli）在意大利科学进步协会经济组发表的演讲（发表于意大利文版《政治经济学评论》，1934年11、12月和1935年1月），还有路易吉·阿莫罗索（Luigi Amoroso）于1938年1月在《计量经济学》上发表的论文。

不论，从其他方面来看，这种类比确实非常准确地表达了帕累托给他的同胞们留下的印象：他们实际上已经把他抬高到了凌驾于同时代所有其他经济学家和社会学家之上的、至高无上的位置。当然，帕累托在其他国家并没有受到如此程度的推崇。特别是在英国和美国，一直到今天，人们对这个人以及他的思想仍然相当陌生。诚然，在他的社会学著作被翻译为英文后，帕累托的学说也曾风靡一时。[①] 但是，由于气味不投，这股风潮很快就消失了。然而，就纯理论家这个小圈子而言，帕累托在 20 世纪 20 年代和 30 年代，即在鲍利教授（Professor Bowley）的《经济学的数学基础》（*The Mathematical Groundwork of Economics*）一书出版之后，曾经对英美经济学者产生过相当大的影响。但是在这两个国家里，在帕累托擅长的那个领域，马歇尔以及马歇尔以后的经济学家已经提供了足够丰富的内容，甚至抢在其他思潮夺走帕累托曾经占领过的阵地之前，就阻止了他占领更多的阵地。

由于现在看起来，理论经济学的许多重要发展都起源于帕累托，这一事实可能令人感到惊异，但是这其实不难解释。帕累托是法意文明交集的产儿，法意文明与英国和美国的思潮相去甚远。而且，即使在法意文明这个交集里，帕累托这个杰出的人物也是孤峻挺拔、卓尔不群的。我们无法把帕累托划入任何一个流派。他从不追逐任何“主义”。没有任何宗派或政党能够宣称他是自己这个派别的，尽管有许多宗派和政党确实从他所统驭的广博的知识领域中窃取了一些碎片。他似乎专门以与当时占主导地位的潮流和口号背道而驰为乐。极端放任主义的信徒们也许可以从他的著作中寻章摘句地找到一些支持他们的观点的东西，但是事实上，从来没有任何其他东西像自由主义的“财阀民主”或“财阀宣传”那样被他彻底蔑视。社会主义者应该感谢他，因为正如我们将要看到的那样，他做出的一个理论贡献，对社会主义学说的发展极其重要。他还对意大利政府在

① 在哈佛大学，这一股帕累托风潮以已故著名生理学家 L. J. 亨德森（L. J. Henderson）教授为代表，详情请参阅他于 1935 年出版的《帕累托的〈普通社会学〉》（*Pareto's General Sociology*）一书。在哈佛大学，想必还有一些人至今仍然会记得亨德森教授举办的非正式的帕累托“讨论班”，虽然这个“讨论班”实际上是由这位教授的一系列单独发言组成的。在这个讨论班上，亨德森教授从他对帕累托思想的同情、理解，以及他对帕累托思想的非凡、伟大的深刻认识出发，十分勇敢地和一些不可避免的专业上的障碍进行了坚决斗争。

1898 年实施的反社会主义政策提出了抗议。可是另一方面，帕累托不仅是一位反社会主义者，而且是最藐视社会主义的反社会主义者之一（他们的批评经常由于藐视而语带讽刺）。法国的天主教徒可能会感谢帕累托，因为他攻击了对法国教士们的迫害，这种迫害是非常不光彩的德雷福斯案（Dreyfus affair）的后续。可是，当他攻击孔布（Combes）部长的"政权还俗主义"政策时，却只是因为他是一位绅士，而不是因为他相信天主教会的教义。

帕累托就是这样一位独立和好斗的绅士。在争论中，他习惯于直截了当地对敌人进行强有力的攻击，他的这种攻击可能会受到这一派人或那一派人的赞誉，但是也使他丧失了受到普遍欢迎的机会。现在他已成为一个过时的人物了。但是即使在他事业的全盛时期，我们现在所熟悉的这些政治口号和社会口号也统治着那时的官方语言、报纸、政党纲领以及包括经济文献在内的一般文献，因此帕累托用来表达他极其严谨的科学结论的词句，在那个时代也不可能比现在更加流行。任何一个人，只要他受到了浸润于美国教科书中的那种精神的感染，那么可以肯定，他一翻开帕累托的《政治经济学教程》，就能够领会我下面所说的这句话的含义：任何一个现代社会主义信仰和口号的天真爱好者，一定会觉得自己被"棍棒交加"地赶出了帕累托的家门；在这部著作中，他将读到的是一些他自己永远都不肯承认为事实的东西，同时还有多得难以消化的大量实例。因此，现在的问题似乎不在于解释为什么帕累托没有产生更广泛的影响，而在于解释帕累托是如何产生这么大的影响的。

如果我们能够把自己的视野控制在帕累托对纯粹理论的贡献的范围内，那么就基本上不需要对这位人物的为人、他的社会背景及社会地位进行考察了。但是，不属于经济学纯粹逻辑理论的任何其他事情，全都与帕累托的为人以及制约着他的一切力量有关，这一点无疑是极其显著的。因此，与通常对一般学者及其成就的评价相比，我们在评价帕累托及其思想的时候，更加需要明确地把关于他这个人以及那些制约他的力量的评价表达出来。在下文中，我将首先努力把我在这方面的意见表达出来（第一节），然后简略地评述一下帕累托在纯粹理论方面的工作（第二节），最后，我将考察一下他在《普通社会学》（*Trattato di sociologia generale*）一书中给出的关于社会这个概念的很不充分的表述（第三节）。[①]

一、帕累托这个人

帕累托的父亲，热那亚人马尔凯塞·拉斐尔·帕累托伯爵（Genoese Marchese Raffaele Pareto），似乎是一个非常典型的19世纪上半叶意大利复兴运动的“产儿”。他是马志尼（Mazzini）的热烈拥护者——尽管也许更多地是由于国家的原因而不是由于社会的原因；他反对一切阻碍意大利走向全国统一的政府，是这些政府的毫不妥协的敌人。在这个意义上，他是一位革命者，虽然在其他意义上并不是。也正因为如此，他成了一个流亡者，逃到了法国巴黎。本文的主人公维尔弗雷多就是在那里出生的，他的母亲是一位法国女子。既然加雷尼将军（General Galliéni）曾经说自己“既是法国人但同时也是意大利人”，那么维尔弗雷多·帕累托也可以说自己“既是意大利人但同时也是法国人”。1858年，维尔弗雷多·帕累托被带回到了意大利，在那里，他接受了通常的学校教育，并于1869年获得了工程学博士学位。然后，他立即开始从事工程学研究和工业管理

① 罗卡（Rocca）和斯皮内迪（Spinedi）两位先生于1924年在意大利文的《经济学家杂志》（*Giornale degli Economisti*）上发表的文章中提供的帕累托书目差不多是完整的；但是在这里，我们只需要重点提一下以下这些文献就足够了：《关于纯粹政治经济学基本理论的研究》（Considerazioni sui principi fondamentali dell'economia politica pura），原载于意大利文版的《经济学家杂志》，1892—1893年；《洛桑大学政治经济学讲义》（*Cours d'économie politique professé à l'université de Lausanne*）（法文版），1896—1897年；《巴黎高级社会研究学院讲义概要》（*Résumé du cours donné à l'École des Hautes Études Sociales de Paris*）（法文版），1901—1902年；《社会主义体系》（*Les systèmes socialistes*）（法文版），1902年（1926年重印）；《政治经济学教程》（*Manuale di economia politica*）（意大利文版），1906年（1919年重印）；《政治经济学教程》（*Manuel d'économie politique*）（法文版），1909年（1927年重印），这是前书的法译本，但是我们必须把它单独列出来，因为数学附录是完全重新编写过的；《普通社会学》意大利文版于1916年，法译本于1919年出版，于1935年出版的英译本改名为《心灵与社会》（*Mind and Society*）；法文版《数学科学百科全书》中的《数理经济学》（L'économie mathématique），1911年（与之对应的原来的德文版《数学科学百科全书》中的相应论文是不重要的）。另外还有一些著作和数量一时难以统计的论文，但是据我所知（帕累托在日报上发表了许多篇论文，其中大多数我都不知道），它们所包括的具有科学性质的东西，都已经包括在前面已经提到过的出版物中了。

工作，在多次升职之后，最后升任意大利钢铁公司总经理——更准确地说，其实应该说是“董事长”。直到1893年，帕累托才被委派到洛桑大学，担任瓦尔拉斯的继承人，虽然早在多年前，他就被人们公认为是一位很专业的经济学家了。因此，他以从事经济学研究为“主要职业”的时间大概是1892—1912年——事实上，他晚期的全部作品从性质上看，都是属于社会学的。1906年，帕累托辞去教授职位，回到位于日内瓦湖畔的乡村的家中，过上了退休生活。帕累托在晚年仍然精力旺盛，而且非常多产；在这段日子里，他逐渐变成了“塞利尼的孤独的思想家”(lone thinker of Céligny)。

对于我们的目标来说，如上所述的这些情况基本上已经足够了。接下来，我们只需再着重指出上面已经提到过的几件事，而不必再增加其他事实了。第一，理论家们会注意到，由于他受过成为一名工程师的训练——并且他在求学过程中似乎着力培养了自己的理论能力——他早年所掌握的数学知识就已经达到了专家水平。[①] 第二，值得注意的是，帕累托非常熟悉工业活动，他在这方面所掌握的知识是一般经济学家绝对无法企及的，而且帕累托“熟悉工业活动”的意义是与学院派经济学家、公务员和政治家通过他们所能利用的方法而变得“熟悉工业活动”的意义完全不同。但是，第三，正因为他对当时的经济政策和一般政策表现出了强烈的兴趣，才使得他在真正开始进行创造性的理论研究之前，在一定意义上就已经成为一位经济学家了，关于这一点的意义，我们在讨论另一个问题时将会进行评述。在那个时代，弗朗西斯科·费拉拉（Francesco Ferrara）的声誉和影响仍然处于全盛时期，自由主义者不加批判地赞美的那种理论结构也没有开始遭到冷遇。费拉拉的著作，特别是他发表于《经济学家文库》（*Biblioteca dell'economista*）上的为古典经济学经典著作撰写的著名的序言，对帕累托影响极大，其程度不亚于甚至超过了帕累托学生时代的任何一门大学课程。不过，帕累托对瓦尔拉斯著作的研究，却是后来的事情了，他是根据马费奥·潘塔莱奥尼

① 当然，我很难确切地说明帕累托的数学水平究竟达到了什么程度。帕累托还需要沃尔泰拉（Volterra）来告诉他：$Xdx+Ydy$ 这个表达式总是有无限多的积分因子，而当多于两个变量时，这样的积分因子就不一定存在了（《政治经济学教程》，546页）。我不知道，一位真正的“专家”到底会不会看不出这一点。

(Maffeo Pantaleoni) 的建议而这样做的。

上述各种事实中的任何一项，都无法全面地说明帕累托对社会和政治的看法，甚至也不能说明他对他所属那个时代和他的国家面临的实际问题的态度。帕累托的人格就像深渊，我决不相信，这个深渊能被轻易抽干，将底部的所有东西都一览无遗地展现在世人的面前。但是，我敢肯定，凡是认识他的人都会同意，贵族的出身背景对他这个人比对一般人起到了更重要的作用。特别是这一背景使他不能与现实中共同生活的其他人在精神上结成"兄弟"，这也就是说，使他不能成为任何一个集团的完全被接受的成员。这一背景也使他不能与那些资产阶级思想的创造物——例如被称为"民主"和"资本主义"的这一对孪生兄弟——建立起亲密的感情关系。而且，这个背景的另一个作用是，他使帕累托实现了经济独立——刚开始时是仅够维持生活，后来就变得有些富裕了①——从而使他变得更加离群索居，因为这为帕累托提供了把自己孤立起来的条件。

在这样的背景之下，他的古典学识也起着类似的作用。我这里所说的古典学识不是他与同时代受过教育的每个人都共同拥有的那部分古典学识，而是他通过夜以继日地钻研希腊和罗马的古典著作而形成的只属于他自己的那部分古典学识。古代世界是一座巨大的博物馆，而不是应用科学的实验室。帕累托过分相信自己能从古人那里汲取智慧，结果必然只能导致他自己远离生活在 1890 年或 1920 年的任何一个人群。他积极参加本国的政治争论和政策辩论，但结果却是使得他自己被完全孤立起来了——竟然孤立到了这样的程度，甚至在他接受洛桑大学的任命之前，就已经决定移居瑞士了。孤立生活对他的暴躁脾气无疑起到了推波助澜的作用。一直等到他进入晚年，当第二次婚姻给他带来和睦的家庭生活后，这种情况才有所改观（请参阅《普通社会学》一书的献辞）。事实上，如我们所知，一个脾气暴躁的人对于自己被孤立其实是无法容忍的。

但是，帕累托为什么会怀着极其愤怒的心情离开自己的祖国呢？要知道，他从心底里热爱自己的祖国，他不仅渴望，而且亲眼看到了他的祖国的再生。任何

① 帕累托之所以变得比较富裕，是因为他继承了一份遗产，而不是因为他早年担任意大利钢铁公司总经理时赚到了很多钱。

一个公正的观察家都可能会提出这一问题，因为在这样的观察家看来，在帕累托离开自己的祖国前的30年内，这个新生的民族国家的情形似乎并不太坏。在那个时期，意大利经济发展的速度相当快，而且摆脱了财政混乱的困境——在这里，要向我们的凯恩斯主义者们表示歉意了。而且除此之外，这个新生的国家在社会立法方面也采取了措施，并且成功地把自己建设成了当时的所谓世界列强之一。如果只从这个角度来看问题，那么也就难怪我们的观察家们会对阿戈斯蒂诺·德普雷蒂斯（Agostino Depretis）等人治下的政府表示极高的敬意了。而且，考虑到任何一个刚统一的民族国家在初创阶段都会遇到的那些困难，观察家们对于整体画面中令人不太满意的那些部分（缺点），也往往会予以原谅。但是，帕累托是不可能原谅这些缺点的。他看到的全是无能与贪污腐化。他怀着愤怒的正义之心与走马灯似的上台下台的每一届政府战斗，这样一来，他就成了那个时代公认的极端自由主义者——当然，这是在19世纪自由放任的毫不妥协的鼓吹者这个意义上说的。而且，在那个时期的德国新政者们当中，帕累托还帮助造成了这样一种印象，即边际效用概念只是被用来反对改革者的一种邪恶的诡计而已。[①] 但是，关于帕累托对经济政策问题的态度，以及他的态度在他于1900年以前写成的科学著作中留下来的深刻痕迹，上面这些可能就是需要说明的全部内容了。然而，即使在那个时候，在他的极端自由主义思想中也仍然存在着某些东西，这些东西所指的方向与“官方”的自由主义教条和口号完全相反。当然，他无疑是一位反国家干预主义者，但这种反对是出于政治理由，而不是出于纯粹经济理论的理由。与英国古典经济学家不同，帕累托并不反对政府行为本身；他反对的是议会民主制政府，即他反对英国古典经济学家热烈拥护的那种议会民主制政府。从这个角度来看，帕累托这种类型的自由放任主义的含义，显然完全不同于英国式的自由放任主义。只要我们认识到了这一点，其余的就很容易理解了。

---

① 因此，德国的批评家们接受了他的《政治经济学讲义》。实际上，该著作所包括的可以做其他解释的内容确实很少。但是，它却包括了这样一种观点：在这部著作里所预言的纯粹竞争的优点是与实际经济过程没有什么关系的，因为纯粹的竞争实际上从未普遍存在过。

在19世纪末和20世纪最初的20年间，越来越多的法国人和意大利人开始表达自己的不满，从简单地发出表示失望的呼声，到公开强烈谴责政府走马灯式的不断更迭的议会民主制（他认为这种民主制在法国和意大利导致了恶劣的后果）。这种情绪是当时许多人都共有的，而不限于任何一个学派，就连如E.法盖（E. Faguer）和G.索雷尔（G. Sorel）这样在各方面都极不相同的人也不例外。我们在这里，并不打算对这种情绪进行剖析，更不愿意就这种情绪做出评判。对于我们来说，重要的是，这种情绪确实是普遍存在的，而且晚年的帕累托之所以在这种思想潮流中显得特别突出，就是因为他在同时代的有这种情绪的人当中是最杰出的，还因为他写了一部社会学方面的著作。他的社会学著作与索雷尔的著作以及莫斯卡（Mosca）的著作一起，把这种情绪合理化了。

英国人和美国人所拥有的特殊的、在历史上独一无二的条件使他们在思想上对议会民主怀有另外一种同样特殊、同样独特的态度，然而，许多英国人和美国人都忘记了这些条件，因而很难理解帕累托对于法西斯主义的态度可能包含的意义。当然，这种态度本身并没有什么问题，不需要用什么理论去加以解释。无论如何，1914—1922年，意大利又发生了一系列事件，它们把帕累托召回到了政治辩论的战场上。他发表的关于第一次世界大战的起源、关于《凡尔赛条约》的得失、关于国际联盟的无用性等问题的精辟分析，虽然在意大利以外的地方没有引起什么共鸣和反响，但是确实都属于他最突出的成就的一部分。但是，对帕累托冲击最大的是，他所亲眼目睹的意大利社会触目惊心的混乱，这种混乱如果不是亲眼看到，是任何人都无法相信的。他把这些年间的一切动乱都归因于颓废的资产阶级政治制度的软弱。这位精研罗马史的学者可能想到了罗马共和国的元老院曾经利用过的一个方法，即为了应付紧急局面，元老院常常会要求执政官们任命一位实际上具有无限权力——虽然只是临时的——的官员，也就是说，任命一个独裁者；因为执政官的义务就是，应该时刻注意不使国家利益受到损害。但是，在意大利宪法里却没有这一条款，而且即使有这一条款，也不会有任何用处。因此，独裁者必须自己任命自己。除了这一点，以及除了赞赏墨索里尼（Mussolini）在恢复秩序方面所取得的成就以外，帕累托并没有再越雷池半步。墨索里尼为了给自己贴金，对始终宣扬温和主义的人以及始终主张新闻自由和学术自由的人，都授予参议员之类的职位。[①] 但是一直到晚年，帕累托始终拒绝采纳这种“主义”，就像他拒绝接受任何其他主义一样。根据英美的传统观点来推断帕累托的行为——或者更准确地说，他的所有行为和感情——是没有意义的。

其他任何东西则全都沉没在了他的人格深渊的底部。

二、帕累托这个理论家

要评价帕累托对经济学的贡献，首先必须对他的领导才能给予充分的赞誉。虽然他从来没有在意大利教过书，虽然洛桑大学法律系也没能成为指挥征服知识战役的最完美的司令部，虽然他在塞利尼的乡村住宅看起来更像是一个很好的休养所而不像工作室，但是他却做到了瓦尔拉斯没能做到的事情。帕累托建立了一个名副其实的学派。1900 年以后，围绕着帕累托，很快就出现了一个由一些杰出的经济学家组成的核心圈子，一个由更多的作为追随者的不太著名的经济学家组成的更广泛的圈子，此外还有人数更多的、至少基本上信奉帕累托思想的外围信徒（或支持者）。他们推进研究时总是相互合作，他们在个人生活中总是保持着相互联系，他们在参加争论时总是互相支持。最重要的是，他们都衷心承认一位导师和一个学说。

这一学派明确地刻上了意大利人的鲜明烙印。正如我们在前面已经指出过的，这个学派来自国外的信徒或支持者非常少，尽管帕累托学说的个别观点在英国和美国最终也被接受了。当然，帕累托学派也从来没有统治过意大利经济学。事实上，综观整个经济学思想史，从来没有任何一个学派曾经统治过它自己的母国。对此，有些人的印象可能恰恰相反，他们认为李嘉图的学说曾经统治英国经济学，但是这种印象，只不过是完全脱离实际的历史编纂工作所造成的一个结果。帕累托同时代的许多杰出的意大利经济学家，例如爱因奥迪（Einaudi）等

① 请参阅前文提到的布斯凯的著作第 182～194 页关于这一问题的叙述。

人，一直坚持他们自己的观点；而另外一些人，例如德尔韦基奥（Del Vecchio）等人，尽管承认帕累托的学术地位，并采纳了他的某些思想，但是他们自己也一直没有放弃独立思考，并写出了许多东西，一切就像根本没有出现帕累托这个人的时候一样。然而无论如何，一个学派确实在帕累托的理论体系的基础上形成了，这种理论结构是一般读者难以理解的，而且不仅如此，就它最有创造性的那些组成部分而言，甚至连一般的经济学研究者也难以理解，特别是对于那些从来没有听过这位导师讲课或者从来没有与这位导师当面交谈过的研究者来说，更是如此。

我们对帕累托的领导才能有了正确的认识之后，就可以把这一点放下了。而一旦这么做，我们就能看到，他是一位沿着瓦尔拉斯的道路继续探索的理论家。当然，从来没有人否认过这一点，甚至连帕累托的最忠心的信徒也没有否认过，而且帕累托本人也没有否认过。因此显而易见，可能出现的意见分歧必定只限于以下问题：帕累托究竟在何种程度上超过了他的伟大的先驱者瓦尔拉斯？他们两人的思维能力、智力水平、工作才干究竟谁高谁低？对于这些问题，在帕累托的信徒内部，在他的信徒们与外人之间，一直未能达到一致意见。之所以会出现这种情况，原因有很多，我们接下来就来讨论其中一个原因。瓦尔拉斯在政治哲学的外衣下提出了他的不朽的理论，但是他的政治哲学的本质是超科学的，因此不可能合乎所有人的口味。我把瓦尔拉斯这种哲学称为小资产阶级激进主义的哲学，事实上，恐怕再也想不出更恰当的表达方法了。瓦尔拉斯觉得，自己有责任去宣讲一种特殊的“社会理想”，这种理想源于19世纪上半叶法国的准社会主义作家的著作（或者我们可以同样公道地说，它来自功利主义者的著作）。瓦尔拉斯把土地国有化看成是自己的学说的主要内容之一，他还是一位货币改革家，他的计划显然带有惊人的现代化气息。而这些恰恰都是帕累托所深恶痛绝的东西。在帕累托看来，这些只是形而上学的空想，而且是不带任何感情色彩的形而上学的空想。瓦尔拉斯和帕累托的共同基础仅仅局限于纯粹理论方面，特别是瓦尔拉斯提出的均衡方程方面。在其他任何方面，他们两人之间的差别，与大街上随意找出来的任意两个人之间的差别一样大。尽管他们在为了奠定数理经济学的基础而共同奋斗的过程中结下了友谊，而且帕累托对于瓦尔拉斯推荐自己继承他在洛桑大学的教授席位一事也心存感激，但是，所有这些都未能化解他们之间根深蒂固的相互厌恶的情绪，这种情绪甚至在他们与第三者谈话时都会无法掩饰地流露出来。虽然他们的纯粹理论都是从同一个模型中铸造出来的，但是从整体上看，他们各自的思想体系以及对社会过程的总体看法却是完全不同的。所有不打算有意完全忽视他们这两个人的哲学理念和实际建议的经济学家（也就是说，绝大多数经济学家），仅仅出于这个理由，就可以认为帕累托的体系与瓦尔拉斯的体系是完全不同的。

但是无论如何，就算只考虑帕累托在纯粹经济理论方面的成就——我们暂时先不管他的社会学成就——他也已经在科学史上写下了光辉的一页。不过，其中也有一个例外。接下来，就让我们先来看看这个例外。在《政治经济学讲义》里以及在他发表于1896年的一篇单独的论文里，帕累托在计量经济学领域提出了一个具有高度独创性的、非常尖端的创见，从而第一次为自己赢得了国际声誉，并且在“帕累托法则”的名称下，开创了一个非常重要的文献传统，使这个主题得到了严密的论证。如果用 N 来表示收入高于 x 的所得者的人数，再令 A 和 m 为两个常数，那么，我们可以把“帕累托法则”表述为：

$$\log N = \log A + m \log x$$

帕累托在《政治经济学教程》的第7章中给出的解释是他对这个法则的最成熟的解释。在这里，我们必须把自己的注意力限定在它所引出的两类问题上。第一，首先是适当性的问题。关于这个问题，人们已经进行过大量的研究，也取得了很多成果。其中一些研究者认为，他们的研究或是完全驳倒了这个“帕累托法则”，或是提出了另外一些较好的描述收入不平等现象的方法。读者不难观察到，关键的问题在于 m 值的近似不变。然而，综合各方面的情况来看，“帕累托法则”是经得起考验的。直到现在，专业的统计学家还经常要利用它，这就足以证明这一事实了。但是，第二，还有一个如何解释的问题。假定直到最近，不同等级之间的收入分配状况一直是十分稳定的，那么我们能够从中推导出什么结论呢？这个问题从来没有成功地得到解决。大多数参加讨论的人，其中就包括庇古，都只局限于批评帕累托本人对这个法则的解释（当然，帕累托的解释，至少在最开始的时候，确实是比较容易遭到反对的）。而且，像我们参加过的许多其他论战一样，这个争论也以没有提供任何确定的结论而告终。似乎很少有经济学家认识到，这种不变性在未来的经济学中仍然有可能被保留下来。[①] 从这一点来看，帕累托的"法则"确实开创了一个全新的天地；即使到最后，它的具体表达形式没有保留下来，也不影响这个结论。

借此机会，我还想顺便讨论一下另一个问题。帕累托在《政治经济学教程》有关人口这一章中讨论了他的收入分配"定律"。就人们通常在这个标题下要讨论的问题而言，这一章并没有多少值得注意的地方。但是，该章还包含了许多其他内容，它们像这个"定律"一样，一般是不应该包括在人口理论中的。然而，正是这些内容使得这一章变得非常有生气，并赋予它新颖性和创造性。帕累托的精英循环论就是其中一个例子（参阅下面的第三节）。这些内容从性质上看是属于社会学而不是属于经济学的，并且其中有一些是相当突出的（虽然也可以说是天真的）偏见。这些偏见出现在了这位分析人类偏见的伟大理论家身上，显然是非常不协调的。[②]

在真正可以被称为纯粹理论的领域里，帕累托的思想却发展得极其缓慢，而且实际上一直到最终仍然保留着某些"前帕累托"的特点。除了受到费拉拉的影响，以及英国和法国"古典时期"经济学家的早期影响以外，帕累托是从瓦尔拉斯的静态均衡公式出发的——那是在他认识到这些公式是其他一切东西的钥匙之后，虽然在开始时他对这些公式是有相当大的抵触情绪的。帕累托还从1885—1895年这10年间所有优秀的经济学家都不能不接受的那些建议中得到了进一步的鼓励。[③] 最后，他对他的前辈们的技术缺陷以及其他局限性也有着非常深刻的理解。这样一

① 特别是，似乎没有人能够理解，寻求和解释这种类型的不变性，可能为一个全新的理论打下基础。

② 例如，不管我们对帕累托对于女权主义现象的解释有什么看法，当我们读到他对这种问题的讨论的第一句时（《政治经济学教程》，第400页），我们肯定就会忍俊不禁了。第一句话是这样："女权主义是一个社会弊端……"这种说法既不能说有什么客观性，也不能说有什么超然性。关于帕累托的严格意义上的人口理论和有关的社会学方面的补充内容，请读者参阅J. J. 斯宾格勒教授（Professor J. J. Spengler）所撰写的《帕累托论人口》(Pareto on Population)一文，发表于《经济学季刊》，1944年8月和11月。

③ 诚然，对于这些建议当中的部分建议，帕累托的反应即使不是敌对的，也是消极的。他从来没有充分地重视过马歇尔——这主要是因为他在原则上反对局部均衡分析——而且他似乎从来没有看到，在奥地利学派学者看似原始的技术后面，还隐藏着许多有价值的东西。但是他的确很重视埃奇沃思，也很重视威克斯蒂德（Wicksteed），而且毫不理会那些站不住脚的反对意见。而且，他重视欧文·费雪（Irving Fisher）的程度也比我们通常所了解的高得多。他不仅重视费雪的《价值和价格理论的数学研究》，也重视他的《资本和收入的性质》和《利息理论》。当我听到他对《资本和收入的性质》一书的高度评价时，实在有些意外。

来也就意味着，这种理论建构工作最适合由他自己来做，尽管其中相当大的一部分已经由瓦尔拉斯完成了。[①] 但是，帕累托的早期作品，例如《关于纯粹政治经济学的基本原理的研究》[发表于意大利文版《经济学家杂志》,1892—1893年]，从来没有超越瓦尔拉斯的路标划定的范围。他的《政治经济学讲义》也显然如此。一些敬重帕累托，但是在严格的意义上又不属于帕累托学派的经济学家，曾经对帕累托说了一些含糊其辞的恭维话，把《政治经济学讲义》称颂为他的杰作。诚然，《政治经济学讲义》确实不失为一项重要的成就，它从头到尾都充满了强烈的激情，这种激情甚至使一些非常平常的段落也充满了活力。但是帕累托却拒绝将该书重印或再版，这种做法无疑是正确的。因为就纯粹理论而言，书中并没有多少只属于帕累托自己的东西。直到1897年之后，他的理论水平才达到了很高的高度。能够证明他的思想进展的第一批重要出版物包括：《纯粹经济学新论的若干章节的概要》(Sunto di alcuni capitoli di un nuovo trattato di economia pura)（意大利文版《经济学家杂志》，1900年）和他在巴黎讲课时的讲义《概要》。[②] 其后，《政治经济学教程》（意大利文版）的出版，或者因为它的附录的关系，我们应当说它的法译本（1909年）的出版，则标志着他的纯粹理论研究已经达到了顶点。

当然，帕累托在这个位置建立起来的理论之塔的结构并不是完美无缺的。有许多东西，对于一部综合性著作来说是必不可少的，但是帕累托却几乎完全没有注意到过。我这样说不仅是指，就人们通常希望任何一本以"教程"为名的著作能够达到的标准而言，帕累托这部著作远不及马歇尔的著作；更加重要的是，他对自己所设想的理论工具集的许多重要组成部分并没有进行过周详的考虑。例如，帕累托的货币理论总的说来略逊于瓦尔拉斯的货币理论；同时，他的资本与利息理论的所有优点都来自瓦尔拉斯的资本与利息理论。关于利息，他似乎简单地满足于这样的解释：各种有形资本（实物资本）以及它们的服务都不是免费

---

① 瓦尔拉斯非常清楚，他所构建的只是一个暂定的临时性的结构；而且对于实现这个结构所需要的一切技术手段，他也完全理解。他从来不相信那些假设，例如生产的不变数、生产的不定期性、间接费用的不存在性，以及同等规模的企业能够或应该永远存在，等等。我们现在无法断言帕累托在这个方面对瓦尔拉斯是公正的。瓦尔拉斯的成就的伟大之处在于，他不仅是首创者，而且指出了下一步应该做什么。

② 参阅第103页的脚注1。

品，因此需要支付利息。他的垄断理论，我相信即使是最宽容的解释也不能使之摆脱窘境。[①] 虽然有这么多缺点，但是某些批评家对帕累托的理论体系的全盘否认依然是完全错误的。因为这种判断不仅忽视了他的理论中的许多闪光点——帕累托提出了许多出类拔萃的高明见解，而且更加重要的是，还忽视了他的理论成就的基本内容。在这些闪光点中，最重要的是他的价值理论和生产理论，我们接下来马上就会对它们展开讨论。不过在此之前，我们首先必须明确地界定他的基本成就，因为价值理论和生产理论只是他的基本成就的应用而已。

从纯粹理论的角度来看，任何一位精通瓦尔拉斯体系的人必然会产生的第一个想法是，如何使这一体系的一般性上升到更高的水平。当我们跟随着瓦尔拉斯以及所有边际效用理论家，穿越交换、生产以及其他现象之丛林奋力前行时，我们不难发现，他们试图解决的所有问题，从最终的逻辑来看全都可以归结为一个问题。这就是说，一切问题——不仅仅是生产问题——都是经济数量的变换问题，而且在形式上也是相同的，各种问题之间的差别仅仅体现在经济活动在不同领域中所受到的限制不同。假定我们决定去完成在所有科学领域里都必须完成的一项任务，即把所有经济问题的共同核心分离出来，并一劳永逸地建立一个关于这种共同核心的理论，那么，“思维经济”（mental economy）的理念告诉我们[请参阅 E. 马赫（E. Mach）的《思维经济学》（*Denkökonomie*）]，由功利主义者来进行这种尝试是合适的。这种理论将采用一些十分普通的指标，例如“口味”和“障碍”等等来进行分析，而不需要考虑我们赋予这些词语的特定含义。这样一来，我们就可以超越经济学，上升到关于一些没有明确定义的、只受到某些约束条件限制的“事物”构成的体系这个概念，然后试图创立一个完全一般化的数理逻辑体系。这样一条道路，对于经济学家来说应该是十分熟悉的，多年以来，他们一直在使用原始的工具来展示经济逻辑的某些特点，例如，我们可敬的朋友

① 但是，帕累托把垄断理论纳入了他的一般理论的体系中，这种做法是有其优点的。同时，他的国际贸易理论也绝对不应该像在大多数情况下那样，被贬低为只是对比较成本理论的批评。虽然他没有给出过细致的阐述，但是他确实勾勒出了他自己的国际贸易理论的框架，而且他的国际贸易理论第一次把一般均衡分析工具运用于国际贸易。请参阅哈伯勒（Haberler）：《国际贸易理论》（*Theory of International Trade*），第 123 页，1936 年。

鲁滨逊·克鲁索就是如此。帕累托只是在更高的水平上和更广阔的战线上做了同样的工作。但是，在这样的高度上无疑是更难以生存、更难以取得进展的。像已经离世的 A. A. 扬（A. A. Young）那样的非常有才能的批评家们，曾经提出过这样一种看法：帕累托除了“枯燥无味的归纳”以外，毫无建树。但是，只有未来才能告诉我们事实是否如此。在那个时代到来之前，我们应该承认他的贡献是伟大的。

只要举一个例子就可以证明，像这种“急于追求一般性（普遍性）”的做法，虽然可能会导致逻辑上的困难，但是同时也可能会带来从经济学的角度来看有利的结果，尽管帕累托始于《政治经济学讲义》的一般化努力仍然是在相对较低的概括水平上进行的，也因此受到了许多攻击。众所周知，马克思的著作是对资本主义发展过程的分析，毫无疑问，马克思的目的在于阐明这一过程必然会导致社会主义社会的出现，但是他却完全没有勾画出社会主义社会的经济学的轮廓。对于后面这个问题（社会主义社会的经济学是什么样子的?），许多马克思主义者和新马克思主义者都进行过论述，但是所有这些论述最终都只能归结为完全的失败。现在大家都知道，马克思主义理论所不能解释的关于社会主义的学说的某些方面，已经由恩里科·巴罗内（Enrico Barone）给出了相应的补充。当代作家只能在某些次要的细节方面超过巴罗内关于这一主题的著名论文［《集体主义国家中的生产者》（Il Ministro della produzione nello stato colletivista），发表于意大利文版《经济学家杂志》，1908 年］。但是巴罗内理论的基本思想在帕累托的《政治经济学讲义》第二卷（第 94 页）和《政治经济学教程》（第 362 页）中早就已经有了非常清晰的表述。也就是说，这种思想似乎是把经济过程的逻辑核心抬到了便于观察的制度外衣的基础之上。读者将会发现，一旦我们站在帕累托关于“品味”和“障碍”的一般理论的立场上，那么作为一个特例，这种思想就会很容易地浮现出来（虽然它也在维塞尔的脑海中闪现过）。

在这个特殊情况下，帕累托几乎丧失了对发现优先权利的请求权——至少在英美经济学家心目中是如此——虽然他不仅提出了这一问题，而且指出了解决问题的办法。在其他情况下他更加完全丧失对发现优先权利的请求权，因为他把自己局限于仅仅提出建议的范围。这样，借助于事后诸葛亮式的分析，我们可以在《政治经济学教程》中发现许多与日后的动态经济学的发展有关的线索。但是，所有这些线索，例如他所指出的与追踪曲线类似的适应形式（狗与主人问题，请参阅该书第 289 页），以及他所指出的连续振动的存在（例如，请参阅该书第 528 页）等，只是消极地表明，经济制度向唯一的和稳定的“解”（即能够满足条件的唯一的值集）靠拢这种趋势，甚至比包括瓦尔拉斯在内的那一时期的经济学家们所想象的还要更加可疑①，除此之外，就没有起过任何作用了。他自己不但没有积极地利用这些建议②，而且没有指出研究这些问题的方法。因此我认为，我们可以毫不迟疑地把帕累托的理论说成静态理论。如果我们补充说，他比别人更理解静态理论的局限性以及解决由此而导致的问题的迫切性，那么我们对他的评价就可以说是基本公正的了。③

现在我们接着来简短地讨论一下帕累托关于价值理论和生产理论的著作。我们需要记住的是，根据我们在上面阐述的观点，这两个理论实际上已经融合为一个单一的理论了。

绝大多数现代理论家（即使不是全部）都会同意，杰文斯、门格尔和瓦尔拉斯的效用和边际效用理论的历史重要意义主要体现在它所发挥的阶梯作用上；通过这一阶梯，这些经济学家攀登到了一般均衡概念的高峰，瓦尔拉斯不仅比奥地利学派或杰文斯更清晰地阐述了这个概念，而且更充分地发展了这个概念。④ 换句话说，

① 例如，请参阅他为法文版《数学科学百科全书》撰写的论文中关于不稳定的均衡的讨论。

② 帕累托关于危机的理论很空洞（第 528～538 页），肯定不够条件被当作特例。

③ 帕累托本人（第 147 页）把纯粹经济学的主题划分为：一个静态经济学；一个研究连续均衡的动态经济学（在我看来，这似乎是指比较的静态经济学或比较静态分析）；以及另一个研究经济现象的运动的动态经济学，这似乎是把真正的动态经济学同发展的问题结合起来了，要不是因为在帕累托那里，在这两方面都仍然处于非常不完善的初级阶段，这种合并方式将会是非常不方便的。我知道他的信徒们对这种情况的看法与我不同。但是，他们的态度虽然也可能有可取之处，但是在这里肯定不能采取这种态度。

④ 正如凯恩斯爵士在他撰写的关于阿尔弗雷德·马歇尔的传记论文中所指出的，马歇尔也完全掌握了这个概念。我们根据凯恩斯的话以及其他证据，可以相信马歇尔是独立地提出这个概念的，而且时间比瓦尔拉斯还要早。但是这不能改变这样的事实：他在发表《经济学原理》的有关附录（第四版的注 XIV 和注 XXI）之前，并没有发表与这个概念有关的任何东西，而且根据承认优先权的一般规则，这些附录也只能被认为是这个概念的一些闪现。因此，我们可以肯定，瓦尔拉斯的优先权是无可争议的，但是奥地利学派，特别是维塞尔的优先权也是无可争议的。同样十分清楚的是，只是由于缺乏数学技巧，特别是由于没有掌握联立方程式的技术，才使得门格尔不能得出和瓦尔拉斯的体系基本上相同的精确体系。有些历史学家说古诺也已经得出了一般均衡概念，我认为这种看法是不正确的。《关于财富理论之数学原理的研究》（*Researches into the Mathematical Principles of the Theory of Wealth*）第 11 章，除了承认经济数量之间的一般的互相依存关系以外，没有任何其他内容。而且不论是在那里还是在其他任何地方，古诺对于如何使这个概念变得明确和有效，也没有提供任何指导。这本书里的一切实际工作，或者是局部均衡分析，或者在某种程度上说是总量分析。

效用和边际效用理论是通向真正重要的结论的几种可能途径之一；事实上，除了为我们提供了一个很好的方法，使我们可以用容易理解的方式来描述把经济体系维系成一个整体、并把实际上极容易分门别类的大量经济现象联结成一个统一的体系的各种关系之外，这个理论本身并没有特别重要的意义。或者，换一种说法，效用理论只不过是一个十分有用的启发性假说①，而不是其他什么神秘莫测的东西。但是，无论是瓦尔拉斯还是奥地利学派都不这么认为。与此相反，在他们看来，效用理论就是终极真理，是解释纯粹经济学一切奥秘的钥匙。因此，他们特别强调这一理论；而这种强调又导致帕累托和他那一派的人过分地强调必须反对这个理论。英国和美国的一些经济学家，特别是艾伦（Allen）教授和希克斯（Hicks）教授，也采取了同样的立场，他们非常慷慨大方地祝贺帕累托找到了一个新起点，他们似乎也认为这个新起点是极端重要的。事实上，确实有许多人认为这个新起点构成了帕累托的主要贡献，可以说这已经成了一个相当普遍的"共识"。

从《政治经济学讲义》中的一些迹象可以看出，帕累托从一开始就对瓦尔拉斯的价值理论很不满意。但是他所做的修正，或者是不重要的，或者是没有什么创新意义的，全都仍然处于瓦尔拉斯的价值理论原则的范围之内。关于帕累托做出的不重要的修正，我们只要提一下以下事实就足够了：他用"满足度"（ophélimité）一词来代替瓦尔拉斯所用的"效用"一词，并用"基本满足度"（ophélimité élémentaire）这个术语来代替"边际效用"或瓦尔拉斯所用的"稀缺"（rareté），其理由是，"效用"这个术语会引起很多误解。关于帕累托做出的那些非创新的修正，我想以帕累托的效用和边际效用概念为例来简单地说明一下。他认为，效用和边际效用是消费单位在一个适当选定的时期内所占有或消费的全部商品的函数。帕累托试图用这个概念取代瓦尔拉斯的任何商品的总效用或边际效用只是该商品的数量的函数的概念。这是一个显著的改进，但是它显然出于埃奇沃思之手；不过，我得承认，我有些怀疑埃奇沃思是否完全了解这一改进所带来

① 但是，我希望能够说清楚，第一，我不认为它的启发价值现在已经完全耗尽；第二，正文中的叙述还必须补充下面这个附带条件："只与建立静态均衡的确定性和稳定性的目的有关"。它还可能有其他用处，因此我们难以确定当被用于其他目的时它会不会随时复活。

的理论上的困难。这是因为，在杰文斯、瓦尔拉斯还有马歇尔手中，最终效用程度只是一个普通的常微分系数，但是在进行了这个修正之后，最终效用程度就变成了一个偏微分系数，这样一来，当我们试图证明经济体系的确定性的时候，数学难度就会激增，哪怕我们只是试图在最简化的形式下给出证明。①

然而不久之后（肯定是在 1900 年以前，因为这一年，帕累托在巴黎讲课时把自己的理论观点的转变公之于众了），他就认识到，为了实现自己的目的，必须放弃可度量的效用（基数效用）的概念②，或者说，他认识到，不管为了什么目的，由于欧文·费雪在他的《价值和价格理论的数学研究》(*Mathematical Investigations into the Theory of Value and Price*，1892 年）第二部分中有史以来第一次准确地阐述了清楚的理由，不得不放弃这个概念。为了摆脱由此而导致的困难，他求助于由埃奇沃思首先采用的无差异曲线和偏好曲线。但是，埃奇沃思仍然是从可度量的总效用出发来推导这些曲线的定义的，帕累托却将这一过程颠倒了过来。他把无差异曲线视为给定条件，然而以此为出发点，证明在纯粹竞争的条件下，根据无差异曲线就能确定经济均衡，并且得到与效用完全相同的某些函数——如果存在的话。无论如何，这样确实是有可能得出（序数的）效用指数或者帕累托所称的指数函数的（《政治经济学教程》，第 540 页，注释 1）。

在这里，我得把以下两点说得更清楚一些。第一点是，虽然帕累托是在埃奇沃思首创的方法的基础上进行修正，以便自己运用的，但是他也赋予了无差异曲线一种新的、埃奇沃思的《数理心理学》(*Mathematical Psychics*）一书中没有

---

① 更确切地说，当我们试图证明有且只有一组数值能够满足一般均衡的方程式时，在我看来，只要我们坚持这样的假定：商品的边际效用只取决于该商品的数量，而且在流通中我们只使用“标准计价物”(numéraire)，那么一切事情都会非常顺利。在这种情况下，那些为了证明确定性而必须施加的限制，对我来说从经济学的角度来看是可以接受的。正是因为那些偏微分系数的闯入才导致了真正的困难。

② 古斯塔夫·卡塞尔（Gustav Cassel）在 1899 年得出了同样的结论。他甚至比帕累托走得还要远，声称根本不需要任何效用概念也是可行的。我们在这里不可能详细解释为什么他的这个主张是不恰当的，为什么从他自己简单地假定的市场需求曲线出发进行推理的方法是不能被接受的。但是，为了评价经济思想史上的这一段插曲，我们必须记住一点，在那时，不仅效用理论本身遇到了阻力，而且建立在效用理论基础上的所有成本和分配理论也遇到了很大的阻力，这种阻力有时是由于反对运用不可度量的和无法证实的心理指标而引起的。这种情况在德国和意大利特别突出，但是在其他地方也基本一样。因此，帕累托和其他一些人反对边际效用理论的观点，就与其他一些作者所再三重复强调的普遍论点汇合在了一起（或者至少为后者增添了新的活力）。但是，帕累托本人并不愿意将自己与他们联系在一起。

包含的意义。在帕累托这里，无差异曲线已经完全失去了任何效用含义；效用概念在经济均衡理论中所发挥的作用，现在则由关于这些无差异曲线的形式的特定假设来完成了。这个新的观念就是，以关于可观察到的行为的假设来取代效用假设，从而将经济理论建立在在帕累托看来更加牢固的基础上。当然，有人可能会强调说，尽管人们已经做过不少尝试，可是迄今仍然没有人真正成功地实现这种观察，因此我们不应该沉迷于这样的希望：我们可以根据客观资料将这类曲线全都确定下来，从而得到一张完全的、有经验基础的无差异（曲线）图。因此，我们不妨把这种曲线称为潜在的经验曲线，或者借用康德的术语，称之为“参照可能的经验”的曲线。把这些曲线应用到埃奇沃思当初完全没有想到过的目的上，无论如何都可以算作一项有真正创造性的成就，然而，正如帕累托自己也承认的，我们在上面提到过的费雪的著作中已经预示了这项成就，因此还是不能算是帕累托的创新。

第二点是，帕累托自己的论证表明，他在试图让自己完全从旧效用理论中解脱出来的过程中遇到了一些困难。他一直在注意着可能涉及效用甚至基数效用的那些情况，这些情况的存在——以及随之而来的可积分性的问题——仍然能够使他产生极大的兴趣。说到底，他的指数函数与旧概念之间毕竟存在着不少极其相似的地方。事实上，正如艾伦和希克斯所指出的，在彻底摆脱旧概念这方面，帕累托从来没有完全成功过。他仍然继续使用埃奇沃思关于竞争和互补性的定义以及其他类似的概念，尽管这些概念与他的基本概念并不协调。既然谈到了他的基础概念，我们在这里不妨再补充几句。早在 1902 年，P. 博宁塞尼（P. Boninsegni）就发展和捍卫了这个基本概念。[①]后来，到了 1908 年，恩里科·巴罗内的思想无疑已经超越了帕累托的基本概念的范围（我们在前面已经提到过他那篇重要论文）。在价值理论方面，巴罗内把他的基本假设建立在他所谓的事实的基础上：每个人都根据他所面对的产品和生产性劳务的既定价格，把他从出售劳务获得的收入按照某种特定的方式在消费品支出与储蓄之间进行分配；但是，“关于这种

① 《纯粹经济学的基础》（I fondamenti dell' economia pura），原载意大利文版《经济学家杂志》，1902 年 2 月。

方式，我们将不去分析它的动机”。正如巴罗内所指出的，这样一来，也就剔除了任何与效用或无差异函数有关的概念。关于这个学说的进一步发展，我们大家应该都非常熟悉，因此也就无须我在此详述了。不过，我还是要提一下以下这些论著：约翰逊（Johnson）和斯拉茨基（Slutsky）的论文（这些论文实际上还没有得到大家应有的关注）；鲍利在他的《经济学的数学基础》里的重新阐述（它的影响更大）；以及艾伦和希克斯、乔治斯库-罗根（Georgescu-Roegen）、萨缪尔森（Samuelson）和 H. 沃尔德（H. Wold）等人的论著。如果我们承认现在的情况是“暂时最后的”的情况，那么我们确实必须把费雪或帕累托当作现代价值理论的守护神，向他们致敬。

不过，对于帕累托来说，比“现代价值理论的守护神”更加确切的称呼是，他是“‘新福利经济学’的守护神”。在这个领域，帕累托又一次为他完全不同情——或者，应该不同情——的事业做出了巨大贡献，这是一个有些悖谬的故事，当然也显得有些幽默。从经济学产生的那一天起，公共福利这个术语就在经济学著作中扮演着非常重要的角色，尽管它的定义从来都是很不明确的。人们熟悉的功利主义[贝卡里亚（Beccaria）和边沁（Bentham）] 口号对这个概念的合理化发挥了很大作用，而价值效用理论则似乎能很好地用于补充这个概念；事实也是如此，它很快就被运用到这个方面去了，比如说在税赋领域。由于费雪-帕累托关于无差异曲线簇的理论，已经在实际上摧毁了以基数效用甚至人际间效用（满足）比较为基础的那些理论的基础，因此我们的第一个想法是，这一切都应该被彻底抛弃才对。但是，帕累托不但没有得出这样一个结论，而且马上着手重新研究集体满足度的最大化问题——虽然他看不起我们这个时代的政治人道主义。最后精确的系统性阐述是巴罗内完成的①，但是其中主要的观念还是帕累托的。第一，帕累托观察到，如果按照“价值标准”（标准计价物）计算，获利的那些人能够补偿受到损失的那些人并有剩余，那么任何给定的经济模式的一切变迁都可以说成是用来在完全客观的意义上增进福利或提高集体满足度；从现实的角度来看，这个原则能够解救一些

① 请参阅《集体主义国家中的生产者》，载意大利文版《经济学家杂志》，第 276 页，1908 年（前文中已经提到过这篇论文）。

（但不是全部）经济学家通常忽略的关于福利的观点。[①] 第二，帕累托指出，那些用这种方式仍然无法解救的福利判断，必定是以某种超经济的——例如“伦理”的——考虑为基础的。第三，他还表明，为了证实集体主义国家能够增进在完全竞争条件下实际上可以达到的福利水平，可以使用这个原则。[②] 但是，除了有一些发展以外，这些观点大多是新福利经济学的观点。

帕累托的福利经济学中有一部分是研究生产逻辑的，因此，我们可以非常便利地过渡到对他在纯粹经济领域的第二个伟大贡献——他的生产理论——的讨论上来。[③] 帕累托从决策理论的角度来研究这个问题，并把无差异曲线及其衍生概念（最大利润曲线、完全变换曲线和不完全变换曲线，等等）作为一般工具运用到对生产者的分析中去，从而构建了一个完整的理论结构，其中只有一部分曾明确地出现在当时的文献中。[④] 我们完全可以说，这个结构是我们这个时代的生产的数理理论的基础，或者，至少也是静态的生产的数理理论的基础。特别是这个结构具有高度的一般性，为我们留下了解释一切特殊情况的余地。我们在处理各种特殊情况时，可能不愿意额外强调其中任何一种例外情况：这些“障碍”在刚开始时可能是任何东西，然后又可以转而采取实际生活中经常出现的任何一种形式。所需要的数

---

① 按照逻辑，严格地说，现实中是否真的进行了这种补偿并不会影响这个原则的有效性。在现实情况下，我们可以把经济模式的变迁分为两类：符合这个原则的、改善了集体满足度的那种变迁；不符合这个原则的、发生了从损失者到获利者的转移的那种变迁。即使如此，我本人还是不愿意以福利经济学拥护者的姿态出现，说这种原则不会因为人们反对使用基数效用或反对进行人际间的满足度比较而无效。还有许多其他更重要的反对意见，其中特别重要的一种反对意见是，这种“客观的”福利意见只考虑了当前的影响，但是忽视了一切其他的影响。

② 在我看来，《政治经济学教程》第 363 页的最后一句话，似乎预示了霍特林教授（Professor Hotelling）在《一般福利和赋税问题以及铁路与公共事业收费率问题的关系》（General Welfare in Relation to Problems of Taxation and of Railway and Public Utility Rates）那篇论文里提出的理论（《计量经济学》，1938 年，第 6 期）。一个经常提起的老问题是，如何将这个原则运用于铁路工业：在成本递减的情况下，制定能够补偿边际成本的价格，并利用一些其他的方式来支付固定成本（如帕累托所说的），可以使福利达到最大限度。据我所知，这应归功于劳恩哈特（Launhardt），他根据这一原则推论说，铁路投资“永远”不应当交给私营企业去进行［参阅《政治经济学的数学基础》（Mathematische Begründung der Volkswirtschaftslehre），1885 年，第 294 页，以及更早的其他论著］。

③ 特别请参阅《政治经济学教程》，第 3 章第 74～82 段及第 100～105 段、第 5 章和附录的第 77～107 段。

④ 但是，如果我们把“明确地”这个词去掉，那么帕累托的生产理论将会有更多的部分应当归功于他同时代的其他一些经济学家，甚至他的前辈，特别是应当归功于马歇尔。

量不随产量增减而增减的那些生产要素、由工艺决定每单位产量所需要耗用的数量的那些生产要素、“补偿的”要素以及其他要素，等等，所有这些要素都在一个从理论上说已经很完整的可能要素一览表中占据了自己的位置。在评价这个成就时，我们必须记住，帕累托关心的主要是如何概括和改善他的伟大前任（瓦尔拉斯）的工作。另外，我们还要记住，他的纯粹理论贡献大体上可以划分为两部分，一部分以《政治经济学讲义》为巅峰，另一部分以《政治经济学教程》为巅峰；除此之外，他为《数学科学百科全书》（第1卷，1911年）撰写的那篇论文也提供了一些次要的理论观点。

在帕累托之前，瓦尔拉斯已经基于固定生产系数——每单位产出量的固定的（平均）投入量——假定，详细阐述了他的生产理论；这并不是因为他相信这是唯一可能的情况，也不是因为他相信这是一个非常重要的问题，而是因为他认为自己所采用的简化方法是正确的。[①] 他对于涌向他的各种各样的以私下方式提出批评的回应是：“跟着我走的经济学家们可以根据他们的喜好，自由地、一个接一个地插入一切的复杂情况。我认为，只要这样，他们和我就能够完成我们有责任去做的所有事情了”（《纯粹政治经济学要义》最终确定版，第479页）。到此为止，我们还不能说帕累托除了采纳了瓦尔拉斯的建议之外还多做了什么。此外，当《政治经济学讲义》问世时，瓦尔拉斯根据1894年从巴罗内那里得到的启示，已经采用了可变系数[②]，虽然他没有对生产理论的基本内容进行修正。同年（1894年），威克斯蒂德的《论分配法则的协调》（*Essay on the Coordination of the Laws of Distribution*）发表了。说到底，生产的可变系数在任何意义上都算不上什么新奇的事物，杰文斯、门格尔与马歇尔曾经对此进行过论述。帕累托的《政治经济学讲义》只是重新优雅地阐述了一遍，并补充了为什么既不能把补偿系数看作唯一的情况、也不能把它

① 这位最伟大的理论家也会持有这种观点，这实在是一件很奇怪的事情。因为，第一，这种简化导致了分析上的困难，因此可能使人们怀疑这种简化到底是不是真正意义上的简化；第二，它使理论与现实之间出现了一道鸿沟，这道鸿沟是如此之大，以至于人们怀疑运用它所得到的结果是否有任何实际用处。

② 这个修正是在他于1896年发表的一篇随笔里做出的，这篇文章后来重印于《纯粹政治经济学要义》的第三版。但是在第四版（1900年）的第36章中，瓦尔拉斯给出的那个完全成熟的边际生产力理论却是以一种容易受到批评的形式出现的（原因有很多），其后又经过修正，最后在他去世之后，于1926年发表了最终版。关于这一点以及关于帕累托晚期的理论的一个很有价值的说明，请参阅舒尔茨（H. Schultz）的论文《边际生产力和一般价格形成过程》（Marginal Producivity and the General Pricing Process），载《政治经济学季刊》（*Journal of Political Economy*），1929年10月。

看作最基本的情况的若干理由，而且并不是所有的理由都是令人信服的。

当然，无论我们是否把“边际生产力理论”这个词语限定在这种情况上①，这都只是一个术语学上的偏好问题。帕累托曾经把它限定在这种情况上，但是在《政治经济学讲义》发表以后的那些年内，他对这个术语的“敌意”不断增加，最终宣布它肯定是“错误的”。很显然，他认为自己已经驳倒了或者已经超越了它，就像他觉得自己已经驳倒了或者超越了边际效用理论一样。帕累托的成本理论也非常出色；这个理论把教科书中的成本理论从它们所处的危险境地中拉了出来。这些教科书中的成本理论认为，在纯粹竞争的完全均衡情况下，价格应当等于边际成本，同时，总收益应当等于总成本；帕累托使我们能够对这个说法进行检验。② 因此，只要生产的合并是经济方面的考虑的结果——而且经济学家的任务就是要说明经济方面的考虑——那么帕累托的理论与正统的边际生产力理论相比，差别并不太大。但是，帕累托还教导我们，应该怎样处理因为工艺和社会的限制而造成的一些偏离正统的边际生产力理论的情况。而且，与在其他地方一样，他在这里也做了另外一件事情：指出超越自己的方向。

三、帕累托这个社会学家

经济学家总是习惯于“侵入”社会学领域，这没有什么值得惊奇的。这是因

① 这样做的主要理由是，这是教科书的一种传统。这种传统只考虑一类特殊的生产函数。在这些函数中，产品数量只取决于“替代的因素”；最后推导出来的定理则是，在纯粹竞争的完全均衡情况下，每一单位生产要素所获得的补偿等于实物边际生产力乘以产品的价格。但是，如果我们承认存在可能产生与这一定理不相符的结论的其他“限制性因素”，或者更一般地说，如果我们承认存在着对生产函数的各种限制，那么，我们就没有离开边际生产力理论的范围。请参阅 A. 史密塞斯（A. Smithies）的论文《生产函数与效用函数的界限》（The Boundaries of the Production Function and the Utility Function），载《经济学探索：为祝贺 F. W. 陶西格而征集的论文集》（*Explorations in Economics*，*Notes and Essays Contributed in Honor of F. W. Taussig*），1936 年。

② 利用这个机会，我们再来谈谈帕累托的地租概念。这个概念产生于上述两个条件（总成本等于总收益；以及，价格等于边际成本）不相容的情况下；特别是产生于当储蓄转化为某种资本货物过程出现了困难的情况下。这个地租理论在今天已经在一定程度上复兴了。它有可能会帮助我们走向一种改进的摩擦理论，但它很难再产生其他的作用了。

为，经济学家的一大部分研究工作——实际上是他们关于规章制度和促成经济行为的力量所要说明的全部内容——不可避免地与社会学家的研究工作相互重叠。由此而导致的一个结果是，在经济学与社会学之间出现了一个无人涉足或人人都涉足的领域，我们可以方便地把它称为经济社会学。实际上在每一部经济学著作或经济学教科书里，人们都可以找到一些来自这个领域的或者很重要或者都不那么重要的因素。但是，除此之外，许多经济学家，特别是那些给经济学下过相当严格的定义的经济学家，也都进行过真正意义上的社会学研究。亚当·斯密的《道德情操论》（*Moral Sentiments*）和维塞尔的《权力的法则》（*Gesetz der Macht*）就是两个非常显著的例子。不过，在伟大的经济学家的行列中，很少有人像帕累托那样，把他的大部分精力都用在了那种初看起来似乎是"业余工作"的社会学研究上。也很少有人像他那样，由于在这个领域内所做的工作而享有国际声誉。但是，描述他在社会学领域的成就的特点并加以评论是不容易的。一些人对他热烈膜拜，而另一些人则对他无比敌视，这两种截然不同的态度都是可以理解的；但是我们不必十分认真地对待这些极端看法，因为在大多数情况下，两方面意见都包含着非常明显的非科学的因素。虽然为了描绘出一幅令人满意的完整的"图画"，我们似乎有必要全面考虑帕累托的比较次要的著作和他发表在报纸上的大量文章，但是事实上，我们并不需要超出《社会主义体系》（*Systèmes socialistes*）、《政治经济学教程》（特别是其中的第二章和第七章）和《普通社会学》这三本书的范围。

让我们从帕累托社会学的两个十分明显且不难描述的特点开始讨论。第一，虽然帕累托这位经济学家在漫长的一生中接触过大量非常具体的实际问题，但他的纯粹科学贡献却是在最抽象的经济逻辑领域内做出的。因此，我们完全可以理解，他愿意并且实际上需要在他的纯粹理论之塔旁边，再建成一个建筑物，以便为另一类事实和论证提供一个"栖身之地"。这些事实和论证有助于回答这样的问题：他的纯粹经济理论所处理的各种因素如何能在实际生活中实现。第二，我们看到，在帕累托的早年，至少当他在意大利生活的那个时候，他就已经对关于经济政策和一般政策的辩论产生了强烈兴趣。作为天生的思想家，他一定被理性论证的软弱无力所触动，而且一定会产生这样的疑问：究竟是什么东西决定了政治行动以及国家和文明的命运？此外，我们也完全可以理解，一旦他专心致志地开始思考，这个问题就会从一些容易和肤浅的答案——当我们只知道埋头于日常工作时，都倾向于给出这类答案——的包围中脱离出来。帕累托试图把这个问题提高到科学分析的层面上来。这也就等于说，从根本上看，他的社会学是一种有关政治过程的社会学。当然，我们需要明白，帕累托生活的那个时代的政治过程其实只是一个特例，但是这个人所做的、所想的或感觉到的每一件事情，以及他的一切学术创作和他对学术创作的态度，却是无论如何都必然会发生的。但是，在那个时候，就是这个特例使帕累托着了迷，为了解释它，他建立和装饰了一个庞大的理论结构。

接下来，我们将仍然在相对来说比较容易考察的范围内讨论他所用的方法。帕累托本人再三强调指出，他只是将自己曾经用在经济理论上的“逻辑—实验的”方法，用来分析“凭实验”可以检验的社会生活的其他方面的现实，从而让他自己在这些方面也像在任何其他方面一样，都能够以物理科学为榜样进行研究。当然，这完全是一种幻想。例如，人们很容易看到，他大量地、不完全恰当地运用了心理学的解释，而物理学家是绝对不会做类似的事情的；而且他所利用的资料更像是观察的产物而不是实验的产物——从方法论的角度来看，这两者存在着根本性的差异。我想，当他阐述他的程序规则时，他真正要强调的只是一种哲学家的超然态度——不要使自己与任何党派、利害集团和信仰完全一致。这种超然态度的可能性会导致一种众所周知的基本困难，但是帕累托并不适合去克服这种困难，因为他没能看到它。事实上，他运用了两种不同的分析图式。第一种可以称为社会形态学图式，它确实需要引用许多事实材料，这些事实材料至少要经得起观察的检验，因此类似于解剖学和生物学中的事实材料。第二种可以称为社会心理学图式。毫无疑问，这两种图式都可以通过历史的和当代的事例加以说明，或者甚至在某种程度上可以因此而得到证实，但是它们显然都不是用“逻辑—实验的”方法从历史的和当代的事例中推导出来的。这两者都是帕累托对于社会过程的高度个人化的想象或愿景的反映，而这种想象或愿景与帕累托的出身背景、实际经历以及愤怒情绪有很大的关系。社会形态学图式与达尔文的物竞天择学说相类似，社会心理学图式则与塔尔德（Tarde）、涂尔干、列维-布留尔

(Lévy-Bruhl) 和雷布托 (Th. Ribto) 的理论有相似之处。这些都是很明显的。至于这两种图式与本文第一节中提到过的批评议会民主制的所作所为的那种思潮的关系就更加明显了。这种思潮是反理智主义的、反功利主义的、反平等主义的，而且按照这些术语所确定的特定含义[①]，是反自由主义的。但是，从这些材料中，帕累托凭自己的力量创造出了一些只属于自己的东西。[②]

社会形态学图式的核心是这样一种主张：任何一个社会都包含了大量的异质成员（个人或家庭），而且社会是根据成员的能力的社会作用组织起来的。在由盗贼组成的社会里，就假定极度不相等的偷窃能力决定了社会的等级，进而影响到这个社会的政府。帕累托似乎认为，这些能力虽然会增强或减退，但基本上是天生的，虽然他几乎没有去努力证明过这一点。然而，虽然这些能力连续地分布在全部人口中，但是它导致了阶层的形成，"较高的"阶层拥有各种手段，能够巩固自己的地位，并把自己与"较低的"阶层分离开来。因此，在最底端的阶层里，就会出现较优越的能力不断积累的趋势，但是拥有这种能力的人却被阻止上升到更高阶层。同时，在最上等的阶层里，即在贵族们或精英们当中，能力由于不使用而出现了逐渐减退的趋势。这两种趋势发展的结果就造成了紧张的局势，最后，原来占统治地位的少数人将被另一批（将要）占统治地位的少数人取代，而后者则是从下层社会的优秀分子中涌现出来的。然而，这种精英循环过程并不影响占统治地位的总是少数人这个原则，也不能使任何特定社会更接近平等的理想社会，虽然平等主义的哲学或口号就是在这种斗争过程中产生的。帕累托宣称人类历史基本上是一个上层阶级取代另一个上层阶级的历史，他所用的措辞使人想起了《共产党宣言》中的第一句话（《政治经济学教程》，第 425 页）。

---

① 这一附带条件是极其必要的，因为"自由主义的"一词还有其他各种含义，其中只有一种含义比其他任何词语更能说明帕累托的立场。同样地，在某种意义上说，我们可以恰当地称他为伟大的人道主义者，但这不是可以运用于那种"在智慧和薄弱的意志方面都堕落的个人"身上的那种意义（《政治经济学教程》，第 130 页）。

② 非常有启发意义的是，我们观察到，当从相同的事实和同样的直觉出发的时候，不同的人却可以得出极不相同的结论。格雷厄姆·沃拉斯 (Graham Wallas) 是一位正统的英国激进主义者和费边主义者，但是他在《政治中的人性》(*Human Nature in Politics*) 一书中所描绘的画面一点也不比帕累托的画面更能迎合政治民主的口号。

但是，他这部分论述非常简略，从而给他的读者留下了非常多的“窜改”机会，因此我完全不敢肯定我对他的思想的阐释是否完全公正。然而无论如何，我不得不进行这种尝试，因为要恰当地评价他的社会心理学，这些阐释是必不可少的。

帕累托的社会心理学图式集中关注非逻辑的行动这个概念（不过不一定是不合逻辑的）。这个概念承认如下众所周知的事实——这些事实特别为经济学家所熟悉——我们人类日常生活中的大部分行动并不是根据合理的观察结果进行合理的推理的结果，而只是习惯、冲动、责任感、模仿意愿等所导致的结果，虽然其中许多行动在事后可以被观察者或行动者进行令人满意的合理化。到此为止，帕累托的社会心理学中还没有什么东西是人们不熟悉的。人们不熟悉的是他的第二步，即他特别强调的另外一些事实：许多行动——我们还得马上补充说，许多信仰——都以经不起科学分析的方式，被行动者和观察者合理化了；而且更加重要的是，有些行动和信仰原本是根本不能用任何经得起科学分析的方法加以合理化的。如果我们再深入到第三步，那么上面所说的第二步对于政治过程的社会学的重要性就会凸显出来：帕累托认为，形成政治过程的全部行动和信仰大多数都属于上面最后提到的这种类型。他说，社会契约观念是我们大家都能够同意的例子，或者卢梭（Rousseau）的共同意志理论也是我们大多数人都能够同意的例子。按照帕累托的说法，实际上，在选民集体意志中占主导地位的所有行动、原则、信仰等等，全都属于这一范畴。《普通社会学》一书的大部分篇幅都用于阐明这个问题，他所说的东西往往是很有趣的，有时也很有启发性。

我们要强调这一点，甚至比帕累托本人更要强调这一点，这是符合我们的宗旨的。社会过程特别是政治过程的可以意识到的表层是由思想和概念结构构成的，但是这些思想和概念结构全都不具备任何经验有效性。与它们相关的各种概念，如自由、民主、平等之类，全都像史诗《伊利亚特》（*Iliad*）中分别帮助希腊人和特洛伊人的众男神和众女神一样，不过是想象中的事物，把它们联系在一起的，通常是一些违反逻辑规则的论证。或者换句话说，从逻辑的观点来看，它们纯属无稽之谈。这样一来，帕累托就提出了一种与杰里米·边沁的政治哲学完全相反的政治哲学。然而，我们必须看到，尽管对政治神话（索雷尔语）做出了这种诊断，但是这并未导致帕累托忽视这类逻辑上的无稽之谈在国家生活中可能发挥的作用。在完成了一种从本质上说严格的实证主义分析之后，他却拒绝做出对实证主义者而言似乎是再明显不过的结论。虽然政治信仰和社会宗教——在帕累托看来，两者之间几乎没有什么区别——可能导致文明的瓦解，但是，它们也可能有助于充满活力的文明的有效组织和行动。这是一个彻底的实证主义者所采取的极其奇怪的态度，在将来的某个时间，它或许会被当作一个突出的范例，被用来说明一个时代的精神状态；这种时代精神摧毁了一种类型的形而上学信念，但同时又引进了另一种类型的形而上学信念。这不禁使我想起了我听说过的某些心理分析专家对某些病人的忠告，那就是，为了获得可能有的医疗效果，劝告病人“要信上帝”，以此来培养一种人为的信仰。当然，认为社会的和政治的信条在经验层面上没有任何重要意义，与承认其中有些信条可能有利于社会的团结和效率，这两者之间并没有矛盾。但是，社会哲学家要是因此就劝告人们采取后一种态度，他就会陷入与那些心理分析专家一样的困境：只要他的分析被接受了，那么他的忠告就一定是无效的，因为没有任何虚构的上帝可以被依赖并帮助病人；而一旦他的劝告被接受了，那么他的分析就必然被拒绝了。

帕累托把我们想象力创作的事物称为派生物（dérivation）。我们在上一段中所评述的理论表明，这些派生物也是推动历史过程的因素，因此并不是必定不重要的。然而帕累托的总体看法却是，这种重要性相对来说是很小的；实质上这些派生物所起到的作用只是，把极其接近于决定实际政治行动和一切非逻辑行动的更基本的因素，用语言表述出来。现在假定，如果我们从集团利益的角度来给这种更基本的因素下定义；再假设，如果我们进一步用社会生产组织内各集团的社会地位来给这种集团利益下定义，那么至少可以说，我们会非常接近马克思对这个问题的看法。而且事实上，在这一点上确实存在一个极其类似的地方，我认为这是必须强调指出的。实际上，如果我们采取这样的推理方法，那么，在马克思的政治社会学与帕累托的政治社会学之间就只剩下两个主要的不同之处了。一方面，帕累托明确强调的一个因素只是非常含蓄地表现在了马克思的分析中，即对一段实际的历史进程的解释具有重要意义，对特定社会所表现出来的社会灵活性（有可能较高，也有可能较低）的解释也具有重要意义；或者换句话说，存在着最优社会流动性或纵向社会流动性这个事实是重要的，存在着对这种社会流动性的阻力这个事实也是重要的，因为阻力能够比任何其他事物都更好地保证那种可以被称为政治变迁稳定性的东西。另一方面，在帕累托看来，历史过程不是社会各阶级全面冲突的结果，而是各个统治集团之间的冲突的结果。为了认识这一点，我们只要回想一下上面对帕累托的社会形态学的概述就足够了。必须承认，这两个差别正是帕累托社会学的成就的表现，不过与此同时，我们也应该认识到，它们只不过是对马克思主义的阶级斗争理论的修正性的改良罢了。我还可以补充以下事实：财产关系本身在帕累托的分析中远不如在马克思的分析中那么显著，而且这一点也构成了帕累托的分析方法的优越性；当然我们也很容易看出，这一点实际上已经包含在了前面两点之中。

然而，实际上帕累托并没有把他的分析方法贯彻到底。在他看来，一组幻想（即他所称的“派生物”）与实际行为的客观决定因素之间的联系，是由被他称为“剩余物”（résidus）的一种东西提供的。为了简明起见，我把这里所说的“剩余物”定义为人类常有的一些冲动；当然，我很清楚，这种定义可能以不太引人注目的方式复兴了旧的“本能班底”心理学，因此可能要冒被人指责对帕累托不公正的危险。不过这可以暂且不论。我们不需要讨论帕累托拟定的清单——它包括了结合的本能、性冲动等项目——特别是因为帕累托本人对这个清单似乎也不太满意。我们只需要将针对这类程序的那些明显的方法论上的反对意见指出来就足够了。即使对帕累托的“剩余物”、对它们的联合及持久性的“规律”的分析比现在更令人满意，它们也仍然只是问题的标签，而不是问题的答案；而且帕累托并不具备进行那种专门研究的条件和装备。也正因为如此，帕累托的研究工作对专业的社会学和社会心理学没有产生多大影响，而且专业的社会学家和社会心理学家也不觉得他的整体理论结构是伟大的。[①] 这个结果是完全可以理解的。

但是，这些缺点以及其他缺点都不是决定性的。帕累托的作品不仅仅是一个研究纲领，也不仅仅是一种分析。帕累托提出了一个基本原理：关于个人、集团

① 塔尔科特·帕森斯（Talcott Parsons）教授对帕累托的社会学理论的分析，在英美的社会学文献中几乎是无与伦比的。

和国家实际上所做的一切，必须超越信条和口号，从更深层的事物中寻找解释，因为信条和口号只是用来描述行动的。通过这个基本原理，帕累托为现代人——尤其是我们经济学家——上了极其珍贵的一课。我们在讨论政策问题时习惯于按照表面价值接受我们这个时代乃至过去时代的口号；我们会正儿八经地进行论证，似乎 18 世纪边沁功利主义者的信条真的是正确的；我们不肯接受政策就是政治的事实，并且不承认政治的本质；我们培育了很多低质的东西，并尽力去压制一切有力量、有生气的东西。在这样的情况下，不论帕累托的见解如何片面，它仍然是一片非常有益的解毒剂。他的社会学与他的经济学不一样，它不是第一流的理论成就，它是一种完全不同的东西，是一种布道的尝试。

欧根·冯·庞巴维克*

(Eugen von Böhm-Bawerk)

(1851—1914)

今天，庞巴维克这位伟大的大师已经永远离开了我们。即使是那些在私人关系上和科学工作上与他交往甚密的人，恐怕也没有一个人能够描述我们大家的心情是何等地沉重。没有任何言辞可以表达出他对我们有多么重要。我们当中几乎没有人能够接受以下这个事实：从今往后，将会有一道无法穿透的屏障横在我们与他之间，将我们与他的思想、他的鼓励、他的批判性指导无情地隔开；我们将不得不在得不到他的帮助的情况下继续走完前面的路。

概述他一生的科学成就，并不是一件容易的事情，我很担心自己会心有余而力不足。也许进行这个工作的适当时机还没有到来。这座思想的大山仍然离我们太近，聚讼纷纭的争论留下的尘雾也依然太过浓重。因为他不仅是一位具有创造性的人物，而且是一个斗士——

* 这篇文章原来题为《欧根·冯·庞巴维克的生平科学事业》(Das wissenschaftliche Lebenswerk Eugen von Böhm-Bawerk)，发表于德文版《国民经济、社会政策和行政管理杂志》(*Zeitschrift für Volkswirtschaft*，*Sozialpolitik und Verwaltung*)，第23卷（1914年），第454～528页。它是由赫伯特·K. 查森豪斯（Herbert K. Zassenhaus）博士节译成英文的。查森豪斯曾经在波恩大学跟随熊彼特教授学习过经济学，后来又曾经在哈佛大学担任熊彼特的研究助理，现为科尔盖特大学经济学副教授。

直到他生命的最后时刻，他始终是我们的科学中一股生气勃勃、强大高效的力量。他的工作不属于一个时代，也不属于一个国家，而是属于全人类。只有当我们大家都离开这个领域很久之后，经济学家们才会完全理解他的真正才华以及他产生的全部影响。

也许，在一定意义上，对他最敬爱的人是最不适合进行这一工作的人。如果我在描述他的生平事业时未能始终保持冷静客观的态度，或者，如果读者在下面的叙述中发现了任何出于真挚热爱的溢美之词和出于哀悼的追思，我只能深感抱歉。作为一个拥有无限人格魅力的人，作为一个由于贡献巨大而得到了生活的丰厚回报的人，作为一位伟大的思想家，庞巴维克不需要任何称颂与悼念——他的伟大足以使他在没有任何帮助的情况下就屹立如山，并且能够经得起一切的批评。当然，对于我们来说，采取任何其他的态度都是不可能的。

尽管如此，从这样近的距离做一次粗略的描述无疑也是有一定的益处的。理由在于：虽然许多具有决定意义的事情目前尚无定论，但是还有许多其他事情我们仍然记忆犹新，而对于将来记录我们这门科学的历史的经济史学家来说，这些事情都将成为遁入逝去的世界的幕布之后的往事，不可再追。我们的优势就在这里。我们了解这个人，了解他工作的具体环境，了解他研究的领域，了解他要阐述的问题在他的著作中展开的特有方式，也了解他用来铸造理论的材料。对于所有这一切，最接近他的人了解得最多。一切高峰都必定是寂寥的。无论是哪一门科学，把它的现在与它的过去（哪怕是最近的过去）分隔开来的真空都正在迅速地扩大，越来越多的从事科学研究的同事很快就会弄不清楚许多详情细节，而要想理解得更加深入，这些详情细节是必不可少的。

在本文中，我将只讨论作为一位科学家的庞巴维克。但是，他这个人的剪影无论在什么地方都是一样的——在他生活的宽广轨道所涉及的所有领域里，他的脉搏的每一次强力跳动都留下了它的痕迹。在每一个领域里，我们都会遇到同样杰出的人格、同样伟岸的形象；他就像一尊由一种金属一次浇铸而成的塑像，无论我们从哪个角度去看，都是完全一样的。众所周知，他不仅是他那个时代的科学生活中最卓越的人物之一，而且是当时凤毛麟角般的卓越政治家的典范，是一位伟大的财政部长。他的名字与卓有成效的立法活动、奥地利财政管理的优良传统，还有奥地利金融政策最成功、最辉煌的时代密不可分地联系在了一起。他在政治上的成就与他的科研成就具有同样的特征。作为一位科学家，他在最困难的条件下选择了最艰巨的任务，从不考虑能否获得赞扬或取得成功。作为一名公务员，他勇敢地承担了最艰难的、最吃力不讨好的政治任务，即捍卫健全的财政原则的任务——这项任务在任何一个国家都是非常艰难且吃力不讨好的，即使在消息灵通的公共舆论能够保护政治家的地方，即使在政治家能够得到某个强有力的政治组织支持的地方，即使在公众的理想是捍卫国家民族的利益并且“国家需要”这个口号总能成为胜利的同盟军的地方，也是如此。而在奥地利，这个任务尤其困难，几乎非超人无法完成。然而，正是自始至终地凭借着同一种高超的能力，同一种创造性和建设性，同一种对于现实和可能性的清醒的认识，同一种能够满足任何任务需要、保证自己轻松自如地应对任何困难而永不倦怠、永不怀疑自己、永不丧失力量的永远旺盛的精力，同一种冷静，同一把锋利的手术刀（因为这位伟大的争论者也是一位可畏的辩论家，许多反对者都给予他最高的敬意，即对他高挂“免战牌”），他才在政治上取得了胜利，就像在科学研究上取得胜利一样。他在政治上和在科学工作中表现出了同样的特点：同样的自我克制和深入细致，同样的令他的下属们和学术上的追随者们深深感动的高度责任感，同样的洞察人世的能力却又完全不摆悲观主义者的冷漠超然的姿态；他战斗而不讽刺，克己而不软弱，一贯坚持着自己纯朴而伟大的人生规划。因此，他的一生是一个圆满的整体，是一个灵与肉合一、从不迷失方向的人格的充分展开，在任何地方都能凭借自身的分量来证明自己的优越性，完全不需要一丝一毫的做作。这是一件艺术品，它的外形简洁而纯正，但是却有着温和而含蓄的、只属于它自己的、无穷无尽的魅力。

二

庞巴维克毕生的科研事业构成了一个统一的整体。就像在一部优秀的戏剧里，每段台词都能推进剧情的发展一样，庞巴维克著作中的每个句子都是他根据自己头脑中早就成形的清晰的目标写出来的，因此都是鲜活的有机体中的一个细胞。这里没有徒劳无益的尝试，没有犹豫不决，也从未偏离方向；一切次要的、仅仅属于一时的成就，都被冷静地放弃了。在一般作家的生平著作中占很大一部分的是由于一时冲动而写成的短篇作品，即由于外界的刺激而写出来的作品，它们实际上没有多少实质性内容，因为本身只不过是为这里或那里的日报撰写的短篇文章而已。庞巴维克也为报纸撰写文章，但是他的“报纸论文”都是有自己的特性的，它们总是服务于某个特定的、明确的目的，它们绝不是文学的或者科学的消遣之作。在这里，一个为伟大的任务而奋斗的、充满活力和创造力的人的优势活生生地展现在了我们眼前。这是一个有着清晰而冷静的头脑的智者所拥有的优势；由于强烈的知识分子责任感，他能够排除各种各样的临时性干扰。他的完整的人生规划全都圆满地实现了。现在，他的毕生事业就摆在我们面前，浑然一体，完美无缺。他的人生道路的启迪意义是完全不容置疑的。

极少有人能够像他那样清晰地知道自己要做什么。这也正是为什么他的理论这么容易阐述的原因。他是一位理论家，天生就擅长观察事物之间的广泛联系并阐释其中的主要关系；天生就能直觉地但又牢固地抓住各种逻辑必然性的线索；天生就懂得享受从事理论探索工作时发自内心深处的愉悦。同时，他又是一个创造者，一位思想建筑家，对他来说，那种琐碎的小任务，例如向普通人传授一般的科学知识，无论怎么千变万化，都无法令他满意。虽然他肯定是我们学科曾经拥有的最伟大的批评家，但是他的批评工作从来都只是为扫清他前进道路上的障碍而服务的，是用来支持他的真正重要的创造工作的；这种批评工作本身并不是目的，而只是一项次要任务，尽管在它的精辟、它的范围、它的细致入微等方面，无疑都是极其突出的。

当这位学者开始致力于研究社会经济过程时——这大约发生在他 24 岁的时候——他很快就下定决心选择卡尔·门格尔的理论作为自己的出发点。他始终认为自己是门格尔的同盟者，而从来没有试图去创立一个不同的学派。他选定的研究道路是，首先，遵循门格尔创立的结构并继续探索这个结构，然后穿越由经济学中从来都没有得到解决的一些最重大的问题组成的丛林，再继续去攀登新的高峰；当他登上了顶峰之后，终于将自己的新思想和门格尔的理论合二为一，并凝练为一个紧凑的结构，最终形成了一种关于经济过程的综合理论。在精心打磨、详尽阐明这个结构的过程中，他长年坚持不懈地努力着；为了这个结构，他奉献出了自己全部的卓越的才华和无尽的精力。在这方面的全身心投入，终于使他成了从古至今所有时代最伟大的五位或六位经济学家之一。他给我们留下了一个兼容并蓄、无所不包的关于经济过程的理论——无论是以古典经济学家，还是以马克思为标杆，这个理论都称得上有史以来最伟大的关于经济生活的分析之一。他的理论是以门格尔的理论为基础孕育构想的，然后从一个在他看来一直没有得到解决的问题的角度展开。这个问题就是利息问题或资本的净回报问题，它是经济学最困难、最重要的问题。虽然很难让一般公众明白，为什么对一个如此普遍的现象进行解释会成为一项极其错综复杂的任务，但是几个世纪以来，所有的经济学著作都没有给出一个令人满意的答案，这个事实本身就足以证明它的困难了。这个问题的重要性源于这样一个事实：我们对资本主义的性质与意义的几乎全部认识，以及我们对资本主义的性质与意义的总体立场，全都取决于我们对利息和利润的意义和功能的看法。在庞巴维克之前，只有马克思完全理解这一点。因为马克思的体系的科学核心就是关于利息和利润的理论，而不是任何其他东西——其他东西或多或少都是从这个核心推论出来的。

庞巴维克所处的学术环境（他注定要在其中寻找自我），是理解他的主观成就和这个成就的客观形式的第二重要的因素——仅次于他的个人秉性。那种环境对于一个见识渊博的科学家，对于一个拥有像李嘉图那样的智慧的人，特别是，对于一个天生具有严谨理论家的气质的人，其实是非常不利的。门格尔就需要面对一大群反对者；虽然他的坚毅形象在人群当中是鹤立鸡群的，但是人们对理论研究工作的目的终究完全缺乏理解。为了理解这一点，我们必须记住，经济学是一门非常年轻的学科，甚至还没有完全脱离它的幼稚状态；在此之前经济学只经历过一次真正的繁荣，而且那并没有发生在德国。相反，在德国，自然女神赐予庞巴维克的思想上的分析倾向，从来没有得到过坚定的支持，从来都是显得陌生而不受欢迎的，并且肯定从来没有被人们真正理解过。我们还必须记住，德国经济学家的兴趣集中在社会改革上，他们关心的是实际问题以及行政管理方法问题；如果说还存在纯粹的科学兴趣，那也完全是关于经济史方面的。在这里，理论家是绝对没有用武之地的；大多数经济学领域的专家都缺乏理论训练，他们带着偏见和轻蔑的态度去看待带有分析性质的理论成就，也没有能力去评价这种理论成就；不仅如此，他们甚至无法对一个理论的逻辑一致性形成独立的意见，更不用说去理解这个理论的重要性或者去判断作者主观方面的学术成就了。

只有把这一切都牢牢记在心里，并且熟悉与抽象思维的每一次尝试相匹配的贴切的语词，我们才可能理解那些有头脑的理论家的境况和他们的许多行为——如果不是这样，那么他们的行为在研究“精密科学”的人看来，就常常会显得非常奇怪。这也就解释了，为什么会出现那么多的重大争论；为什么在分析的道路上，每前进一步都会遇到障碍；为什么在理论论证的每个新的转折点上，都必须从所研究问题的最基本的因素开始重新叙述——这是因为，如果不这样做，就没有几个读者能够跟得上了。这也解释了，为什么要不惜代价地对每个细节精雕细刻。在那个时候——而且从某种程度上说，甚至在今天也是一样——每个理论家都只能依靠自己，而且随时都有被误解的危险。用来建造他的理论体系的每一块砖头，他都必须亲手烧制；对于自己的读者，他只能假定他们通常都会倾向于误解自己的思想——这无疑十分危险。当然，更美好的未来应该能使他很快忘掉这一切。现在从事精密科学研究的科学家们，肯定完全无法想象如果自己处在这种环境中会发生什么。比如说，一位数学家肯定无法想象，当他在变分学领域大展拳脚之前，必须首先解决好读者可能会对最基本的四则算术规则产生误解这个问题。把这一切记载下来，使将来的人们也能了解这种情况，这是我们这些与那个时代相距很近、足以理解那个时代的当代人的任务。这是对经济学领域中一切伟大的斗士与改革者进行公正的历史评价的一个必不可少的基本因素，也是理解他们的必要条件。有的人在评价科学领域中的拓荒者的时候，经常会忘记他们是打头阵的人，而作为评价者的自己则是站在他们肩膀上的。

庞巴维克的成功来之不易。在很长一个时期内，他似乎不如他的同事们那么成功，但是事实上，那些同事的成就与他的成就完全无法相提并论；它们需要用放大镜，才勉强看得见。庞巴维克的困难在于，他在给出自己所研究的主要问题的答案之前，首先得向学术界说明这个问题的性质是什么——事实上，对许多人来说，他甚至还要证明，这个问题是确实存在的。他必须在长时间的论战中捍卫自己的体系的基础；他发现自己面对着一群反对派，他们认为对一大堆孤立的事实进行抽象的研究这种做法在方法论上是行不通的。当时，他既没有多少在这方面志趣相投的学生，同时在很长时间内，也没有将一群科学家吸引到自己周围或者培养一批自己的追随者的可能性。然而，这反而使他的研究成果更引人瞩目。而且，他完全是依靠自己的书面论证的力量取得这些成果的，他没有卖弄辞藻去追求文字上的成功，没有利用公共舆论，没有利用新闻媒介进行宣传，没有依靠学术界的关系——总之，没有用过任何不符合科学事业的最高理想的手段，尽管这种手段在特定的场合下也许是必需的、情有可原的。同时，他也没有给他人留下苦涩的记忆，也从未陷入个人争论。

但是，庞巴维克作为研究院的领导人从事平静的、富有成效的教学活动的时间只有短短的十余年，即 1904—1914 年，那是在他三次担任奥地利财政部长之后。1880—1889 年，庞巴维克任教于因斯布鲁克大学，他的目标是培养一批以理论经济学这个特殊领域为毕生事业的追随者，相对于这个目标，那里的学术环境显然太狭窄了。特别是，那时还只有法律系，学生们原来都主要倾向于学习法学，因此也就更难训练出以经济理论为专业的“门生”了。他担任维也纳大学名誉教授的那段时间，也正是他参与现实政治活动的时期，这些活动尽管并不能占据他的全部思想，但是却消耗了他大量的精力。一直到 1904 年之后，他才开始了我们大家永远不会忘记的那种学术活动，并且开始主持夏季学期里的一系列研讨班。

二

前面我已经说明了庞巴维克的科研目标，并指出它的特点就在于对社会经济过程的一般形式进行分析。接下来，在详述他各个方面的成就之前，先让我们简短地探讨一下他在完成任务时所使用的方法。我们将突出强调他的计划的统一性和实现计划的过程中令人瞩目的一贯性。

庞巴维克对社会经济过程的总体看法，是建立在一些拥有像物理学基本原理一样的简单原则的基础上的。这些原则像物理学基本原理一样，用几页纸就可以表达出来，如果需要，甚至可以压缩为一页；但是，如果真的采取这种阐述方法，那么任何人都无法说明多少东西。因为这些原则——也与物理学基本原理一样——只有在进入经验世界中由具体事物构成的密集丛林之后，才能开花结果，才能获得自己的真正含义。在庞巴维克那个时代，经济学界缺乏共识，他发现自己必须向公众详细说明他提出的每一个假设、使用的每一个方法以及他的论证链条中的每一个环节；因此，为了扫清障碍，构建自己的理论体系，他每前进一步都必须进行战斗。而且，他的体系包含了许多非常困难的、很容易引起争议的思想，特别是那些与他的主要研究对象——利息和利润问题——有关的思想。除了需要巩固他从门格尔那里继承来的基本原理之外，他还需要将以往的 20 多种关于利息理论的论述一一梳理清楚，然后再排除出去。之所以要这样做，不仅是因为这是为自己争取读者所必需的，而且是因为，证明所有这些论述都是不正确的（这本身就是一个很大的成就），是建立他自己的实证理论的前提条件。

即使是最简单的基本概念也会带来许多难题。对于一个有创造力的科学家来说，定义其实是次要的东西。在一开始，新见解的产生总是简单的，它们突然出现，谁也不知道它们是从哪里来的或者是怎样来到这里的。只有在运用它们的时候，才需要给它们下定义；当然，在描述它们的时候，也需要给出定义。庞巴维克本人在致力于进行后一项工作（即证明以往的 20 多种关于利息理论的论述都不正确）的时候，卷入了一场历时甚久的关于经济物品（economic good，也译为“经济财货”）概念的争论。他的第一部著作《从国民经济商品学的观点看法律与经济的关系》（*Rechte und Verhältnisse vom Standpunkte der volkswirtschaftlichen Güterlehre*）（1881 年在因斯布鲁克出版）就研究了这个问题。在以他特有的审慎和明晰的思路解决了这个问题后，他还要勇敢地面对两项最重要的任务，它们是准备性的，是他着手构建自己的理论体系前必须完成的。任何经济学体系的基本解释性原理始终是关于价值的理论。经济理论涉及的事实是以价值的形式表现出来的，而价值不仅是经济世界的原动力，也是使经济世界的各种现象具有可比性和可度量性的基本形式。一个理论家对于经济世界的看法取决于他对价值现象的看法。在这一点上，确立一个坚固的基础是至关重要的。这是庞巴维克的第一项准备性任务。第二项准备性任务则是与关于利息和利润的理论有关的：多余的枝蔓必须清除干净，同时还需要证明，这里存在着一个没有解决的重大问题。

关于这两项任务中的第一项，问题主要在于如何捍卫并阐明门格尔的学说。于是，在1886年，他发表了两篇论文［载《康拉德年鉴》(*Conrads Jahrbü-cher*)，新编，第13卷］，并对价值理论进行了精辟的阐述［《经济财物价值理论纲要》，(Grundzüge der Theorie des wirtschaftlichen Güterwertes)］，这一杰出的成就必将与我们这门学科共存亡。通过这两篇论文，他也铺好了通往他的实证理论的道路，并赢得了作为理论经济学的新奠基人的地位。从那个时候开始，他的名字就与边际效用理论密不可分地联系在了一起，就连他的反对者们也像他的追随者一样，开始谈论“庞巴维克的价值理论”了。在上述论文中，他实际上已经使这个理论变成了他自己独特的理论，这一点与维塞尔一样，因为任何追随者都不可能提出这样的理论来。庞巴维克的这些论文的原创性贡献还有很多，在这里我只提两点。第一，他给了价格理论一个特有的奥地利形式——与世界其他地区所采用的门格尔学说的形式有所不同。第二，关于价值归属问题，他也提出了独特的解决方法，既不同于门格尔的，也不同于维塞尔的。关于这一点，我们在下文中还会讨论。

庞巴维克始终是主观价值论的警惕而有力的捍卫者，他多次参与过关于主观价值论的争论，并每次都胜出。主观价值论确实构成了他毕生事业的一部分，如果没有了主观价值论，他的毕生事业在基础上就是不稳固的，在具体内容上也是不完整的。当然，这只是他的人格的合乎逻辑的发展结果，因为他不可能容许任何没有得到证实和加强的论点继续存在，因为他觉得必须通过反复推敲、不断重新研究来减少任何可能的理论上的疑点。任何一个有创造力的科学家，都不会乐于反复讨论那些已经有了令他自己满意的答案的问题。但是，如果我们不能掌握庞巴维克在这种论战中取得的成就，我们肯定会变得“比较贫乏”，因为它们在经济学文献中是无可比拟的，是名副其实的分析工具的“武器库”。

在《经济财物价值理论纲要》问世的时候，庞巴维克在完成第二项准备性任务的过程中出版的一部著作就已经为他的不朽声誉奠定了基础。这就是作为他的主要著作《资本与利息》（*Kapital und Kapitalzins*）第1卷的《资本利息理论的历史与批判》（*Geschichte und Kritik der Kapitalzinstheorien*）（1884年在因斯布鲁克出版）。它是经济学著作中最伟大的批评性论著。它一经出版就立即受到了重视和好评；随着时间的推移，来自同行的公开的赞扬和喝彩越来越多，但是与它赢得的无言的尊崇相比，这些其实是无足轻重的——它的深远影响就是人们对它的敬意的明证。这部著作是创造性分析的不朽之作，是我们这个学科前进道路上的一座里程碑；它对各种各样的利息理论进行了一系列批判，每一个批判都是理论精华，每个部分都是无与伦比的完美的艺术品。该书没有描述每一种利息理论产生的社会和历史背景；书中没有任何哲学上的修饰，也没有用任何笼统的概括性的东西去代替解释性说明。而且，即便是关于它的中心论题的思想史，在书中也处于次要地位。作者只从多项可以进行的工作中选取了一项：他集中地探讨了一个又一个利息理论，在讨论每个利息理论时，只关注其实质内容。他以炉火纯青的技巧完整地、系统性地重新叙述了每一个利息理论的内容，毫不畏缩地评价其理论要点，而且只需要使用寥寥几个简单但具有决定作用的论据。他以最低的努力水平，遵循着最简捷的路线，用最精致的形式，评述了一个又一个利息理论。他在细心地揭示出它们失败的原因之后，就继续沿着自己的道路前进，从不少说一句话，也从不多说一句话。从这部著作中，人们能够学到如何牢固地抓紧主要内容、如何果断地抛开没有关联的内容，在这一点上，没有任何著作可以与之媲美。

在经过极其细致和系统性的准备工作之后，《资本实证论》（*Die Positive Theorie des Kapitals*）作为《资本与利息》的第2卷出版了［序言标注的日期是1888年11月，正式出版于1889年，最早的英译本为1891年出版的威廉·斯马特（Wm. Smatrt）翻译的译本］。虽然从书名看来，它的内容也许是比较狭隘的，但是，正如我们在上面已经指出过的，这部著作是对经济过程的全面分析，是庞巴维克的生平杰作，是他不懈努力后取得的最能代表他个人特色的成果。不管后世的人们对他的思想链条中的个别环节抱有什么看法，他们都不可能不欣赏这个伟大的构思，并赞赏整部著作表现出来的冲天的锐气。在任何情况下人们都可以肯定，这部著作代表着庞巴维克想攀登经济学的最高峰的努力；它所体现的成就实际上已经达到了这样的高度——能够与它这座高峰并列的高峰已经屈指可数。我总是觉得，我必须拿庞巴维克与马克思进行一番比较。这种念头看起来似乎有点奇怪。但是人们之所以会觉得这种比较不同寻常，仅仅是因为马克思的名字总是被高涨的政治热情所包围，而且他的理论体系拥有一种非常与众不同的气质。马克思的名字与各种社会运动以及社会运动用语是分不开的，这不仅表明了马克思是一个什么样的人，而且使他在广大群众中产生了广泛而深远的影响。然而，这也模糊了他的真正的科学成就。在庞巴维克身上，我们却看不到这一切。他只想成为一个科学家。在他的园地里，连一片叶子也不会被政治风暴吹乱。他的著作中没有任何词语会阻碍他的科学思维的流动。再者，庞巴维克还避开了社会学的背景，因为考虑到我们学科现在的状况，这种背景很可能使许多对它不甚了解的人甘心陷入艰辛的脑力劳动。他的著作没有为他搭就一个可以向公众演讲的通俗讲坛。它没有任何多余的装饰品；它的外部线条以完美无缺的古典形式呈现了出来，而最关键的则是它的内在正确性——这是抛弃了可能会使他的眼光偏离始终坚定不移地热切地注视着的问题核心的所有东西之后获得的成果。不过，尽管马克思和庞巴维克的生平经历和信念都截然不同，因此他们的著作的许多方面也不相同，但是他们作为科学家，彼此之间还是存在着一些明显的相似之处的。首先，他们两人作为科学家，有着相同的研究目标。其次，他们进行科学研究时的时机和环境类似，所要面对的学科状况也类似。更重要的是，他们对利息和利润问题的压倒一切的重要性的看法也相似，而这就促使他们明确地将这个问题作为分析社会经济过程的出发点。而且，他们都借鉴其他人的学说，作为自己的基本概念的基础——门格尔对庞巴维克的意义与李嘉图对马克思的意义类似。此外，他们在研究中也运用了类似的方法，并且推进研究的步骤也类似。最后，他们都创建了一座理论大厦，而且其宏伟壮观都只能用如下说法来描述：任何批评，不管对具体批评目标的反对是如何有效，都不能损害它们整体的重要意义。

但是，《资本实证论》给学术界留下的第一印象却不如《资本与利息》的批判部分（即《资本利息理论的历史与批判》）来得深刻；因此，它是渐渐地在经济思想的土壤里扎下根来的。在一定意义上，这是理所当然的，是由问题的性质决定的。对于像庞巴维克的《资本实证论》这样一个强有力的有机体来说，它的内部结构只有在经过较长时间的研究之后才能被人们充分理解。事实上，它确实不是非理论家所能完全掌握的；即使是行内专家，要想理解它，也不得不（特别是在1889年那一年）深入到一个全新的观念世界中进行思考。由于这个原因，庞巴维克的这部著作最初一直很难为读者所理解。即使到了今天，很多崇拜者仍然把它放在次于他的其他著作的位置上，尤其是次于《资本利息理论的历史与批判》的地位上；而且许多同行的评论也都纠缠于一些比较次要的细枝末节。尽管这部著作的伟大性直到今天仍然没有被太多的人充分认识到，但是无论如何它都已经成了一部经典著作，成了任何打算从事理论研究工作的人的必读书。它是任何一位理论家的工具箱里的必备工具，而且已经成为我们时代所有独创性贡献的著作中最成功的一部。

这部著作的第二版（1902年出版）没有对第一版进行任何修订。然而，在1904—1909年间，庞巴维克全力以赴，“从头至尾彻底地重新考虑了全书”。在经过了“五年的艰辛工作”之后，他完成了对他的理论体系的“每个部分”的“检修”（参阅第三版序言），然后再次将这部著作呈献给广大读者，而其基本论点则没有变动。尽管如此，这一版实际上是一本新书：只有很少几节完全未作修改，几乎所有章节的篇幅都得到了扩充，而且有许多重要的增补。况且，连续多年的“自我批评”，使他觉得，要想把问题论述得更加透彻，仅仅对正文进行一些修订仍然不够，因此，除了对原有的两个附录进行增补之外，他又一口气增加了12个“补论”。尽管这些增补主要是对正文和批判性注释的扩充，但是其中也有许多是独立的专论。它们使这部著作成了经济理论的一个纲领，甚至可以这样说，他就是以这种方式去完成其毕生的事业的。

但是，还有一个结论性的部分没有加入该著作，尽管他对此曾经做了长时间的计划。幸运的是，他在他的最后一篇论文《是权力还是经济法则?》（Macht oder ökonomisches Gesetz?）里向我们呈现了这一部分。他经常碰到类似这样的口号：通常的经济过程，特别是社会产品的分配，不是由纯粹的经济价值现象，而是由各阶级的社会力量决定的。它虽然只是一个口号，但是却得到了广泛的支持——而在我们的学科领域内，对于各种口号，我们是决不能低估的。而且，这个口号确实涉及了一个真正的问题，庞巴维克要想保证他自己的体系的稳固性，就必须对这个问题提出他自己的见解。这一点他做到了。而且，与此同时，他还分析了有关工资理论的其他重要问题。对我们来说，这篇文章之所以具有重要意义，还因为它既包含了许多关于进一步研究的方向的暗示，又包含了大量对我们将会面对的无数细节问题的提示。这些细节问题的轮廓已经在我们对遥远未来的朦胧憧憬中隐隐约约地显露出来了。

还有一篇论文也属于这个完整的工作计划。（这个计划还包括了另外几种出版物，接下来我们马上就会提到。）这篇文章的内在意义在于说明庞巴维克在学术研究中付出的努力可以与马克思相媲美。这就是他在《资本论》第 3 卷问世之后以《马克思体系的终结》（Zum Abschluss des Marxschen Systems）为题发表的对马克思的批评，后来被收录在为纪念卡尔·克尼思（Karl Knies）而出版的一本纪念文集中（柏林，1896 年；俄译本，圣彼得堡，1897 年；英译本，伦敦，1898 年）。马克思有无数的批评者和辩护者——几乎比其他任何一位理论家都要多。如今，庞巴维克的批评者和辩护者也许在数量上与之相当。但大多数批评马克思的人，本身也是容易受到批评的，因为他们都有两个缺点（或其中之一）。第一个缺点是，他们的批评的主要焦点都没有放在马克思著作的科学核心上，因而他们总是躲到那些与马克思的核心观点风马牛不相及的问题中去，如历史问题、政治问题、哲学问题，等等。第二个缺点是，他们其实并不胜任评论这位作者及其著作的工作。这正是庞巴维克对马克思的批评显得特别重要的原因：他抓住了问题的核心，而且只谈核心；他的批评字里行间处处体现着这位大师的匠心。是的，被批评的对象的伟大性反衬出了真正的批评家的伟大。这就是这篇评论在庞巴维克的全部著作中占有重要地位的原因，这就是为什么就马克思体系的理论内容而言，这篇评论永远可以被称为最典型的评论的原因。但是在这里，我不能详细地讨论这篇评论的内容。

三

如果我们遵循奥斯特瓦尔德（Ostwald）的分类法，庞巴维克必将被称为典型的“古典作家”。这完全符合他的写作风格：开门见山、朴实无华、含蓄内敛。作者只让他论述的对象自己说话，而不让他本人的激情分散我们的注意力。他的作品的文体不容置疑的强大的美学感染力也就表现在这里——它突出了基本思想的逻辑形式，准确而毫不夸张。与此同时，他的文体又是极具个人特色的，由于他的句法很有规律性，所以他的每个句子无论处在什么样的组合当中都可以被辨认出来。他的语句——它们就像被切割成一块块的十分精美的大理石——往往比较长，但是从来不会显得累赘。官方和行政用语对他的影响在他的作品中也有所体现，他的文风和表达方式甚至还带有些许司法文书的特点，但这一切全都无伤大雅。而且恰恰相反，它表明官方语言在风格上也有其自身的优点，在适当的人手中，还是颇有效果的。他说明问题的表达方式和“火候”总是恰到好处：在展开论证时周密细致而冷静；在决定性的段落和总结部分则词锋锐利且充满力量。他从来不愿意使自己的论述的结构含混不清，因此各段落之间的界限总是全都被清晰地标示出来。他的著作中从来没有文字游戏，也极少有他在私人交往中常常喜欢说的那种有趣的玩笑话——我不知道还有什么比“爱打趣”更好的词来描述它了。但是，恰恰是在严格的、谨慎的行文过程中，他所使用的表达方式却往往能起到最好的修辞效果；他非常擅长寻找巧妙的措辞，而且经常创造出令人难忘的词语或句子。

四

庞巴维克的方法论主张的特点，只需几句话就能够说清楚。他的工作方法在他的手中显示出了超凡的力量。这个方法是由他的问题的性质和他的个人倾向决定的。他的问题是描述表现于任何时间、任何国家的任何经济制度里的最一般的规律。这些规律缘于经济活动的本质以及决定经济活动的客观需要，是无时无处不在的。因此，在这个问题被提出后，随之而来的任务主要是分析性的。也就是说，这里所要求的已经不再是搜集材料的专门任务了——经验表明，关于经济生活各方面的基本事实，都是简单的，也是我们在日常实践中很熟悉的，而且它们会在各种场合中重复出现，最多不过是形式不同而已。无论如何，与研究消化这些事实材料并揭示它们所包含的意义这个任务相比，继续搜集事实材料的任务已经退居到比较次要的位置。除非我们在思维中把我们感兴趣的各种经验因素隔离开来，并把许多不相关的问题抽离出去，否则是无法完成揭示经济事实所包含的意义这项任务的。的确，通过这种途径最终得到的理论必定是抽象的，这种理论与任何自然科学理论一样，是被许多假设与直接的现实分隔开来的，但是，它就像物理学中的理论一样，是唯实的、经验性的。当然，当问题涉及这种理论的应用，或者，当问题是进行具体的调查研究时，系统搜集的新的事实材料就又是一项必不可少的工作了。然而，因为庞巴维克的问题是描述经济过程的内在逻辑，他既不关注他的理论的应用问题，也不从事具体的经验调查研究，因此，他的方法就是理论分析的方法，就是精确推理的方法。而且他个人的性格倾向也是指向这个方向的。

当然，他的兴趣在于问题以及相应的结论，而不在于关于方法的探讨。对于他这位天才的科学家来说，实际情况不同，需要采取的方法不同，是一件再自然不过的事情；关于方法论问题的专题论文完全不合他的口味。因此，他只是偶尔地写一些这方面的东西。事实上，我们可以说，他只在两个地方专门研究过方法论问题[①]，他对这个问题的基本看法在那里表达得非常明确："少讨论或根本不讨论方法问题，而要更加精力饱满地运用一切可以运用的方法进行研究。"庞巴维克第三次谈到方法论问题是在他当选国际社会学协会主席之后，当时，他对这

① 请参阅：(a)《资本实证论》第 1 版序言；(b)《谈政治经济学与社会文学史》("Zur Literaturgeschichte der Staats-und Sozialwissenschaften," *Conrads Jahrbücher*，vol. XX，1890 年)。

个协会的成员中的一些法国社会学家提出了方法论方面的警告。他的谈话发表于法文版《社会学国际评论》(*Revue Internationale de Sociologie*)(1912年),题为《关于一个老问题的几点不太新的意见》(Quelques remarques peu neuves sur une vieille question)。这篇文章写得很冷静,又包含了适度的热情,而且语言也很优雅。在其他方面,这篇文章也是值得注意的——尤其是它提出了一个很有分量的、极其恰当的警告,即,如果社会学不能很快地找到自己的李嘉图,那么它必然会产生自己的傅立叶。最后,在增补到《资本实证论》第三版中的一篇题为《价值理论的任务》(Die Aufgaben der Preïstheorie)的论文中,也有一节是讨论方法论问题的。在这一节中,他就方法论问题与那些否定一般价值理论可能性的德国理论家展开了争论。

所有这些文字都有一个明确的、防御性的目的;它们都不是专门为了讨论方法论问题而写出来的,同时,庞巴维克也不打算使它们成为关于认识论问题的研究。像他这样一个主要关心理论结论的人是没有时间进行这种研究的。另外,附带说一句,他对于表达方式和表现形式的精雕细刻从来不感兴趣,尽管对于某些学者来说,这可是一桩赏心乐事,这一点不难解释,只要看看他在我们这门学科中的历史地位就可以了。他是这个领域的拓荒者之一,只有问题的本质才是他关心的,因此,他可以而且必须把那种“精雕细刻的工作”留给后继者。他是一位建筑设计师,而不是一位内部装潢师;他是一位科学新疆界的开拓者,而不是一个“沙龙科学家”。因此,他并不十分在意人们到底能不能说出真正的原因和结果,还是只能确定某种函数关系。因此,严格地说,只能用无穷小来描述的数量,他有时会用相对小的数量来表述。例如,对于“边际效用”这个术语,他有时候用它来指一种微分系数,有时候又用它来指这个系数与某种数量因素的乘积。因此,他未能详尽透彻地描述效用函数的形式特征,事实上,在他那里,效用函数更接近于一个不连续的效用尺度。也正因为如此,如果将他的价值理论与洛桑学派的价值理论作比较,那么就相当于让一个来自古代的条顿人(Teuton)与一个路易十五时代的朝廷大臣作比较。对于这些效用函数的形式的假定,他是通过列表以数字的形式表达出来的。但是,所有这一切实际上都是无关紧要的,将来的后续者自然会进行必要的润饰。对他来说,生死攸关的问题乃是那些基本原理；在发展这些原理的时候，他用自己的方法比用任何其他方法更好、更有效。直到今天，他的价值理论仍是我们所有的价值理论中最好的一个，它最出色地解决了一切根本性问题和所有的基本困难。

在这个方面，他对社会学的独特态度也很能说明问题。在当时，一方面是出于耕耘这片新开垦的土地的需要，另一方面也是因为走这条道路的阻力似乎最小，经济学家们纷纷进入了社会学这个领域，而这种科学家人力资源的“抽血”现象恰恰说明了德国经济学还存在许多问题。庞巴维克没有被卷入这个潮流，他心无旁骛，只想做一个经济学家。而作为一位经济学家，当他看到某些兄弟社会科学学科（它们的水平，无论在方法上还是在内容上，都远在经济学之下，就像经济学远在自然科学之下一样）的“所作所为”时，不禁对自己学科的未来感到忧虑，因为这些学科不仅从经济学界“抢”去了如此之多的人才，而且把报纸杂志式的文风带给了经济学；这些学科由于缺乏受过专业训练的专家，因此非常流行这种恶劣的文风。庞巴维克过于认真了，他根本不承认这种“刺激”在影响到了经济学发展的同时，也可能为经济学提供某种“补偿”。他这样做导致的结果是，对于他那个时代的形形色色的社会学流派来说，他一辈子都始终是个局外人。他非常清醒地认识到，任何一个以严肃认真的态度对待真正成就的人，都必须将自己限制在一个狭窄的专业范围内，并且坚强地承受公众对自己作为一个狭隘的专家的指责，而不能意志薄弱地、神经质地由一个领域转到另一个领域。

行文至此，也许是谈一谈他几乎从来不参与当代时事问题讨论这个事实的恰当时机了。对于任何政治立场，他总是采取敬而远之的态度；他的论著不属于任何党派。当然，这并不是说他不关心现实；事实上，在实际工作中，他研究了许多时事问题，还处理了许多大的实际问题。但是据我所知，作为一位科学家，他只对“时政”问题正式发表过一次意见［以《我们的消极的贸易平衡》（Unsere Passive Handelsbilanz）为总标题，分为三篇文章在 1914 年 1 月 6 日、8 日和 9 日的《新自由论坛》（*Neue Freie Presse*）上发表］。从这三篇文章可以看出，他其实完全称得上时事问题辩论的大师。“在大多数情况下，货币流动的威胁能够导致与实际的货币流动同样的后果，尽管这种影响可能微乎其微。”“国际收支平衡发号施令，贸易平衡服从号令，而不可能是倒转的关系。”“据说，在这个国家有许多平民没有做到量入为出，这可能是真的，我们不能肯定；但是可以肯定的是，在某些时候，我们有相当多的公共部门也没有做到量入为出。”“金融政策对我们来说，从来都只是政治的替罪羊。”如此等等，类似的警句还有很多。任何一个人都没法否认，这三篇文章的作者如果不是对这方面的问题十分关心且了如指掌，那么就肯定是时事辩论的最伟大的天才，或者两者兼而有之。然而，他却几乎完全不参与时事政治问题的讨论，这到底是为什么呢？这是因为，这些讨论不仅受制于实际的问题，而且受制于听众的水平，无法坚持较长时间的论证，无法进行较深入的研究，无法运用较精确的方法。它们把科学降低到大众辩论的水平，即降低到近两百年来一直在进行但一直没有什么进步的那种讨论的水平。这种讨论的目的是“即刻的生产”，一种与不使用机器的经济生产相类似的生产。当辩论的浪潮汹涌而至，理论家如果卷入进去，就会连透一口气的时间都没有，更不用说安心去完成真正的研究工作了——因此，这种讨论充其量只是现有的知识的运用。然而，它们是非常有诱惑力的，而且常常会由于火热的政治热情而发出炫目的光芒，因此许多经济学家把他们的全部时间，大多数经济学家把他们的大部分时间，全都用在了这种讨论上。这是我们这个学科领域发展得如此缓慢的原因之一。而庞巴维克则是为了未来的若干世纪而进行研究的——现在看来像是“智力游戏”的东西，到那时也许能够结出实际的硕果。他非常清楚，这就是他的职责所在，因此，他从不为任何诱惑所动，让时事问题随着时间的流逝而水落石出，至于其他人要怎么说，就让他们说去吧。

五

根据我们对他的论著的全面考察，有一点已经十分清楚，那就是，他的经济学结构以及他的全部成就和主张，完全可以通过更仔细地研究他的《资本实证论》来进行评述。下面我就来做一番尝试。

从理论经济学这个术语的本来意义来看，只有极少数几个理论经济学问题未被纳入这部著作中。根据我对它的理解，被略去的是如下这些问题：

（1）社会经济生活的基本过程可以通过一个孤立的经济模型表示出来。尽管讨论几个经济体之间的相互关系的理论确实也存在，但是却无助于我们对社会经济过程本质的认识。庞巴维克只关注这个本质，因此他一直是以一种孤立的经济作为研究对象进行研究的；这样一来，在《资本实证论》这部著作中也就根本找不到国际价值理论的踪迹了，但是我们在上面提到过的他发表于 1914 年的那三篇论文中，已经包含了这方面的内容。

（2）这几篇论文还包括了他关于货币问题的几个看法中的其中一个，那就是，货币数量理论中存在着一个“坚不可摧的”真理“核心”。可是，他并没有为我们构建出一个货币理论。在击败了早期的重金主义者（金银通货主义者）和重商主义者之后，经济学家们几乎没有任何反对地接受了这样的主张：货币——经济的核算工具——只是一层面纱，它虽然遮盖了各种根深蒂固的经济过程，但是没有影响它们的基本性质。庞巴维克是同意这种看法的。

（3）对于那些从理论上看，仅仅是价格理论和分配理论的应用的一系列特定的问题（例如，关于税收负担的归宿的理论、垄断理论、关于分配过程中的政治干预的理论，等等），《资本实证论》也没有探究。不过，他的另一篇论文《是权力还是经济法则?》则属于这种类型的探究（该文讨论的其中一个问题是：罢工能不能永久性地提高实际工资水平）；同时还应当指出，作为一篇应用经济学论文，它是可以证明奥地利学派的最初成就的代表作之一，也是这一类研究的一个范例。

（4）此外，《资本实证论》也没有提到经济周期问题。当我们研究一下庞巴维克唯一一次提到这个问题的那篇论文，就能找到其中的原因。[那是一篇评论冯·伯格曼（v. Bergmann）的《国民经济的危机理论史》（*Geschichte der Nationalökonomischen Krisentheorien*）一书的文章，该文于 1896 年发表在德文版的《国民经济与社会政策杂志》。] 他好像持有这样一种观点：经济危机既不是内部生成的，也不是一种千篇一律的经济现象，而主要是经济过程中的偶然波动的后果。

（5）经济理论体系当中通常还包括一个“舶来品”，那是从重农主义时代开始就一直广泛流传的一个理论，即人们所说的“人口问题”。在《资本实证论》中，或者在庞巴维克的其他任何论著中，都没有明确提到这个问题。但是，有一点也许会引起我们的兴趣：在《是权力还是经济法则?》一文中，当庞巴维克一带而过地提到这个问题时，他似乎含蓄地将自己放进了马尔萨斯主义者的行列。

无论如何，除了上述问题之外，正如我在上面已经指出过的，《资本实证论》一书是对经济理论的整个领域的说明。价值、价格和分配是三个高峰，它们发挥着导航的灯塔的作用；其余的一切东西都围绕在它们的周围，其中尤其重要的是资本理论。

至于社会学的框架，庞巴维克只是隐约地暗示了一下。他一再重申，他只研究经济过程的内在逻辑。同时他也相信，他所关注的那些基本因素是足够强大、足够有力的，在任何现实情况下都可以感知到它们的存在。不过，与这些因素的确切的界限有关的一切问题，例如阶级结构及其经济功能问题、种族差别的影响问题、在现代经济学已经深深扎下了根的理性计算的起源问题、市场现象的起源及其社会心理学基础问题——所有这些问题，都与他要研究的问题无关，因为他认为，研究这些问题只会使他偏离自己的主要课题。这样一来，我们发现，在庞巴维克那里，一个经济的各种因素被简单地分为工人、地主、资本家及企业家几个类别，分类的依据（而且是唯一的依据）则是它们的经济功能。他完全不考虑这些人之间的超经济关系，因此，人只有作为工人、地主、资本家和企业家的时候才与他的研究目的有关，这就是说——如果我可以这样说——只有当他们作为各自立场的逻辑的代表时，才与他的研究目的有关。

首先，工人与地主是以分别占有他们的名字所表明的那种生产要素，以及他们的经济功能为其主要特征的。如果不想让分配理论遭到误解，就必须着重强调这个立场：归根到底，在分配过程中得到收入的，并不是工人，而且同样地——这一点十分重要——也不是地主，而是劳动和土地本身。因此，借用庞巴维克在其最后一部著作中以赞许的口吻提到的美国式的说法，问题的焦点在于“功能的”分配而非“个人的”分配。而且，如果想在他的著作中找到为“个人的”收入分配进行“辩护”的倾向，将是一个极大的错误。

工人和地主依靠他们各自拥有的生产要素生产出来的产品维持生活。然而，他们不是靠任何特定时期他们正在生产的产品维持生活的——他们在当期生产出来的产品当然还不能马上用于消费——而是靠以前某些时间内生产出来的产品维持生活的。供应这种生活资料的储备是资本家的功能，因此，可以说工人和地主在任何时间、任何地方都是靠资本家预付给他们的产品维持生活的。这一点，无论是对现代资本主义经济下的工人和地主来说，还是对原始社会中的狩猎—采集者来说，都是正确的。

在庞巴维克的理论体系中，企业家的形象并不突出。当然，他也提到了企业家作为管理人员和投机商的功能；但是在大多数情况下，他提到企业家是因为企业家通常会拥有但并非必然会拥有的那些特征，即作为一个资本家的特征，或者说，作为一个以自己的资本来经营的工业家的特征。

至此，正如庞巴维克所设想的那样，社会经济过程的主要特征现在可以勾勒出来了，但是对于资本的功能，还需要进行更细致的讨论。

事实上，庞巴维克的《资本实证论》就是从这个问题开始的。他要告诉我们的第一件事情——在该书的导论中——就是必须对这个问题的两个根本不同的方面加以区分，因为把这两方面混淆起来是大多数普及性讨论和科学讨论中最经常出现的错误之一。这两个方面是：资本作为生产资料的问题，以及资本作为净回报的来源的问题。最容易的事情莫过于把两者之间的毋庸置疑的联系本身看作利息理论，并且简单地说：资本在生产中是必不可少的，它能“提供”净回报，正如“樱桃树”这种生产资料能够生产“樱桃果”这种产品一样。这种认识就是一些基本错误之一的根源所在。为了反对这些基本错误，庞巴维克一生都在孜孜不倦地奋斗，最终成功地把它们排除出了科学讨论的领域，自他之后，这种幼稚的形式就彻底从大多数值得尊敬的经济学家的论述中消失了。在《资本实证论》一书的开头部分，庞巴维克就反复强调了这一点，然后他转而讨论关于作为生产资料的资本的问题。面对他的论证的逻辑之美，我们总是忍不住想要详细描述一番，要克制这种诱惑是非常困难的，不过在这里，我们只要说一点就足够了。庞巴维克是从研究生产过程的性质开始的，而且《资本实证论》第一章的魅力——它所研究的问题都是现在的经济学家极少讨论且不能引起太大兴趣的——在于它向人们暗示了后面的内容的基本主旨。

生产是对物质形态的改变，目的是生产出能够满足我们的需要的东西。这个对于古典经济学家来说并不陌生的概念，是他的论证过程中的第一个基点。如果劳动不是直接用于可以生产马上就能消费的物品的“转变”，而是首先用于生产不能消费的物品，再通过它们的帮助使最后的产品可以更有效地生产出来，在这种情况下，相同的原始要素投入能生产出较大的总产量；也就是说，如果生产是以迂回的方式进行的，那么生产的目的就可以更加完美地达到。这——而且，这也是他的论证的第二个基点——就是工具的经济哲学，或者更一般地说，是“生产出来的生产资料”的经济哲学，也是它们的生产功能的定义。虽然这个思想本身既不真正具有独创性，也不复杂难懂，但是要系统性地把它彻底阐述清楚，却只有庞巴维克才能做到。只有他充分地发掘出了它的理论意义，特别是在时间因素的处理上。对经济过程的理论分析构成障碍的那些基本困难，十有八九都源于时间因素。

作为迂回生产这个概念的最重要的副产品，“资本主义的性质”这个概念也应运而生了。当然，今天我们在使用这个术语时，我们所想到的现实已经成了五花八门的解释的对象，不仅有科学的、政治的和伦理的解释，而且甚至在科学领域内部，也存在来自社会学、社会心理学、文化分析、历史学的各种不同的解释。但是对于纯粹经济学来说，对于庞巴维克来说，要解释的问题却只有一个，即资本主义的纯粹经济特征。他的回答是：资本主义生产是“迂回的”生产，而它的反面则是直接的生产——无须利用生产出来的生产资料即可完成的生产，例如，原始狩猎。因此，资本“只是发生于迂回生产方法各个阶段中的中间产品的总和”。这实际上是一个理论，而不仅仅是一个定义，理解这个理论是非常重要的。当然，它并不否认现代经济制度和以往的经济制度具有重要的区别，同时它也并不否认社会主义经济的经济过程可能是极不相同的（尽管根据上述定义，在当前的社会主义国家中，现在的生产也是“资本主义的”）。但它却说明，科学批评和社会批判所强加给资本主义现象的一切特征，全都是与资本主义的生产过程的经济本质毫无关系的。尤其是，它还说明，私有制（无论是一般的生产资料的私人占有，还是特定的资本货物的私人占有）、雇佣劳动制度、为出售而生产的制度以及其他各种制度，也全都与构成资本主义生产过程的事物的本质毫无关系。这个观点最重要的含义是：资本的净回报在社会主义经济中也同样会形成；只不过，在社会主义社会里，这种净回报不能被私人得到——但是，从功能分配的观点来看，无论在什么情形下，归什么人所有这个问题永远都是次要的。因此，几乎每一个生产过程都是“资本主义的”，所不同的只是或多或少的问题。

论证到这一步之后，庞巴维克暂时停下来，转而考虑“关于资本的概念的争论”。就他本人给资本下的定义而言，他关于资本主义生产过程的看法是具有决定意义的。然而，从同一个概念出发，他还可以把另外一些东西称为资本，即消费品（生活资料）的供给——经济中的“维持生存的基金”（subsistence fund），它是对迂回生产方法的一种必要的补充；它对于利息问题的重要意义，也源于这些迂回生产方法的生产能力。

在论述“作为生产资料的资本”的第二篇中，庞巴维克把我们重新引向在第一篇第 1 章里得出的那个结论：土地和劳动是基本的、原始的生产要素，而资本在经济意义上是由这两者构成的，因而不可能是一种独立的要素。这个结论简单易懂，甚至可以是不证自明的。在以往，它曾经被威廉·配第（William Petty）爵士以最简洁的形式提出来过。不过，从来没有人认真地对待过它，也从来没有人认识到，在许多分析工作中，它是能够发挥作为一种有用的工具的作用的。总而言之，从来没有人认识到它在理论上的有用性，或者说，从来没有人意识到系统地运用它、借助它的帮助能够深入地认识事物并使分析工作简化的可能性。相反，经济思想史表明有三个重要的命题都是与它背离的：重农学派的命题是，一切经济财货最终都是由自然所生产的；古典学派的命题是，只有劳动才有生产力；最后一个命题小部分是古典学派的主张，大部分是他们的继承者的主张，它认为资本是第三个独立的生产力。这样的一些说法都不是“错误”的——就它们本身而言，它们甚至可以说是完全正确的——但是它们只能导致毫无价值的或者幼稚的结论。问题不在于这些基本的假定命题的“正确性”。一个理论家的长处就在于，能够从很多个同样没有“错误”的、同样有启发性的可能成立的命题中，高效地选定一个作为自己的出发点。庞巴维克的贡献就在于，理顺了所有这些东西的条理，并且设想、选择并发展了一个最好的假设。这个假设能够使我们顺利地超越一切浅薄的认识，取得最深刻的理论洞见，并且扩大自己的视野。尤其是他的分配理论，先将土地与劳动置于完全平行的位置，再让它们一起与资本并列，从而展示了自己的特征。

下一个步骤是，坚决地运用迂回生产的概念来论述时间因素。迂回生产所生产出的最终产品的数量大于直接生产，但是，这些更多的最终产品只有在更远的将来才能得到，因此迂回生产是“耗时”的。将两个因素结合起来考虑、这种独特的引入时间因素的方法，以及对不变资本特征的这种概念化方式，全都是庞巴维克的独创。要想公正地评判这种创新所代表的理论分析的进步，我们必须先认真地回顾一下李嘉图和马克思的观点。像马克思一样，李嘉图在他的（劳动）价值理论中，把问题的焦点集中在了不同产业中生产周期的长短的差异所导致的影响上；而且他们两人都试图——根据问题出现的不同形式，采用不同的方法——证明这种影响是微不足道的，并尽可能地压制那种随后会变得对两者都有致命影响的东西。而在庞巴维克这里，这两个因素的伟大综合，时间与增加的回报的这种分离和结合，就使得构建一个关于时间在生产中的作用的前后一致的理论、阐明时间的特殊的双重作用成为可能，而完全不用去施展什么“屠龙秘技”。这样，也就引导人们去深入理解经济过程，同时也更接近资本净回报问题的核心。

按照庞巴维克的观点，这种净回报一方面应该是迂回生产增加的技术生产力影响价值构成的结果，另一方面则是这种结果必然延期的结果。这样，接下来的唯一问题是：净回报是如何产生的？要回答这个问题，就必须研究与这两个事实相符的价值理论。

实际上，这就是庞巴维克的下一步。不过，首先必须解决一些其他问题。作为迂回生产有增加生产力的作用这个原理的最直接的发展，庞巴维克提出了这样一个主张：生产周期的进一步延长将使最终产品进一步增加，但是增幅是递减的。为了确定那些在生产中使用的劳动量递增的产品的生产周期，庞巴维克又提出了一个“平均生产周期”的概念。本来，在这里还可以简略地提一下其他一些很令人感兴趣的东西——例如，迂回生产概念的进一步一般化，以及随之而来的许多争论——但是，我们必须放弃这些内容，同样还要略去“资本形成理论”，或者更确切地说，略去庞巴维克在《资本实证论》第二篇的最后一章里讨论的比较外围的那些内容。我只强调一下资本形成理论的核心：人们节省消费品，就是节省生产资料，然后又由此生产出了资本货物。这一思想最终把资本形成锚定在了储蓄过程当中，但是，他并没有从这里推论出有关利息理论的任何东西（那是旧的分析中的一个很吸引人的和常犯的错误）。

六

现在，让我们转而讨论支撑庞巴维克的理论结构的两大支柱中的第二根支柱——价值与价格理论（《资本实证论》第三篇），它和我们刚才讨论的第一根支柱表现出了同样完整的思想线索。至于建立在这两根支柱之上的“上层建筑”，我们将在后面再来研究。

商品与被称为效用——这个概念不是没有被误解的危险——的需要满足之间的一般关系，可以归纳为对我们的经济行为具有重要意义的东西：当一定数量的某种商品符合公认的满足条件时（否则它将被放弃），我们把它叫作价值（使用价值）。在总效用的关系给定的情况下，能否产生价值取决于与我们的需要有关的那个“一定数量”的大小：除了效用之外，还要再加上相对稀少性，价值才能出现。借助于自己对需要的类别（或者需要的方向）与需要的强度之间的区分，并仔细研究了替代性问题，庞巴维克得出了如下这个规律（在门格尔的意义上，并运用了类似维塞尔的方法）：在每个类别里，边际效用是随着需要的“满足总额”的增加而递减的；这里的“满足总额”是指个人所占有的商品数量。这样一来，他也就解决了古老的价值悖论问题——或称“经济悖论”（contradiction économique）问题。庞巴维克用以下这个命题来阐述这个结论：“一种商品的价值的大小取决于这种商品可以利用的总数量所能满足的需要中最不重要的那一具体需要或局部需要的重要性。”

接着，庞巴维克从各个方面详尽地阐述了这个总命题，同时还阐明了包括主观价值问题在内的若干特殊问题。在解决这些问题的时候，他运用了如下这个基本原理（可以称之为解决价值理论的一切困难问题的“万能钥匙”）：“对于一个按他自己的观点对商品进行估价的人，我们应该从两个角度去看他的经济状况。首先，假设把该商品增加到这个人所占有的商品储备里去，然后，我们观察一下在具体需要尺度表上，满足程度增加了多少。其次，我们假设该商品被从这个人的货物储备库中拿出来，并再次测量需要的满足程度下降了多少。这样一来，就可以看得很清楚，现在某一层次的需要，即这个人最低层次的需要，肯定仍然没有满足。这个最低层次指明了决定商品价值的边际效用。”在把这个命题加以推广，以适应更多的特殊情况之后，庞巴维克接着继续研究可以任意增加的商品的价值这个重要问题。根据这把“万能钥匙”，我们在为这种商品估价时，也是根据由于该商品的减少而造成的满足程度降低的比例来进行的。在这种情况下，这种减少就被假定为由于放弃购买某一数量的商品而造成的满足程度的损失，如果最初所考虑的这种商品没有失去，那么这一数量的商品本来是可以买得到的。被放弃购买的商品与失去的商品不一定是同类的，恰恰相反，商品通常是不同类的，因此，在这种情况下，我们就依据“替代效用”来进行估价。这样一来，一个非常重要的原理就被揭示出来了。

这个原理首先适用于可以任意再生产的商品的情况，也就是说，从整个经济的观点来看，它几乎适用于所有商品。这种情形是可以合乎逻辑地与用途可能不止一种的商品结合起来的。由此，这个原理又为我们解决了“使用价值”与“交换价值”之间的差异问题。

这就为研究“互补品”（门格尔语），即只有与其他商品结合起来才能产生满足感的商品的价值扫清了道路。一组互补品的价值是由它们共同创造的边际效用决定的，因此问题的关键就在于，如何从中分离出这组商品中的每一件商品的价值。为了解决这个问题，庞巴维克给出了如下规则：“……在整组商品的总价值——它是由这些商品共同使用时创造的边际效用决定的——当中，可以被替代的那些单项商品的价值按照它们先前确定的价值来计算[①]，而其余的价值——它

① 根据它们的替代效用来决定。

随着边际效用的数量的变化而变化——则作为不可替代的各单项商品各自的价值而归属于这些商品。”这个命题提出了现代经济理论的一项基本原则，它在各个方面都得到了大量应用，特别是在马歇尔所称的“替代原理”这个名义之下。

这个理论的另一项应用构成了攀登高峰的第二步。这个高峰视野开阔，从那里可以观察到最深层的经济运行情况。生产资料也是互补品，不过它们的价值不是直接决定的：我们认为它们有价值，只是因为它们能够以这种或那种方式生产出消费品。这样，从主观价值论的角度来看，它们的价值只能来自它们生产出来的消费品的价值。然而，在任何一种消费品的生产过程中，总是要同时投入许多种生产要素，因而从表面上看，它们在生产中的贡献似乎是无法区分清楚的。实际上，在门格尔之前，许多经济学家确实都认为，我们没法讨论最终产品的价值中归属于各生产资料的可区分份额，他们还据此得出结论说，沿着这个思路是不可能取得进展的，主观价值论在这个问题上毫无用处。互补品价值理论解决了这个表面上似乎看来无法解决的问题，它使我们能够说出这些生产资料的确定的“生产性贡献”（维塞尔语），并且可以为每一类生产资料从它的生产性应用的各种可能性中找到唯一明确的边际效用。由此，边际效用在边际生产力或最终生产力的名义下，变成了现代分配理论的基本概念，成了我们用来解释各经济群体的收入的性质和数量的基本原则。

感谢庞巴维克，他对“归属理论”（维塞尔语）的阐述是最完善的。正是在应用这个理论的过程中，我们得出了成本法则，它是边际效用法则的一种特殊情况。根据归属理论，成本现象成了主观价值的一种反映，而成本与产品价值相等这个法则也是来自价值理论——在我们的科学中再也没有比这更加出色的封闭的逻辑链条了。

但是，到目前为止的这一切仍然只是涉及价值领域。在交换经济（市场经济）机制中，这个理论也会表现出来，只是它的一切表现形式只能通过相应的价格理论来表述。因此，庞巴维克转向价格理论，把价值规律推广到买主的行为和卖主的行为上去。他在这方面的研究的顶峰是一个受到广泛赞誉的（关于双边竞争情形的）著名命题。这是一个有“历史意义”的命题：“价格水平是由两个边际对偶的主观估价水平决定并受其限制的”——也就是说，一方面取决于和受限制于“最后”一个同意购买的买主和已经被排除在交易之外的人中“最有交易能力”的卖主的估价，另一方面也取决于和受制于那些一直同意交易的人中“最没有交易能力”的卖主和“第一个”被排除的买主的估价。

所有这些，首先是被用来研究有一定数量的可以交换的商品的情况的；对此，庞巴维克的结论是，由于作用于市场上的供给方与作用于需求方的力量是相同的，所以，旧的供求规律仅仅是边际效用理论的一个必然的推论。后来，这个原理又得到了推广，被用于研究供给量（可用于交换的商品的数量）能够通过生产来改变的商品的价格形成问题。面对这种情形下的种种难题（无论在什么地方，当一个人试图在现实的迷宫中运用基本原理时，都会遇到这些困难），庞巴维克没有置读者于不顾，留下任何悬而未决的问题。他一个接一个地清除了前进道路上所有的主要障碍，他提供的一系列解答在很长时间内都将成为进一步理论研究的基础。

证明了价值理论和价格理论的平行性，以及这个步骤的逻辑统一性的一个自然而然的结果是成本法则的提出，不过这一次是在价格外衣之下提出的。这个法则首先表明，一切在主观估价的作用下被决定的价格，在均衡和自由竞争的情况下，都将会趋于和单位成本相等。这已经不再是一个假设，而是边际效用规律的一个必然的推论；因此，在古典经济理论中扮演着极其重要的角色的成本原理，只有在主观价值理论的框架中才获得了它的真正意义，而且更加重要的是，它也只有在主观价值理论的框架中才能得到严格的证明。其次，这个法则也表明，那种宣称主观估价决定价格的波动，而成本则决定价格波动的长期重心的看法是多么肤浅；事实是，主观估价既决定价格的波动，也决定价格波动的重心。尽管有人也许会说，后者也可以进一步解释为成本原理的有效性的表现，但是，这个意义上的成本原理已经不再是一个独立的原理了。最后，这个法则还表明，从边际效用原理可以推导出，在何种范围内，成本可以充当特殊情况下价格波动的“中间原因”。由此，经济过程的全景就展现出来了。在这个全景中，在主观估价压力的作用下，经济中的各种生产资料都被分配到了各种各样的用途中去。

至此，理解工资、地租和利润所需的基本原理，现在都自动地摆在我们的面前了。归根结底，最基本的、最原始的生产资料是土地和劳动。所有的商品，不管是消费品还是资本品（资本货物），最终都可以还原为这两者。产品价值必然直接地或（通过资本货物这个中介）间接地反映到土地和劳动上；土地和劳动也因此而获得了自己的价值，并且在市场上通过自由竞争形成了相应的价格，即地租和工资。因此，按照庞巴维克的观点，工资是——将来还要增加一些附带条件——用"劳动的边际产品的价格"这个术语来表述的，劳动则是根据它的"生产的贡献"，或者我们也可以说，是根据它对社会经济过程的边际重要性而得到补偿的。对于地租，也可以给出同样的表述，虽然庞巴维克在这里只谈到了劳动。因此，根据这些假设，国民总产品将分解为工资和地租。这样一来，非常有戏剧性地，庞巴维克在突然之间就把所有这些古老问题的答案一股脑儿地摆在了我们面前，而且在正确性、简洁性、有效性等方面，都远远胜过了过去的所有成就。

我们完全可以说，上述结论是庞巴维克的理论体系的第二根支柱的顶盘①；当然，这并没有超出我前面那个隐喻的范围。但是其他要素的作用又如何呢？庞巴维克在这里既没有谈到利润，也没有谈到利息。对于这个问题，我们可以这样想，这里其实应该把《资本利息理论的历史与批判》的全部论证都插入进来，从而证明以前所有试图使利润和利息符合这里描述的整个画面的尝试都是不恰当的。当然，我不能这样做；实际上，我只需指出，庞巴维克已经阐述了两种阻碍收入等于成本这个规律实现的情形，也就足够了。

他把其中之一概括在"摩擦"这个标题之下。在生产资料的流动方面所发生的阻塞，会使消费品的价格暂时地，有时是长期地脱离成本法则所确定的标准。这种偏离既是企业家利润的来源，也是企业家亏损的来源。这样，庞巴维克接受了用市场机制的不完善来解释企业家利润这种思路。企业家的地位使他能够利用这种不完善而取得确定的利益——同时，他的这种努力对于消除这些不完善也是有帮助的。

造成扰动的第二个原因是时间的推移。那是一个"折"（fold），按照庞巴维

① 顶盘是房柱柱头上的一个构件，起支撑作用（原书编者注）。

克的观点，我们要从“折”中寻找关于利息现象的解释。于是，我们进入了一个建立在现在已腐朽的基础上的上层建筑。这个上层建筑是庞巴维克最具个人特色的成就，这个成就使他与众不同，特别是，将他同那些在其他方面与他最接近的人区别开来，因为这个上层建筑包含着他对理论经济学中最困难和最深奥的问题的解答，而且它那雄伟的外观给朋友和敌人都留下了极其深刻的印象。它给他的整个体系烙下了一个特别的印记，这是因为，正如我们在上文中已经提到过的，他改变了我们对资本的净回报的观点，从而改变了我们对几乎所有其他问题的看法；而且，这种影响会扩展到经济学研究的所有领域，甚至会超出这个范围影响到更加广泛的社会科学领域。

七

利息理论一直被称为一种兑换和贴水理论。它的基础是这样一个命题：人们对现在的商品的估价要高于对未来可以得到的、除了时间之外在其他所有方面都与前者一样的、可以满足相同种类和相同强度需要的商品的估价。这个命题引起争议的地方是，它引入了一个新的事实，从而扩大了经济学的事实基础。然而，这个事实并未超出价值原理的范围。与其说它是一个新事实，还不如说它是一个关于我们的估价过程的一个特点的新发现。在庞巴维克之前，不少人也偶尔“预先讨论过”这个发现，但是只有杰文斯曾经进行过系统性的论述。在庞巴维克看来，价值理论有机地吸收了这个事实，并适应了这个事实。他认为，这个事实从来没有破坏理论的一致性和基本结构的统一性；恰恰相反，对他来说，利息理论也是边际效用理论的必然结果。正如庞巴维克本人所说的那样（参阅他的《资本利息理论的历史与批判》），这种利息理论的决定性特点是，资本投资回报率的所有间接决定因素的影响，都是通过现在的商品与未来的商品之间的价值差别这个共同媒介来传输的。这也就意味着，利息只不过是这种价值差别的价格表现，是通过主观价值论和价格理论从这一价值差别中产生的；而找出这种价值差别的原因则是第二个问题，也是更深一层的问题。在这里，我们还看到了庞巴维克的理论的其他基本特征。这里描述的这种利息理论属于庞巴维克在其巨著第一卷的结论部分描述的三类利息理论中的第三类。第一类利息理论——“生产力理论”——因为把自庞巴维克以来所谓的“实物”生产力与“价值”生产力混淆起来而遭到了失败；第二类利息理论——“剥削理论”——因为无法证明为什么竞争的力量不能消除“剥削”的收益而以失败告终；第三类利息理论则在价值领域本身寻找利息的来源，认为既然利息率是一种价格现象，那么利息的来源必然存在于价值的领域中。贴水理论就属于这一类，这是最为成功的利息价值理论。只有时间的推移对主观估价的影响才能产生那种足以把商品流量的一部分转移到资本家手中的力量。

严格地说，为了满足我们需要的一切供应都意味着必须考虑到将来，因此，所有的经济活动都受我们在将来才能感受到、但是现在已经能够想象得到的需要（wants）的影响——而且，按照庞巴维克关于资本主义性质的概念，经济活动越是这样（受我们在将来才能感受到、但是现在已经能够想象得到的需要的影响），就越是“资本主义的”。另一方面，经济活动也要受我们在将来才可能满足、但是现在我们就能够预测到的客观需要（objective necessities）的影响。因此，未来的商品是我们的经济行为和我们的估价行为的对象——实际上是最重要的对象。很明显，这类估价是可以借助同样的边际效用原理来理解的。除此以外，还必须补充以下事实（不过，从原则上讲，这些事实并没有更大的意义）：与我们有关的是想象的需要，而不是现在感知到的需要（永远要记住，前者与后者一样，都是可以度量的）；与我们有关的不是现在的需要与供给之间的关系，而是未来时点上的供需关系；再者，将来的满足永远必须乘以一定的系数，这个系数表示预期效用的概率（“风险溢价”）。

就这样，庞巴维克引入了一个对价值分析有基本重要意义的事实，他认为现在的商品具有比同样数量、同样种类的未来的商品更高的主观价值。其原因如下。

第一，因为人们或者是希望更充分地为将来的需要作准备，或者是——当情况并非如此时——拥有现在的商品既可以满足现在的需要或充当可以满足现在的需要的商品的替代物，又可以为满足将来的需要做准备（特别是在货币经济中，总是有可能以极少的代价来实现这类“储蓄”）。因而，现在的商品的价值至少要与未来的商品的价值相等，而经济中总存在着未来的商品对于现在的商品一般的“价值贴水”。

第二，因为我们在一般情况下总是低估未来的需要。未来的需要很难被我们充分感知，想象的需要不具有与那种实际感知到的需要相同的迫切性；最终，一般的个人根本不会为超出一定时间范围以外的遥远未来做准备。这些心理上的因素彼此相互加强，其结果就是“低估将来的享受”——这就是有利于现在的商品的价值贴水之所以存在的第二个原因。

第三，因为“耗时”的迂回生产效率更高，这就是说，如果一定数量的原始生产资料先用于生产中间产品（如工具），然后用于生产消费品，那么最终生产出来的有形产品（实物产品）就会比全部用于直接生产消费品时更多。因此，“旧的”生产资料（即较早用于迂回生产的生产资料）与“新的”生产资料（即后来使用的生产资料）相比，在任何情况下都将表现出技术优越性——除非在此期间出现了新的发明或类似的东西，使运用“旧的”生产资料的方法变得过时了。

这也就引出了一个前面没有出现过的问题。如果前面两个导致贴水的原因不存在，这第三个原因会不会使“耗时”的迂回生产不但能够生产出数量更多的产品，而且能生产出价值更大的产品呢？对于这个问题，庞巴维克的回答是肯定的。因为根据迂回生产原理，如果把一定数量的现在的生产资料用于迂回生产，那么在未来的任何一个时点上能够生产出来的产品的数量，都会大于在那个时点上用于直接生产的同样数量的生产资料生产出来的产品的数量；同时，它的产出也会大于后来用于较短生产周期的同样数量的生产资料的产出，因为生产资料在使用过程中的迂回程度越高，它们的生产力就越高。由于一个人在同一时间可以利用的两种数量的同一商品当中，数量较多的无疑是更有价值的，因此较早的时间可以利用的一定数量的生产资料的生产力价值（而不仅仅是实物生产力）必然——根据我们的假设和庞巴维克的说法——总是大于较晚的时间可以利用的同一数量的生产资料的生产力价值，无论这两种生产资料是否在同一时点上被生产出来。而且采用“耗时”的迂回生产方法，意味着人们可以等待他们预期的价值更大、数量更多的产品，也就是说，用来维持从事迂回生产的人的生活的那部分生活资料（维持生存的基金），其实是现在就可以使用的。因此，能不能获得迂回生产的“剩余价值”，就取决于这种现在的生活资料的存在；同时，根据归属理论的一般原理，这个“剩余价值”是要转移到现在的生活资料中的。因而，这就成了价值贴水的另一个——第三个，也是最重要的一个——原因，这种贴水有利于现在的生活资料而不利于未来的生活资料。

关于迂回生产的剩余实物生产力的这个命题以及另一个命题［即迂回生产的剩余实物生产力是现在的商品的价值超过未来的商品的价值（价值贴水）的第三个原因，这个原因是独立于前两个原因的］引起了很多争论，并因此逐渐形成了一整套“关于第三个原因的文献”（庞巴维克对这些争论的回应见《资本实证论》第三版和补论）。在这里，我们并不需要详细研究围绕着这个问题的争论，相反，我们将只指出，根据庞巴维克的看法，这第三个原因（对于庞巴维克来说，它原则上是独立的）是如何与其他两个原因联系起来的。当然，有一点是非常清楚的：全社会的生产资料将会“义无反顾”地涌入那些能够取得最大边际效用的行业，而且这个一般原理也适用于在未来的不同时点上发生的不同生产结果之间的选择。事实上，前述第三个原因所指向的是无限长的迂回生产过程，这是因为，根据我们的假设，任何生产周期的进一步延长都必须与产品的数量和价值的不断增加——尽管增幅不断减小——相联系。但是，根据第一个和第二个原因，这些不断增加的价值量必须用一个递增的预期折扣来估价（贴现）；这样一来，前两个原因与第三个原因之间的这种相互作用，将最终决定能产生最高的（现在的）价值的生产周期的长度。因而，对任何一个人来说，这三个原因的影响不是相加性的，前两个原因中的任何一个都可以抵消第三个原因的影响。

这三个“原因”会对不同的个人产生程度极不相同的影响。虽然价值贴水是所有个人概莫能外的一个共同的心理事实，但是就不同的个人而言，它们所能起到的具体作用大不相同。但是，正是因为这个事实，才导致人们必然会在估价过程中出现“意见分歧”，从而使得个人之间以现在的商品交换未来的商品的交易得以进行。这样一来，就出现了一个用于交换现在的商品和未来的商品的市场，而现在的商品与未来的商品之间统一的客观的价格贴水，则是由“边际对偶”规律决定的；这就是利息（率）的起源。在庞巴维克的无懈可击的模型中，现在的商品与未来的商品交换时的贴水，与每种价格一样，也具有双重的调节作用。首先，有些人基于自己对其他一些因素的考虑，对未来的商品的估价可能会低于市场贴水所表明的价值，但即便是这些人，也根据市场贴水来调整。其次——这是一个非常有趣的转折点——“现在的商品的价值在远近不同的未来时点上高于未来商品价值的贴水的大小，是与时间间隔的长短成比例的”，但是，个人对未来的商品的低估，则很可能是不连续、不规则地发生的。举例来说，现在的享受与一年以后的享受两者之间的差别可能非常大，然而一年之后的享受与两年之后的享受两者之间的差别却很可能几乎完全看不出来。

简而言之，庞巴维克著名的利息理论的内容就是上面这些了。当然，他本人是不可能满足于这样一个概要的。他要把自己的理论贯彻到资本主义结构的最深层的根基和每一个角落中。接下来，就让我们跟随他的思路走马观花一番吧。他要处理的主要是以下两个问题。第一个问题是如何证实我们凭经验就可以确定的资本利息确实来源于前面描述过的那些“支柱”；第二个问题是如何在这个理论的基础上推导出利息（率）的水平和变动规律。

当然，要解释贷款必须支付利息并不困难。只要把贷款定义为以现在的商品交换未来的商品，就可以说明问题了。此外，十分明显的是，任何一个申请消费贷款的人对现在的商品的评价必定高于未来的商品，因此，即使贷款者并没有低估未来的商品，利息也会产生。进一步说，同样明显的是，任何一个申请生产贷款的人对未来的净利润的预期也会导致类似的贴水，因此也会导致相同的结果。但是，需要注意的是，下面这些问题——关于资本回报率这个重大的社会事实的问题，以及关于资本主义经济中上等阶层赖以存在的基础的问题（实际上也就是资本主义社会经济结构的问题）——的答案，全都依赖于对这种净利润的以及对它在经济运行过程中出现的规律的解释。在庞巴维克这里，这个源于企业家的资本净回报，就是通过将它与他的利息理论的基本结论联系起来而得到解释的。

这是庞巴维克的卓越技能的又一个成果。在这种情况下，解释的原则也是很容易阐明的，因为它本身就几乎是不言自明的。在企业家购买的生产资料中，一部分是由劳动和土地的服务构成的，另一部分则可以还原为这两者。土地和劳动的服务是潜在的生活资料，正是由于这一特性，它们才具有价值。但是，因为它们仅仅是未来的生活资料，所以价值必然低于同等数量的现在的生活资料的价值。土地和劳动的服务是按照它们现在的价值从它们的所有者那儿购入的，而未来利用它们生产出来的产品则将在未来按出售时的价值售出。这样一来，当现在的生产资料在企业家经营下开始进入能够提供生活资料的成熟期时，价值增值现象就出现了——这种价值增值是企业家的资本净回报的基础。要将这个结论应用到不同的经验事例中，其实并不特别容易。不过，这种应用中的许多问题——特别是因为同一生产资料在生产周期的不同阶段具有多种不同的用途而导致的困难——都被庞巴维克十分细致地解决了。这就保证了，即使在我们学科的最遥远的将来，他的著作也仍然是我们的价值无法估量的指南。

下一步就是要阐明这些价值关系总是会导致价格贴水。这种价格贴水将作为原始生产资料的全部未来边际产品的货币价值的一种折扣，出现在以劳动和土地的所有者为一方、以拥有资本的企业家为另一方的交易中。或者，如果我们把资本家的功能与企业家的功能区分开来，同时把企业家看作介于原始生产资料所有者与资本家之间的纯粹的中间人，那么这种价格贴水将出现在资本家与由企业家代表的劳动和土地的所有者（如果这样说是正确的）之间的交易中，这时候，它是作为前者预支的维持生存的基金的价格贴水，换句话说，是以利息（率）的直接形式出现的。我们看到，庞巴维克在这里所说的资本家的主要角色是作为经营现在的商品的商人。乍看起来，这似乎是一个相当陌生的观点，但这个观点却是非常深刻的，是看透了经济过程的本质的结果。上面所说的这两种交易形式都涉及同一个核心，即都表明贴水是不可避免的。接下来，我们主要说明贴水在第二种形式中的必然性，因为这种形式是可以还原为第一种形式的。

在这个“生活资料市场”上，资本家面对的是工人和地主。因为在任何一个给定的时期内，可利用的生活资料的数量，以及可利用的劳动和土地的数量，都是给定的（关于这个假设的前半部分，下面还会进一步讨论到）。这样，对资本家来说，他们拥有的生活资料的使用价值是无关紧要的，因为在任何情况下，他们只能消费其中的一小部分。因此，我们可以暂且忽略他们对未来商品的价值低估——事实上，如果存在这种低估，必然会出现贴水的理由就更加充足了。而对工人和土地的所有者来说，对其劳动和土地的估价是根据它们在直接生产中的潜在用途给出的（事实上，在他们本身就能够进行资本主义生产这个意义上，他们每一个人都承担着作为个人资本家的功能），严格地说，这种估价就成为一个下限，一旦低于这个下限，他们就不会交易了。但是，在现代生产的条件下，这个界限却是相当模糊的。因此，在这种情况下，对于资本家来说，即使贴水非常小，甚至接近零，他们也愿意进行交易。而对于工人和土地所有者来说，根据迂回生产原理，超出直接生产回报的剩余回报取决于他们拥有的可以利用的生活资料，因此，只要他们能得到这个剩余回报的其中一部分，哪怕是只得到其中很小的一部分，甚至接近零，他们也愿意进行交易。这样一来，最终的结果将取决于在给定的维持生存的基金所允许的生产周期的延长期的终点，工人和土地所有者对生活资料的需求的强度。一般来说，一方面，无论这个维持生存的基金的规模有多大，它终归是有限的；但是另一方面，如果能够把生产期间延长到超过一定的维持生存的基金所允许的最大长度，那么就能够获得更多的剩余回报。因而，如果没有贴水，那么无论维持生存的基金的规模有多大，都总是会存在着对于更多数量的生活资料的旺盛需求，而且这种需求是无法满足的。由于任何有限的维持生存的基金都难以满足这一需求，结果只能是，这种旺盛的需求将会推动价格的上涨。因此，现在的商品的价格必定总是高于未来的商品的价格，从而贴水必定会出现，也就是说，利息（率）必定会出现。这就是需要证明的事情。

反过来马上就可以看出，如果没有利息，那么生产周期的无限延长就会变得有利可图；而且很显然，随之而来的必定是现在的商品的供不应求，而这反过来又会导致直接生产，并因此而导致利息的重新出现。至此，利息在经济中的真正功能也就水落石出了。这样说吧，利息相当于一个制动器，或者说，一个调速器，它可以防止人们把生产周期延长到经济上不可接受的程度，并促使人们加强对可以满足现期需要（present want）的商品的供给；事实上，现期需要就是通过利息“迫使”企业家注意到它们的。这也就是为什么利息能反映现期需要的相对强度的原因。在每一个经济体中，未来的（长期）利益和现在的（短期）利益是通过现期需要的相对强度而被人们感知的；因而，现期需要的强度也反映了这个经济体的人民的智慧和精神力量。人民的智慧越高、精神力量越强大，那么利息率就越低；这就是为什么利息率能够反映一个民族的文化水平的原因。文化水平越高，可以利用的生活资料的储备量就越大，生产周期就越长；根据迂回生产原理，随着生产周期的进一步延长，剩余回报就会产生，从而利息率也就越低。这就是庞巴维克的利息递减规律，是他对我们这门学科中许多最杰出的学者绞尽了脑汁却没能找到答案的一个古老问题的解答。

我们的论证进一步表明，因为只有对现在的商品给予贴水，才能使现期需要与远期需要（future want）之间处于相对平衡的状态，所以即使在社会主义社会里，现在的商品的价值也不会与未来的商品的价值相等；同时，作为利息率基础的价值现象即使在社会主义社会也不可能不存在，因此就需要一个中央计划委员会来关注这个现象。由此而导致的结果是，即使在社会主义社会里，工人也不能直接地得到他们的产品，因为生产现在的商品的工人所生产的产品，要少于那些生产未来的商品的工人所生产的产品。因此，无论社会决定怎样处理与价值贴水相对应的那些商品，即使在工人当中平均分配，它们也绝不可能自然而然地以工资形式归工人所有（但是以利润形式则可以）。这会导致一系列实际的后果；例如，假设某个社会主义社会有朝一日意识到了它的成员对它自身的经济价值，那么在这种情况下，它就只能根据工人的生产力的贴现价值来评估他的价值了；同时，由于所有具有相同工作能力的工人显然都应得到同样的评价，所以即使在这种情况下，也必然会产生“剩余价值”；它将以特殊类型的收入的形式出现。不过，从理论的角度来看，更加重要的是如下这个结论——这里使用的是一个在关于这个命题的论述中已经被广泛接受的术语——利息率是一个纯经济的概念，而不是一个历史的或法律的概念。行文至此，正好可以提一下庞巴维克对剥削概念的两个修正。第一，只有在这个意义上，即当我们可以说社会主义国家里也存在剥削的时候，才可以把“剥削”说成是利润的原因。第二，不仅存在对劳动的剥削，而且存在对土地的剥削。当然，对道德判断或政治评价来说，上述结论可以说是不相干的，因为社会主义国家会以不同的方式使用其“剥削所得”；但是，对我们深入了解问题的本质就非常重要了。

这样一来，一个把庞巴维克的理论中极有价值的所有结论全都贯穿起来的完整的逻辑链条就清晰地呈现在我们面前了，而且，再补充更多的环节也不会有什么困难。关于这一点，我只想指出，在通往关于工资和地租的完整理论的道路上，我们上面的论述已经把我们推到了第二阶段。在价值理论和价格理论中，我们把工资和地租视为两种原始生产要素的边际生产力结出来的果实。我们现在能够补充的东西——在这里，庞巴维克的工资和地租理论与那些在其他方面最接近他的经济学家的工资和地租理论分道扬镳了——可以阐述如下：工资和地租是劳动和土地的边际产品价格乘以它们的数量，并折现为现在的数字①——很显然，这个命题不但没有背离边际生产力观念，而且在一个很重要的方面加强了这个观念。

而在这里，我要提到一个来自同一基本观念但却更加精彩的发展，它使我们能够把地租理论看作一个更一般理论的特殊情况，并能加深我们对它的理解。这就是耐用商品的利息和资本化理论。我们可以把拥有一种以上用途的商品看成多种服务的组合；各种服务都能满足我们的需要并被直接估价，而商品本身的价值只是这些价值的总和。因此，在任何一个时点上，这个价值都是尚未从商品身上“拿走”的那些服务的价值的总和。当这些服务只能随着时间的推移分期地提供、分时段地使用时，对那些在更远的将来才能实现的服务的估价就必须服从低估未来的商品这一原理，而且这必然是通过折现为现在的价值的过程得到的。这样一来，庞巴维克就把一个人们在经济实践中非常熟悉的过程，以极其简单的方式纳入了一个普遍原理的框架之中，并且在此基础上，引出了对这类商品的价值与价格的形成的解释（即对它们的资本化的解释），以及对那些能提供无限多的服务的商品（例如农业土地）为什么还具有确定的价格的解释。只有这样的分析才能构成一个对“地租是净回报”的严格证明。因为我们能够直接观察到的仅仅是土地的实物产出，它与总收入是同样的东西。自从重农学派时代以来，传统的地租理论所讨论的一直只是问题的这个方面。正因为这样，庞巴维克才说，以往的经

① 这种工资理论，已经被庞巴维克的最杰出的战友之一陶西格进一步发展了。

济分析完全没有触及这一问题的经济本质，即纯收入问题。举例来说，假设一个采石场能生产 100 年，每年的回报是 1 000 克朗，然后就报废了。在这种情况下，如果不存在折现方法的话，那么它的业主就无法花费这个收入总数中的任何一部分，要不然就不得不耗尽他的“资本”。只有根据我们在这里所描述的理论观点，地租才表现为一种纯收入。我们几乎用不着详细地去阐明，与李嘉图的学说相比，庞巴维克的整体理论结构——就解释问题的价值和深度而言——是何等地优越，它不仅在批判性方面，而且建设性方面，都大大地超过了李嘉图的理论。

从我们现在所处的位置可以清楚地看出，涵盖了所有其他纯收入的枝枝蔓蔓的利息现象，是如何延伸到一切经济过程、深入到一切估价当中的；换句话说，利息现象是无所不在的。我们认识到，资本的净回报不仅是一种与工资和地租平行的收入，而且是可以与后者对峙的。这个见解在当时无疑是全新的，代表着前进道路上关键的一步；自那时开始，人们就对它从各个角度进行了详尽的阐述，并在欧文·费雪和 F. A. 费特（F. A. Fetter）的著作中得到了系统的发展。

现在我们已经接近了通往“庞巴维克大厦”顶端的阶梯的最后一级。他是第一个充分认识到生产周期的长度的两个方面——生产力方面和时间的推移方面——的重要意义的人。他阐明了这两个方面的确切内容，明确了它们在边际效用分析体系的基础中的地位。他还进一步使生产周期的长度成了经济均衡的一个决定因素，从而使“生产力”“经济周期”“商品流动”等概念有了截然不同的含义。同时，他还把许多来自经济生活的、以往从来没有得到过详尽阐释的关系纳入了分析框架。但是直到现在为止，他的同事中仍然几乎没有人能够在这些曲折的小径上紧紧地跟上他的脚步。关于他的毕生事业的大量讨论，也主要集中在他的研究历程的最初几个阶段，以至于出现了这样一种情况：庞巴维克的理论体系当中，一直受到边际效用理论的反对者非难的、被他们指责为算不上真正意义上的科学成就的那些部分——例如，特别是将庞巴维克的体系与马克思的体系相对比时——其实恰恰正是他成果最丰硕的部分，至今仍然没有被更广泛的读者理解和接受。而且，很少有人认识到，他的特殊的天才成就，也就表现在这个地方，尽管他的基本思想是非常朴素的。

生产周期长度这个因素的引入和严密论述，是通过考虑它与维持生存的基金数量的关系来进行的。在前文中，我们假定这个数量是一个既定的事实。当我们认识到，资本家提供的维持生存的基金就等于经济财富的总额时（当然，劳动和土地除外，在意外情况下，由于浪费、紧急状况以及其他偶然原因而消耗掉的那一小部分也除外），这个数量也就确定下来了。经济财富的总量的大小通常总是十分明确的（但是，旧的“工资基金”则没有这个特点），这一点只需根据资本形成理论就可以得到解释，也可以被视为分配理论的一个论据。这样，因为工人的人数和土地的数量在任何情况下都是已知数，我们就拥有了一个构建客观的经济数量关系的新基础——它大大地丰富了我们的理论。但是，在明显存在着已经生产出来的生产资料的情况下，一个经济的财富总量怎么可能完全由“生活资料”组成呢？情况是这样的。生活资料的流动当然是持续不断的，一定的生产周期所需的全部生活资料，在该周期开始时并不一定必须全部都准备好（储备在某个地方）。如果是全部都准备了的，那么上述问题的答案是很清楚的。但是，即使所有为数众多的正在进行的生产过程在同一时刻并不处在同一生产阶段（因为它们是根据各自的产品“成熟”程度交错地进行生产的），问题的答案也不会有重大的改变；因此，整个生产周期的生活资料，在任何一个时点上都有一部分已经被消费了——与各种中间产品，如原料、机器等等一起，它们随时准备着补充进来——另一部分则还有待生产出来。在这种情况下，我们完全可以说这个生产周期的生活资料总量等于当时现存的全部商品的总量；而且它仅仅是与原始生产资料相对应的。还有一点也很清楚，我们视线所能及的生产目标越远，这种定义的生活资料的总量就越大。最后，既然商品的流动是持续不断的，而生产过程的所有阶段也是同时进行着的（严格地说，这一假设并不总是正确的，但是为了简化起见，我们在这里暂且先这样假设，因为无论如何，这种不精确之处都不会对我们要论述的原理产生重要影响），所以很清楚，只要这个总量能够满足半个生产周期的需要就已经足够了。

现在，这两项重要的数据——维持生存的基金的大小、可以利用的土地和劳动的服务的数量——之间的关系已经通过“生产周期”这个环节建立起来了。而且，这个环节现在已经不再像古典经济学著作中所说的那样是刚性的，而是灵活的。同时，我们还掌握了关于它的“灵活性”的规律：生产周期的最终长度，首先取决于上述两个数据的具体大小，其次取决于资本家（企业家）的选择，而他们必然是根据利润最大化这个目标做出判断的。于是，客观的数量关系和主观的力量结合在一起，形成了一个和谐的整体。由此，我们就可以精确地确定生产周期的长度、利息率、工资和地租，以及它们彼此之间的关系了。

不过，庞巴维克并没有把上面这个结论完全表达出来，仅仅谈到了工资和利息，而忽略了地租。[①] 其主要原因在于，这个问题在技术上是比较复杂的，如果不运用高等数学就几乎难以处理。但是，这并不会改变问题的性质，庞巴维克给出的简单的例证同样能够让我们非常满足。

他的结论很容易就可以阐述清楚：要确定的工资率就是能够使生产周期最有利于企业家（资本家）的那种工资率。在这样的生产周期内，按照上述方式确定的工资率恰好可以耗尽该经济体中可以使用的劳动力总量，并恰好能完全吸收维持生存的基金（以补偿被耗用的劳动力）。

实际上，如果假设市场暂时随机地确定了某个工资率，那么结果将会是这样的：在给定的迂回生产方法的迂回性不同的各种生产周期中，以它们各自的生产力来衡量，肯定有一个（而且只有一个）生产周期是对企业家（资本家）最有利可图的。那么毫无疑问，这一生产周期将会被选中，从而一个明确的利息率也就被确定下来了。如果在这种安排之下，劳动和土地的服务的总量与维持生存的基金总额正好可以相互交换，那么如前所述的均衡条件就满足了，均衡也就实现了。如果不是这样，那么未被使用的那部分土地和劳动，以及未被使用的那部分生活资料，将会使工资率或利息率降低，也可能使两者同时降低，而这就会导致另一种生产周期更加有利可图，直到均衡条件得到满足为止。

这样，我们就得出了“利息规律”：利息率必须等于上述一切条件下被采用的生产周期最后一次延长时的剩余回报率。假设这种可能的最后一次延长全都发生在某个行业的企业里，那么我们就可以认为，它们的所有者是生活资料市场上的“边际买主”，从而可以把这个决定利息水平的规律看作一般的价格规律的一

① 其后，维克塞尔（Wicksell）又遵循庞巴维克的道路，研究了这种一般的问题。

个特例。

而且，这样也就确定了利息与工资（以及租金）之间的确切关系，同时也就确定了它们相互决定的方式，这样，就开辟了广阔的实际应用的道路。为了阐明这种视角可以带给我们的丰硕成果，下面略举数例加以说明。第一，我们可以准确而深刻地认识维持生存的基金的规模的变化和劳动数量的变化的影响，以及迂回性不同的各种迂回生产方法的生产力的变化的影响；毫无疑问，随着技术的进步，这种变化会不断地发生。第二，劳动质量的改进是怎样影响利息和工资的？这个问题也得到了解决。第三，我们还获得了如下知识，即工资的上升首先会导致利息率的下降，然后会引起生产周期的延长，最后又会导致利息率的反弹，不过反弹高度不会达到它最初的水平；与此类似，工资的下降会缩短生产周期，提高利息率，增加对劳动的需求，从而反过来又会导致工资上升，但是同样低于它最初的水平。此外，我们还可以得出这样的结论：维持生存的基金在资本家之间的分配方式与利息率水平没有什么关系；同时，固定资本与流动资本之间的区分意义，也不同于古典经济学著作中这种区分的意义，而且其重要性也要小得多。在一定的条件下，不仅工资的绝对水平的变化规律，而且工人在社会总产品中可以得到的相对份额的变化规律，也都可以推导出来。不过，在这里我们无法详细阐述这些问题。

就这样，庞巴维克以最简单的方式取得了最伟大的胜利。庞巴维克的著作有史以来第一次阐明了作为主观估价与“客观”事实的有机统一体的社会经济过程理论。在《资本实证论》的最后一章，这位大师在天才的光辉照耀下的高大形象跃然纸上，我们在任何其他地方都不可能再看到此情此景了。同样地，他在任何其他地方都未曾如此清晰地表明，他可以取得多么丰硕的理论成果。他所运用的基本上是数学的思维方式，而且其精确性和正确性都极其惊人；但是，他并没有使用任何一个数学符号，也没有采用任何数学技术。他不熟悉这些技术，他也从来没有学习过这种思维方式。作为一个天生的科学家，他是完全凭借着对自己所研究的事实材料的逻辑必然性和逻辑对称性的准确感知，几乎无意识地自己重新发现了这种思维方式。

他还把这种逻辑准确性和美感，与对具体事物和有重要实践意义的东西的强有力的直觉结合了起来。他在自己的道路上从未出过差错，他永远都知道如何把自己探索的脚步引向那些有具体问题等待解决的地方。他的著作就是一幅指明了宝藏所在地的巨大的航海图，当然，只有利用他的方法，宝藏才能被发掘出来。他还把适当的经验数据引入了自己的理论框架当中，从而展示了对资本主义经济现象进行具体的数量性描述的可能前景；就算这种前景暂时还不具备现实可能性，它至少也是人们热切盼望的。我不知道他自己究竟有没有思考过这种可能性。据我所知，他本人从来没有表示过这种意思。但是，这个可能性总有一天会变成现实；当那一天真的到来时，肯定要首先归功于他的著作的引导。

说他的著作是不朽之作，也只能表达他的伟大成就之万一。在未来的很长一个时期内，对这位伟大斗士的回忆将被争论不休的双方（敌人和朋友）的爱和憎染上各种色彩。但是，在我们学科所有可以引为骄傲的伟大成就中，他的成就无疑属于最伟大之列。无论未来的人们将怎样对待他的成就，也无论未来的人们将怎样理解他的成就，他的著作留下的痕迹都永世不会消失。无论他最关心的这门科学将在什么道路上走下去，人们都将会永远聆听他的精神的呼唤：

我已经通过才能和艺术把你带到此地，现在把你的兴趣当作向导吧。*

* 但丁《神曲·炼狱篇》的第30章。——译者注

弗兰克·威廉·陶西格*①

(Frank William Taussig)

(1859—1940)

一、早年(1859—1880年)

无论我们认为血统和教养，或者更恰当地说，遗传和环境在杰出人物的成长过程中的相对重要性如何，毫无疑问，在陶西格身上，这两者是以最美妙的方式结合在一起的。因此我们认为，与其他人相比，在描述陶西格这个集公民、学者、教师、公仆等多种头衔于一身的

---

* 原载《经济学季刊》，第55卷，第3期，1941年5月。版权（1941年）属哈佛大学理事会所有。

① 在为撰写这篇传记性文章搜集资料的过程中，我们得到了陶西格的许多朋友和亲人的帮助。我们特别要衷心地感谢陶西格的妹妹艾尔弗雷德·布兰代斯夫人（Mrs. Alfred Brandeis）、陶西格的儿子威廉·G. 陶西格先生（Mr. William G. Taussig）以及陶西格的朋友和同班同学查尔斯·C. 伯林厄姆先生（Mr. Charles C. Burlingham）的合作。保罗·斯威齐博士（Dr. Paul Sweezy）热心地从1879级的《班级报告》中搜集了许多关于陶西格的资料。关于陶西格的父亲的大部分资料都来自他于1940年发表在《哈佛商业评论》（*Harvard Business Review*）上的那篇题为《我父亲的商业事业》（My Father's Business Career）的文章。

关于陶西格著作的目录，请参阅1936年发表的《经济学探索：为祝贺F. W. 陶西格而征集的论文集》一书的附录。

【这个注释中的“我们”是指阿瑟·H. 科尔（Arthur H. Cole）、爱德华·S. 梅森（Edward S. Mason）和约瑟夫·熊彼特。我们三人组成了一个小组，一起为《经济学季刊》准备这篇逝世纪念论文。】

人物的时候，我们更有必要采取传记作家的方法，即首先从描述他出生的家庭和创造了这个家庭的两位杰出的人物开始。

弗兰克·威廉·陶西格的父亲——威廉·陶西格——在1826年出生于布拉格，到了1846年的时候，他已经成长为一个聪明、精力充沛、很有教养的青年。那时，捷克和德国的上空因两国之间的相互冲突已笼罩上了层层阴云，而且越来越厚。他厌恶这种环境，于是决定移民前往美国。到了美国之后，他首先去了纽约，然后来到了圣路易斯，在化学品贸易业找到了一份工作，从事原料药品的批发买卖。这就是这位十分成功的且（在当时）十分典型的美国人的一生事业的第一步。几年之后，威廉·陶西格决定放弃原料药品批发业，进入圣路易斯医学院学习精细药物学；在获得了学位之后，他在卡隆迪莱特（Carondelet）——现在的南圣路易斯（South St. Louis）——开办了一家诊所，开始行医。那时，他常常骑着马，带着手枪和药品，到处给人看病。[①] 随着时间的推移，威廉·陶西格的声望不断上升，社会地位也不断提高，他曾经担任过市长、郡法院的法官，最后担任了郡法院的首席法官。他的诊所的生意也非常兴隆。但是，南北战争爆发了，战火燃烧到了他所在的这个边界州，给所有人都带来了难以承受的负担。作为一个坚定的联邦主义者和废奴运动的支持者，1865年，威廉·陶西格接受了负责征收一个地区的联邦税收的税务官的职位。根据1862年和1864年的《税收法案》，税务官的收入是以自己征收上来的税款为基础，按一定百分比提成的；因此，他们或者一分钱也得不到，或者如果他们有足够的耐心和能力，同时又敢于坚持自己的合理要求，那么就可以从联邦政府那儿获得很高的收入。[②] 威廉·陶西格在这方面做得非常出色，凭着这份津贴，他开始了自己的第四个职业，那就是银行业。进入银行业后，威廉·陶西格在圣路易斯国民商业银行（Traders' National Bank）担任副总经理。虽然这家银行业绩平平，但是在银行的客户当中，有一家桥梁公司，该公司成立的主要目的就是建造一座横跨密西西比河的大桥。威廉参与了这个工程，继而成功地当上了该公

① 在那个时代，手枪似乎是男人的必需品。陶西格教授很喜欢讲，当手枪不再是必需品的时候，为了表示庆祝，他的父亲还请自己的夫人和他一起来到野外，“痛快淋漓地一口气把子弹打完”。

② 陶西格教授回忆道，他的父亲经常去华盛顿，在那里他会抱着账本连续几天坐在财政部门口的台阶上，一直到他得到了陈述的机会并取得自己应得的款项为止。

司的账务主管和总经理，从而开始了他一生中的第五个职业，一个给他带来了荣耀、地位和财富的职业。这家企业的经营从一开始就非常成功，最后发展成为圣路易斯铁路总协会，它为所有经过圣路易斯的铁路建造了联合车站，并用自有的机车承担了从东圣路易斯往西直至终点站的全部运输业务。威廉·陶西格凭借自己的智慧和充沛的精力[①]，扫清了城市工商业巨头和铁路委员会对企业发展造成的种种障碍。最后，在克服了重重困难、一切都尘埃落定之后，他顺理成章地当选为董事长，这是一个清闲而又尊荣的职位，他一直担任到 1896 年，直到 70 岁时才退休。退休之后，他仍然忙于各种社会活动，并赢得了人们广泛的爱戴、崇拜和尊敬，直到 1913 年去世。

弗兰克·威廉·陶西格的母亲阿黛尔·维佩尔（Adele Wuerpel）出生于莱茵河畔的一个小村庄，她是一位信仰新教的教师的女儿，这名教师在 1848 年大革命期间被解雇，因此举家移居到了国外。威廉·陶西格和阿黛尔·维佩尔于 1857 年结婚，他们的婚姻是极其美满的。阿黛尔·维佩尔是一名妩媚动人的女子，她既能干又温柔，既美丽又善良，而且性格开朗，感情丰富。她既能够在逆境中给人以安慰，又是成功道路上令人愉快的良伴。她有一副迷人的女中音歌喉，与丈夫共享着对音乐的热爱。她始终如一的爱散发的热力，使她的家成为了一个温暖的港湾，因此家中从未发生过任何问题。直到今天，我们都不难想象这个家的样子。一开始，家里的经济条件只是中等，后来变得富裕了，但是无论在什么条件下，她都为她的丈夫和孩子创造了最好的环境。这个家庭的三个孩子——这篇传记的主人公、比他先去世的弟弟和他去世时仍然在世的妹妹——都非常热爱自己的母亲。这是一个自足自乐的家，它使所有家庭成员都接受了合作共存的价值观念。弗兰克·威廉·陶西格就是从这样一个家庭里继承了浓厚的家庭观念的；对于弗兰克·威廉·陶西格来说，家庭生活和家庭责任是最基本的东

① 许多例子都可以证明威廉·陶西格这方面的能力。他的一件轶事很好地说明了他是如何打动了一位非常精明的、完全有资格鉴定其他人的商业能力的工业巨头的。他的桥梁公司向卡内基钢铁公司订购了一批钢管，但是在交货问题上发生了纠纷。威廉·陶西格专程前往匹兹堡，与安德鲁·卡内基（Andrew Carnegie）本人见面，商讨解决这个问题的方法；且不论他的具体论点是什么，总之他胜利地完成了这一任务——结果是，卡内基同他合作了。

西。对此，我们根本不必觉得奇怪。

正如我们能够想象的一样，弗兰克·威廉·陶西格度过了一个快乐的童年。他的妹妹是这样描述他的："他在学校里总是名列前茅，在学业上一直走在别人前面，这是毫无疑问的；而且他很早就表现出了良好的身体素质。在我开始记事的时候，他已经是一个大男孩了；在我的印象中，他手中总是拿着一本书，或是为了学习，或是为了消遣。当他阅读时，总是全神贯注，什么也不能使他分心，除非你直接大声地叫他。他习惯于在家中的起居室里工作和学习。……至于他就读的学校，我可以肯定，在他 11 岁之前，他上的是一所公立学校。之后，他就去了史密斯学院（Smith Academic）学习。……那时我们家中常常回荡着音乐的旋律，我们可以不时与鲁宾斯坦（Rubinstein）和温尼奥斯基（Winiawski）等艺术家见面。还有西奥多·托马斯（Theodore Thomas），他每次到圣路易斯来，都会住在我们家里。弗兰克很早就开始学习小提琴了，他的老师是当时圣路易斯最有名的小提琴家，也是我们家的一位亲密的朋友。弗兰克上大学时，已经是一位极有造诣的小提琴家了。在大学里，他经常在一个弦乐四重奏小组里表演，他还是皮埃里亚（Pierian）乐队的成员之一。音乐是他一生最爱的娱乐和消遣之一。……除了在夏季进行短期的远足之外……他平时很少外出旅行。"①

1871 年，弗兰克·陶西格和查尔斯·C. 伯林厄姆先生在史密斯学院成了同班同学，从那里开始，他们两人就结下了终生友谊。后来，他们一起进入华盛顿大学，1876 年又一起转学到了哈佛大学。虽然他们已经开始准备参加新生入学考试了，但是系主任查尔斯·F. 邓巴（Charles F. Dunbar）慧眼识英才，允许这两位学生免考直接升入二年级，他的直觉无疑是对的。陶西格在牛津大街租了一套公寓，而在伯林厄姆看来，那简直算得上一座富丽堂皇的宫殿了。在哈佛大学，他表现出了成为一名杰出的学者的潜力。他学习了与经济学——那时候是政治经济学——有关的所有课程和许多历史学课程，并在 1879 年以历史学的"最高荣誉"获得者的身份参加了毕业典礼。他的毕业论文题目为《德国的新帝国》（The new empire in Germany）。他还被选入"Phi Beta Kappa

① 艾尔弗雷德·布兰代斯夫人给梅森教授的信。

大学生联谊会"[*]。大学图书馆的借阅记录表明，在1878—1879年间，他借阅了大量关于历史和哲学的图书。但他绝不是一个默默无闻的书呆子，他参加了班级棒球队，还作为一名六桨船船员参加了划船比赛；此外，他还加入了六七个学生俱乐部和学生团体，结交了很多朋友。当然，他也一直没有放下自己至爱的小提琴。

陶西格在获得学士学位后，于1879年9月在另一位终生挚友E.C.费尔顿先生[①]（Mr. E. C. Felton）的陪同下去欧洲旅行。在这次旅行结束之后不久，陶西格这样写道，"一起在伦敦待了几个星期之后，我们踏上了各自的旅程。我来到了德国，从这年的10月到次年的3月，在柏林大学度过了一个冬天，在那里我研究罗马法及政治经济学。[②] 3月，我离开德国，在意大利又与费尔顿会合，我们在意大利共同度过了两个月，然后一起经由日内瓦前往巴黎。5月，我们又在巴黎分手，费尔顿取道英格兰回家，而我则继续在欧洲各地旅行，主要是在奥地利和瑞士。"[③] 在欧洲旅行期间，他在纽约《民族》杂志上发表了几篇文章，这些文章充分反映了这位年轻人严谨认真的治学态度。

1880年9月，陶西格回到了哈佛大学，他的目标是进入法学院学习。当时他还没确定把经济学作为自己的专业，因为他觉得法律同样重要甚至更重要。后来，哈佛大学邀请他担任艾略特校长（President Eloit）的秘书，他接受了。就这样，他被引入了大学行政管理和大学政治这个神秘领域。[④] 这虽然不是一份专职工作，但是任务却非常繁重。自此之后，他就开始承担大学管理和服务工作，并且在以后60年的生活中，一直以此为中心。

---

* 这是美国一个全国性的优秀大学生的荣誉组织，也是美国历史最悠久、最有影响力的大学生联谊会，参加者都是名校的优秀学生，每人都配发一把金钥匙。——译者注

① 他是宾夕法尼亚钢铁公司的创始人S.M.费尔顿（S. M. Felton）的儿子。

② 值得指出的是，这意味着，他是在这个时期接触到社会政治学会所拥护的那些保守的——我们真的可以这样说吗？——改良原则的。陶西格一直承认阿道尔夫·瓦格纳（Adolph Wagner）对自己有影响，并且始终保持着对他的同情和尊重。当然，我们现在已经无法确切地知道，他们到底有没有见过面。

③ 引用自1882年毕业典礼时出版的1879级《班级报告》。在1885年的毕业典礼上的报告中，费尔顿也对此进行了补充。他证明，他们"非常地"欣赏这次伦敦之行。

④ 这种锻炼的初步成果之一，就是他撰写的《1879—1882年的大学》（The University 1879-1882）这份篇幅长达14页的报告。该报告发表于1883年毕业典礼上1879级的《班级报告》中。

二、事业上升期（1881—1900 年）

担任校长秘书后，陶西格暂时搁置了学习法律的计划，但是这同时也给他留下了更多的精力去攻读经济学博士学位。陶西格选择美国关税立法史作为他的博士论文研究课题。这个选题一方面说明，在他的思想中，历史因素占据着一个重要的位置；另一方面也表明，在他的科研兴趣的“等级结构”中，经济政策中的重大问题的地位是极端重要的。我们在这里需要——以后也将需要——强调指出这两点。毫无疑问，陶西格是一位卓越的理论家，而且是一位非常伟大的理论知识的传授者。但是，后来出现的那些从制度学派的理论角度反对他的理论的那些学者，却没能看到制度问题也是陶西格的理论研究的重要组成部分；他们更加不知道，与其说陶西格是制度主义的敌人，还不如说他是制度主义的先驱和领袖。在陶西格看来，经济学永远是指政治经济学。他所接受的早期教育和他后来在研究中所采用的一般工具不仅既是理论的又是历史的，而且主要是历史的。事实上，他所研究的实际问题的历史因素、法律因素和政治因素——简言之，制度因素——对他的吸引力，要远远大于任何精致的理论。每个熟悉他的人都不得不佩服他根据社会学背景和历史背景来观察问题的这种能力。[①]

在那个时候，他还以彻底的历史主义的精神去研究自己选择的国际贸易课题。他的论文《美国实施的对新兴工业的保护》（Protection to young industries as applied in the United States）于 1882 年获奖，这也是他的博士论文，并于 1883 年正式出版。这部著作确实非常成功，因为到了第二年，即 1884 年，就需

① 他对于美国史的知识实际上已经达到了专家的水平。1884 年，当 A. B. 哈特教授（A. B. Hart）离开时，他为学生讲授了一门美国史课程。但是，正因为他在这方面的知识的专业程度很高，所以基本上没有超越美国史这个国别史的范围，或者他所掌握的其他领域的历史知识与美国史不在同一个水平上。我们已经看到，他还研习过罗马法，并阅读过大量有关的著作。但是对他来说，不管是古代史，还是中世纪史，都不是活生生的现实。

要再版了。该著作涉及的理论很少，它的成功主要源于它杰出的事实分析。除此之外，这部著作还有极其典型的、我们不能忽视的另一方面，那就是它表明了陶西格所拥有的全面而成熟的判断力，这是成为一位伟大的经济学家的重要条件，因而也预示了陶西格日后在关税政策领域所取得的卓越成就。这是十分惊人的，因为陶西格在撰写这部著作时年仅 23 岁。基于自己的政治道德立场，也考虑到经济上的得失，陶西格从来不同情美国的关税立法。当然，他不是一般意义上的贸易保护主义者，但他也不是一位自由贸易主义者。他坦率地接受了保护主义论证中在他看来站得住脚的所有理论——特别是保护幼稚工业的理论，而从来没有像拥护自由贸易的经济学家所习惯做的那样，试图去压制这类理论。那不是他的风格。他一贯以既实际而又公正的精神研究这一问题，就像他研究任何其他问题一样。

有了这个良好的开端之后，在接下来的 10 多年时间里，他在这个领域的研究一帆风顺。继《美国实施的对新兴工业的保护》一书之后，他于 1885 年又出版了《现行关税史（1860—1883 年）》（*History of the Present Tariff*，*1860-1883*）一书。这两本书后来又进一步扩展为《美国关税史》（*The Tariff History of the United States*）（1888 年第一版，以后又陆陆续续地出版了许多版，直到 1931 年的第八版）。《美国关税史》很快就成了一部经典著作，确立了他作为该领域中的美国首屈一指的学术权威的地位；事实上，在任何一个领域，都几乎不可能再找到像这部著作这样杰出的政治—经济分析了。他在那个时期撰写的大部分论文也都是关于关税问题的，但是，他还关注其他引起了重大争论的问题，并在其中两个领域做出了重大贡献。首先，关于白银问题的政治—经济分析深深地吸引了他。像在关税领域一样，他很快就全面而彻底地掌握了这个领域的所有知识。从 1890 年开始，他就白银问题发表了大量的论文。1891 年，他出版了《美国的白银情况》（*The Silver Situation in the United States*）一书，该书立即成了反白银学派的经典著作，并在整个文明世界里都产生了强烈的影响。1891 年，他在《经济学季刊》上发表了《对铁路运费理论的贡献》（Contribution to the Theory of Railroad Rates）一文，与他在 1893 年前发表的所有其他论著不同，该文采用了纯理论的论证方法，然而即使是在这篇论文中，他论述的仍然是一个“实际”问题。从他的文章中可以看出，他已经完全掌握了当时经济学中的所有分析工具，但是在他满30周岁之前，一直没有对这些分析工具表现出特别浓厚的兴趣。

也正因为如此，在他于1884年为埃米尔·德拉弗莱（Emile de Laveleye）的《政治经济学的基本概念》[①]（*Elements of Political Economy*）一书的译本撰写的序言中，仍然表现出了他对传记性的事实证据相当大的兴趣。这篇序言可能是我们了解陶西格当时的方法论观点的唯一来源；而且，它也是一个重要的补充，增进了我们通过其他途径获得的对陶西格在经济政策问题上的主要观点的认识。此外，这篇序言还充分地反映了陶西格这个人伟大而鲜明的个性。我们中的大多数人受到邀请撰写这一类序言时，要么只会运用一些恭贺赞美之辞，要么干脆就完全拒绝。陶西格却不是这样。这篇序言中当然也有一些赞美之辞，但都被压缩到了最简洁的程度。他以更大的篇幅、极其礼貌的措辞表达了他的异议和批评，并且坦率地指出了他认为错误的地方。当他觉得德拉弗莱的某些观点"缺乏权威性"的时候，他就直接说出来。他之所以推荐德拉弗莱这本书，是因为后者不像别人那样完全"脱离了所谓古典体系"。陶西格有保留地同意该书作者对放任主义的批评和对政府干预的拥护。虽然认为洋溢在全书中的人道主义感情似乎"把德拉弗莱拉得太远了"，但是陶西格仍然赞扬该书的"具体性"和作者"关注实际事务"的做法。在这篇序言中，陶西格至少在一个地方因为德拉弗莱的论证缺乏"深刻性"而提出了严厉的批评，这种批评无疑是非常公正的。

从陶西格发表的论著来看，他第一次表现出作为一个理论家对于纯粹理论问题的兴趣是在1893年。那一年，他在《美国经济学会出版物》(*Publications of the American Economic Association*）上发表了两篇论文——《关于李嘉图的解释》(Interpretation of Ricardo）和《马歇尔教授的价值论和分配论》(Value and Distribution as Treated by Professor Marshall)，从而非常肯定地确立了自己的理论研究志向。在第一篇论文中，陶西格以非常简洁的笔触告诉我们，他为什么认为李嘉图是最伟大的经济学家；他还根据他对这个伟大的理论家的"解释"告诉我们，为什么——在当

① 陶西格还专门写了一章"增补意见"，全部用来讨论实际问题。这一章是十分重要的，它的标题是"美国的经济问题"(Economic Questions in the United States)，篇幅长达14页，讨论了关税、国内赋税、货币、白银以及美国的航运和航海法等问题。(在这里，他直接反对德拉弗莱主张的复本位制度。这种在别人的书中反对该书作者本人的观点的做法，无疑是极具个性的，也是极其罕见的。)

时和陶西格生活的整个时代——唯一能够与李嘉图匹敌的人是庞巴维克。[①] 这三位伟大的学者——李嘉图、庞巴维克和陶西格本人——的基本思维方式存在着相似之处，因此陶西格能够洞察并欣赏其余两位伟人的思想立场、理论风格和学术贡献；但是其他理论家的观点和贡献就不可能引起他如此深刻的共鸣了。他的第二篇论文则清晰地阐明了，自己在当时以及未来接受马歇尔的理论（并把马歇尔的理论作为自己在课堂讲授的主要内容之一）的条件。关于这一点，我们稍后再讨论。

接下来，我们还要简单地提一下陶西格于 1894 年发表在《美国经济学会会议录》（*Proceedings of the American Economic Association*）上的两篇论文，因为它们奠定了他的创造性的理论研究工作的主基调。这两篇论文的题目分别是《利息与利润的关系》（The Relation between Interest and Profits）和《德国经济学家手中的工资基金》（The Wages Fund at the Hands of the German Economists），它们是他当时正在撰写的《工资与资本》（*Wages and Capital*）一书的两个部分；事实上，它们为这本将在 1896 年出版的著作的整个理论体系奠定了基础。1897 年，他又在《美国经济学会出版物》上发表了《货币数量理论》（The Quantity Theory of Money）一文，它为日后"陶西格理论"的形成打下了基础。

现在，让我们再回过头来谈一下陶西格在哈佛大学取得的成就。很明显，对陶西格来说，1881—1896 年是一段"艰苦奋斗"的岁月，尤其是考虑到他在自己的专业——严肃的学术研究活动——之外，还承担了许多其他工作。他是《公共服务档案》（*Civil Service Record*）编委会的成员，他经常在《波士顿先驱报》（*Boston Herald*）、《广告人》（*The Advertiser*）和《国民周刊》（*The Nation*）等报纸杂志上发表文章，他还参加了科布顿俱乐部（Cobden Club）和马萨诸塞改革俱乐部（Massachusetts Reform Club）等社团的系列活动。毫无疑问，面对这一切，即使是对于一个身强力壮的人来说，也很可能已经超出了体力所能承受的限度。但是他却不知疲倦地工作着。他几乎没有任何休息和消遣的机会，不

① 陶西格本人确实曾经亲口对熊彼特教授说过这样的话。由于后者恰巧是奥地利人并且是庞巴维克的学生，因此从某种意义上说，也许是友谊促使他这样说的。但是，从陶西格的理论研究路线来看，这种可能性并不太大。

过，他似乎总能够挤出一点时间来保持自己在音乐方面的兴趣。

在同一时期——或者，具体地说，在 1882 年 3 月——他又很偶然地被任命为 1882—1883 学年政治经济学讲师；由于这个学年里哈佛大学唯一正式的经济学教授查尔斯·F. 邓巴（Charles F. Dunbar）不在，因此这个职位的重要意义更加不可小视，因为这意味着经济学概论课程（即现在的经济学 A 课程），被完全委托给了这位年轻人。

现在我们已经第二次碰到这位杰出的人物（邓巴）的名字了，任何有关陶西格的传记文章都不得不提到这个人。① 邓巴不仅是第一位引导陶西格进入经济学这个学科的卓越导师（日后，陶西格将成长为这个学科的杰出学科领袖），而且还在很大程度上“塑造”了陶西格这个人——这种影响的意义比邓巴作为陶西格的老师这个事实大得多。如果我们拿邓巴的一些论文与陶西格撰写的论述关税问题的早期作品相比，就一定能够看出，无论是在语气、风格，还是在写作方法上，他们两人都存在着很大的相似之处。“是邓巴教授预见到了陶西格的未来并力排众议选择了他。邓巴曾经是《波士顿每日广告报》（*Boston Daily Advertiser*）的主编，当哈佛大学校长艾略特邀请他担任政治经济学教授时，他已经退居田园。而在此之前，政治经济学是作为道德哲学课的一个组成部分由弗兰西斯·鲍恩（Francis Bowen）教授讲授的。”② 由于陶西格曾在邓巴的一门课程中担任助手，因此，我们可以这样说，陶西格被任命为讲师，与邓巴的推荐有很大的关系。

然而，在邓巴回校后，陶西格的前途看来就显得有些黯淡了。在那个年代，哈佛大学任何一个担任最低级教职的真正有能力、有抱负的年轻人似乎都面临着一个艰难的选择（现在其实也一样）：是无限期地屈就一个自己不太满意的职位，还是

① 请参阅陶西格撰写的纪念邓巴的文章。他的这篇文章以《查尔斯·弗兰克林·邓巴》（Charles Franklin Dunbar）为题发表于《哈佛月刊》（*Harvard Monthly*），1900 年。

② 引自伯林厄姆先生为纪念陶西格而写的颂辞，发表于 1940 年 11 月 30 日的《哈佛校友通讯》（*Harvard Alumni Bulletin*）上。因此，在这方面，弗兰西斯·鲍恩（1811—1890 年）享受和亚当·斯密同等的荣誉。他实际上可以说是一位非常博学的学者。但是在他那个时代，这也就不可避免地意味着他对于这个宽泛的术语所包括的任何课题都没有进行过极其深入的研究。他的《经济学原理》［*Principles*，1856 年，新版名为《美国政治经济学》（*American Political Economy*），1870 年］，虽然也有它的优点，但其实没有达到他所拒绝接受的英国古典作品的水平。

抓住机会，去从事更具吸引力的其他职业？[①] 陶西格暂时解决了这一问题，在 1883 年 6 月，他获得了博士学位，同年 9 月接受了兼职讲师的职位（讲授一门关于关税立法的“半年课程”）；同时，他又进入哈佛法学院“打算正规地学习 3 年，并在顺利毕业之后开业当律师”[②]。这个安排一直持续到了 1886 年 6 月他获得了法学学士学位为止。不过，此前（几个月前），他拒绝了哈佛大学提供的专职讲师的职位，而接受了为期 5 年的政治经济学助理教授的工作。

从事后的角度来看，如果陶西格真的改行，投身司法界，那无疑是一种损失——因为它本来就是未雨绸缪的手段，而且后来的事实最终证明它是不必要的。但是，我们在这里有必要强调指出，陶西格的思维方式也得益于这个时期的法学训练甚多。一位现代经济学家，究竟要在这类训练（即学习和探索经济学之外的其他学科的知识）花费多少时间和精力，能够得到多少在征服自己的研究领域时必不可少的东西，至今依然是一个聚讼纷纭的问题；但是，在陶西格的时代，利害得失的标准与我们现在不同。首先，经济学并没有太多需要学习很多年才能掌握的技术，但是把自己培养为一个通晓多门学科知识的全才却是一个可能实现的目标和值得赞赏的合理的理想。其次，法学训练也许是锻炼经济学家的思维、提高其“权衡判断”能力的最好的方法。最后，法学课程所讨论的那些事实，肯定也是与经济学家的研究相关的，特别是，如果像陶西格那样，把罗马法也包括在了学习的范围之内，那么肯定会对自己关于制度的经济学研究大有帮助。陶西格正是这样一个人，他能够充分地利用法学训练给自己带来的优势。事实上，无论是在他的教学工作还是在他的研究工作中，都打上了鲜明的法学的烙印，任何一个善于观察的人都能看到这种关系。

1885 年秋天，陶西格正式就任助理教授——但是他实际上承担的是正教授的责任。除了继续讲授那门关于关税立法的半年课程之外[③]，他还承担了最基础的经

① 但是，那时候哈佛大学的低级职位与现在相比仍然是相当令人满意的，因为那时候青年人靠自己闯出一条道路还是比较容易的，而现在就变得极其困难了。

② 引自 1885 年毕业典礼上的 1879 级的《班级报告》。

③ 这一课程后来扩展为国际贸易，在 1884—1894 年、1896 年、1897 年、1901 年、1906 年、1913—1917 年、1920 年、1921 年、1923 年和 1925—1927 年等学年（结束于 6 月）作为半年课程讲授。这是一门研究生课程。本科的国际贸易课程也是半年课程，开设于 1921 年、1922 年和 1924 年。

济学概论课程[①]，以及著名的“经济学Ⅱ”课程（“经济学Ⅱ”是后来确定的名称）。[②] 另外，随着时间的推移，其他的课程也不时地加入到了他的授课内容中。[③]

不久之后，在机缘巧合之下，陶西格被正式提升为正教授（1892 年）；1901 年，他又获得了哈佛大学新设立的亨利·李教授席位。在此之前，他很早就写下了这样的话：“我很希望自己能够在剑桥定居下来，为哈佛大学一直工作到我死的那一刻为止。”[④] 但是实际上，对他的一生起决定性作用的是他在 1886 年接受的那个职位，陶西格本人也认为自己当时做出了一个正确的决定。自那之后，他就安定下来了。因此，在 1890 级的《班级报告》中，他就以总结性的语气说道，从 1886 年开始，他就“过着大学教师的平静生活了”。在他的这句话中，除了心满意足之外，是不是还隐藏着小小的叹息呢？我们不得而知。但是确实有很多证据可以证明他对哈佛大学怀有至死不渝的深厚感情。有一次，在哈佛大学的校庆大会上，他是这样说的，“我确实非常幸运，正好在参加本校庆祝建校 250 周年的时候获得了教授职位。作为全校最年轻的教授，看来我比其他教授都更有机会参加本校庆祝建校 300 年的庆典。”

1888 年 6 月 29 日，陶西格在纽黑文的埃克赛特举行了婚礼，新娘是来自波士顿的伊迪丝·托马斯·吉尔德（Edith Thomas Guild）。1989 年，他们的儿子威廉·吉尔德·陶西格（William Guild Taussig）也来到了人世。那年夏天，陶

① 陶西格在 1887—1894 年、1896—1901 年、1904—1909 年和 1911—1915 年等学年（结束于 6 月）讲授现在大家称为“经济学 A”的课程（当时被称为政治经济学Ⅰ）。此外，在 1922—1928 年，他还以特别讲师的身份与他人合作讲授这门课程。

② 这是一门高深的理论课程，开设于以下这些学年（结束于 6 月）：1887—1894 年、1897—1900 年、1904—1909 年、1911—1917 年和 1920—1935 年——这是一个惊人的记录。

③ 借此机会，我们把这些课程列示如下：

“20”门（阅读）课程，开设于 1891—1900 年、1907—1909 年、1911 年、1912 年、1915—1917 年和 1920—1935 年，在 1900 年这是半年课程；

然后又有一门名为“经济问题研究”的课程（实际上是“经济理论和经济政策若干专题”），开设于 1889 年、1896 年（半年课程）和 1899 年（半年课程）；

铁路运输学，半年课程，1891—1894 年和 1896 年；

银行学，半年课程，1896 年；

赋税，半年课程，1897 年、1898 年、1900 年和 1901 年；

最后，为本科生开设的经济学理论课（以后被称为经济学Ⅰ），这是一门半年课程，开设于 1901 年、1904 年、1906 年、1908 年、1916 年、1917 年和 1930—1935 年。学生们认为这是第一流的本科课程。

④ 转引自 1895 年毕业典礼上的《班级报告》。

西格在后来被称为诺顿住宅区的地方修建了一座房子（斯考特街 2 号），希望以后“长期住在这里，过着和平而宁静的生活”。[①] 他的大女儿玛丽·吉尔德（Mary Guild）出生于 1892 年［后来与杰拉尔德·C. 亨德森（Gerald C. Henderson）结婚］，二女儿凯瑟琳·克龙比（Catherine Crombie）出生于 1896 年［现在是雷德弗斯·奥比博士（Dr. Redvers Opie）的夫人］，三女儿海伦·布鲁克斯（Helen Brooks）出生于 1898 年（她很早就获得了医学博士学位，现在是巴尔的摩的约翰·霍普金斯医院的儿科医生）。

除了教学和科研工作之外，陶西格还马不停蹄地参加各种活动。他经常撰写文章，反对白银的自由兑换。1893—1894 年，他先后担任了剑桥学派委员会（Cambridge School Committee）成员、马萨诸塞州政府税收法令委员会（Governor's commission in the Massachusetts tax laws）委员、波士顿商会印第安纳波利斯货币公约组织（Boston Merchants'Association to the Indianapolis Monetary Convention）代表等多个职务，他还在哈佛大学里承担了大量行政工作，尽管行政事务从来不是他最感兴趣的。[②] 另外特别值得一提的是，1888 年，

---

① 陶西格的这所住宅在哈佛大学众所周知，而且在他逝世之前，这里几乎一直是他的住所。（只是在 1940 年秋天他才把它租出去，自己则搬到弗兰西斯街他的大女儿亨德森夫人的家里。）后来，他又在马萨诸塞州科图伊特位于海滨的一个景致优美的地方购置了一栋别墅，那是一所宽敞的避暑用的住宅，这样，他对自己的家庭生活的安排就很完美了。

② 在这里，我们把陶西格在哈佛大学行政部门承担的正式的公务活动列一个简表：

教师委员会	
特别生委员会	1890/1891—1891/1892 年
转学生招收委员会	1892/1893—1893/1894 年
教学委员会	1895/1896—1900/1901 年
毕业论文宣读活动委员会	1896/1897—1900/1901 年
鲍登奖（Bowdoin Prize）委员会（主席）	1899/1900—1900/1901 年
拉德克利夫学院教学与学位委员会（主席）	1906/1907—1908/1909 年
经济学系	
系主任	1892/1893—1893/1894 年；1895/1896 年；1898/1899—1900/1901 年；1910/1911—1911/1912 年
历史、政治和经济学部	
主席	1896/1897—1897/1898 年

他当选为美国艺术与科学院院士，1895年又被选为英国经济学会（皇家经济学会）的美国通讯员。[1] 这些成就，如果放在一个比较平凡的人身上，那么无疑对他的一生都具有极其重要的意义，但是在这里，我们提到它们只是为了给出一幅更完整的描绘陶西格生平的画面，因为陶西格的朋友和学生对他所经历的每一件事情都可能会感兴趣。也同样是出于这个目的，我还要再补充一点：1894—1895年的假期，陶西格是在国外度过的，其中有两个月是在卡普里，另外两个月则是在罗马。在此期间，他通过大量阅读意大利文书籍，进一步强化了专业知识。

当陶西格回到美国的时候，许多工作已经在等着他了。他所在的经济系一直在迅速地成长着，修读经济学概论课的学生已经超过500人。陶西格发现，给这500人讲课是一个沉重的负担，但是他也从中获得了极大的满足，因为这给了他一个“接触大量大学本科生的令人振奋的机会”。而更令他满意、使他大受鼓舞的则是他被任命为《经济学季刊》的主编。在此之前的1889—1890年，当邓巴不在时，他就曾经临时担任过这一职位。自此之后，从1896年到1935年为止他一直担任这一职位。而且，他此后还承担了很多类似的工作。[2] 最后，我们再引用他在1895年毕业典礼上的《班级报告》中的一段话，来给他这些年的工作做一个恰当的总结：

> 在大学政策方面，我坚决主张把大学的学制缩短为三年制（!），同时还应该对入学条件稍加修改，即不要再对希腊文予以特别重视。……在政治上我是一个令人讨厌的独立者，我等待一个新的政党的出现，希望它将公正地主张合理的关税、健全的货币；我尤其期待行政制度改革和一个诚实的政府的出现。

三、中年（1901—1919年）

跨入新的世纪时，陶西格已经42岁，但是他丝毫没有感到自己有任何衰老

① 在1895年毕业典礼上的《班级报告》里，陶西格写道：“有人告诉我说，这个通讯员的职位使我在一些人眼中被看成背叛了美国繁荣的顽固敌人，但是我却把它看作一个杰出的科学家团体对我的一项光荣的委任，因此我很开心地接受了它。”这实在是很有趣的一段话。

② 同一年，即1896年，陶西格被选为美国经济学会的出版委员会的主席，于是又承担了一些其他编辑工作。

的迹象。在他的生活中，也从来没有出现过什么令人扫兴、难堪或躁狂的事情。他已经在很大程度上实现了自己的志愿，而且依然享有极高的声誉。尽管似乎一切顺利，而且他的身体也没有出现任何问题，但是他却突然发现自己无法像以前那样工作了。他得了神经衰弱症，这种疾病在教授或以学术研究为职业的人中发生的概率很高（这是我们无法根据教授们通常的生活条件预测到的）。为了彻底放松自己，陶西格离开哈佛大学去国外休养了两年。他先是在奥地利阿尔卑斯山区的梅兰度过了一个冬天，接着又在意大利风光秀丽的度假胜地里维埃拉度过了另一个冬天，至于中间的那个夏天（1902 年）则是在瑞士度过的。这样，他终于恢复了过来，从而避免了一场灾难。从 1903 年秋季起，他又回到哈佛大学重拾教鞭，并且继续主持《经济学季刊》的编辑工作。此后，他在 1904 年和 1905 年连续当选为美国经济学会主席。[①] 但是，所有这些都不能改变这样一个事实：1901—1905 年的这个时期，在他的学术成就史上是一个空白期。

不过，到了 1905 年年底，他就恢复了从前的状态。（就作为教师兼学者这一方面而言，肯定是如此；但是另一方面，他也不得不注意自己的健康，以便更好地享受人生。）正是在这个时期，他的教学方法得到了充分的发展，他的授课艺术也达到了炉火纯青的境界；他成了举世闻名的经济学教学大师。在科研方面，他继续在自己当初选定的国际贸易领域深入钻研，他在这些年撰写的大部分论著都集中在这个领域。他的努力结出了丰硕的果实，它们集中体现在他于 1915 年首次出版的名著《关税问题面面观》（*Some Aspects of the Tariff Question*）一书中。这是一部内容丰富的杰作，汇集了大量来自产业界的事实，而且进行了精辟的分析。1931 年，陶西格出版了该书的第三增订版。

也是在 1915 年，陶西格把他在布朗大学所做的系列讲座的讲稿以《发明家与会赚钱的人》（*Inventors and Money Makers*）为题结集出版。[②] 据我所知，这

---

① 这一期间他还被选为英国科学院的院士和林塞科学院的院士。在我们所描述的这个时期中，外界授予他的其他荣誉也证明他的确已经众望所归。1914 年他接受了布朗大学授予他的文学博士学位；哈佛大学也“内举不避亲”，于 1916 年授予他文学博士学位。

② 在这里，我们也应该顺便提一下，1916 年，他还在加利福尼亚大学的“暑期班”上发表了一系列的讲演。

是他在这方面的研究的第一个实质性成果。他对这方面的问题一直非常感兴趣，而且他也是最适合进行这类研究的人。我们可以把他的研究所涉及的整个领域称为经济社会学，或者称为经济活动的社会学，他对制度问题的研究就是其中的一部分，他对个人或集体在制度约束下的种种行为的研究则是另一部分。在这个广阔的研究领域里，对企业家的类型以及不同类型的企业家行为的现实分析，成了陶西格所有研究中最重要的主题之一。随着时间的推移，陶西格在这类问题上倾注了越来越多的心血。

但是，1905—1911 年的这段时间里，他将大部分精力都用于写作《经济学原理》（*Principles of Economics*）一书，这是他“多年教学与思考的结晶”。这部著作分为两卷，最终于 1911 年出版，并立即获得了巨大的成功，而且很快地，它就理所当然地成了使用最广泛的经济学教科书之一。[①] 但是，简单的一句“多年教学与思考的结晶”，并不足以反映这部杰作的宗旨和成就。的确，它是卓越的教学方法的集大成之作，反映了一位完全成熟的最杰出教师的智慧。更重要的是，陶西格的教学内容从来没有局限于讲授经济事实和分析经济问题的方法，他还传授态度与精神。他是一个伟大传统的继承者，这个传统认为，经济学家的权利和职责就是形成和判断公共政策、引导公共舆论、确定合理的经济目标。虽然有人对经济学家的这种职责持怀疑态度，但是他始终怀着最坚定的信念，并且决心凭借自己与生俱来的坚毅个性和强烈责任感来履行这一职责。像马歇尔一样，他讲授的是他那个时代的真理；他从不越雷池一步，也从不会宣扬某种相对性的观念。他总是以最高标准来讲授，总能给人留下最深刻的印象。他坚信传授经济学就是传授人类的美德；由此，他进入了以亚当·斯密为首的全世界最伟大的经济学家的行列。

但是，陶西格的《经济学原理》的意义还不止于此。人们一般都会认为，无论内容是对是错，教科书都是主要用来传播已有的知识的。当然，由于需要对某

① 《经济学原理》于 1921 年出版的第三版，是在考虑了战争影响的情况下修订的。日译本出版于 1924 年。第四版是大部分都改写过了的，出版于 1939 年。这部著作的献辞是：献给亲爱的父亲。

个领域进行系统性的综述，所以教科书肯定要包含这方面的内容。但是，陶西格这部教科书的特点在于，它所包含的相当多的内容都是他自己挖掘出来的资料，或者说，它主要是系统地叙述他自己的思考结果的。这个特点在这部著作的第四篇，即关于国际贸易的那一篇中表现得尤其淋漓尽致。这一篇也是迄今最好的关于国际贸易的论述之一。这部著作的其他部分也是如此，只是没有第四篇这样明显，例如，第三篇（货币与银行）的个别地方、第六篇（劳动）、第七篇（经济组织问题，如铁路、产业联合体、公共所有权和统制以及社会主义）、第八篇（赋税）里，都反映了他的很多个人观点。

《经济学原理》的第一篇“生产的组织：财富和劳动、劳动分工、大规模生产等”（The Organization of Production：Wealth and Labor，Division of Labor，Large-Scale Production，and so on），除了按照传统的惯例全面介绍经济学这门学科的主要内容之外，还在“资本”这一章里提出了陶西格自己的独特观点。这个观点以后又体现在了该书的第二篇“价值和交换”（Value and Exchange）和第五篇“分配”（Distribution）中。在这几篇中，陶西格还提出了关于我们现在所称的古典经济学派的独到见解，这个学派的理论体系标志着经济学从旧的古典时期（斯密-李嘉图-穆勒）向现代经济学理论的过渡。陶西格自己的理论体系在他的《工资与资本》（*Wages and Capital*）一书中已经奠定了基础。在做准备的这几年间，他在这一基础上稳步前进，其中最重要的、具有里程碑意义的是他1908年发表于《经济学季刊》上的《资本、利息与收益递减》（Capital，Interest，and Diminishing Returns）和1910年发表于《美国经济学会会议录》上的《工资理论概要》（Outlines of a Theory of Wages）这两篇论文。现代经济学家可能无法赞同这两篇论文中的全部观点，但是这并不重要；真正重要的是，这些成果帮助他在马歇尔和维克塞尔等第一流的著名经济学家中争得了一席之地。

《经济学原理》这部伟大的著作其实是在一片忧伤的气氛中最终定稿的。长期以来，陶西格夫人的健康状况一直令人担忧。1909—1910年，陶西格还专门请假一年陪伴她。这一年他们是在纽约州的萨拉纳克度过的。1910年4月15日，她在那儿与世长辞了。

陶西格忍住悲痛，仍然一心一意地扑在研究和教学工作上。在1914年毕业典礼上的《班级报告》中的一段话，准确地勾勒出了他在1917年以前这些年间的工作和生活的画面：“过去七年来，我的生活非常平静。冬天在剑桥工作，夏天则到我们位于科图伊特的别墅去避暑。我仍然在讲授与前几年差不多的课程。我已经把我的大部分精力都倾注到了‘经济学Ⅰ’这门课程中，这是经济学这个学科的第一门课程，现在也已经成了整个哈佛大学选修人数最多的一门课程。我们系有一项政策（当然这也是哈佛大学的一般政策），那就是不把修读学生人数众多的普通课程交到青年讲师手中，而把它们交给年岁较大、经验较多的教师。”在那个报告中，陶西格还说明，1912年春天，他曾到欧洲进行短期旅行，作为波士顿商会的代表出席在布鲁塞尔召开的国际商会大会，以后又在1912年9月在波士顿召开的国际商会大会上担任程序委员会主席。

但是在1917年初，他又接受了一个短期的职位——关税委员会主席，这是一个尊贵的特聘职位。他的天性决定了他是适于担任公职的，而且从广义来说，他终其一生都是一个优秀的公仆。但是在这两年半左右的时间里，由于接受了新成立的美国关税委员会的主席职位，他成了一个狭义上的公务员。

领导一个新创建的公共机构，形塑它的内在精神、制定它的日常工作制度，进而凝聚出所有精髓，创造出一个传统，无疑是公共行政工作中最困难的一项任务。这在任何国家都是如此，但是在美国则尤其如此，因为任何一个新设的机构都很难找到既熟悉官僚机构运作程序，又没有官僚主义工作作风的人手。在美国当时的行政管理条件下，能够成功地完成这样一项任务，无疑足以证明陶西格确实拥有不同寻常的能力和强大的个人魅力。当然，考虑到这个机构所拥有的半科研、半司法的职能，陶西格也肯定是最合适的人选；而且无论从哪个角度来看，都无法否认他的巨大成功。关于关税委员会的正当职能，陶西格指出，它必须以调查研究为基础，然后再采取审慎的步骤，由研究结论推进到具体的建议；他希望，到了适当的时机，这些以可靠的科学研究结论为基础的建议将逐步取代关税领域中以往作为立法依据的片面意见。在他的领导下，关税委员会对《关税法案》（Tariff Act）中所列举的全部重要商品展开了一系列系统的调查研究，以便在有机会修改《关税法案》的时候及时向国会提供可靠的资料依据。另外，陶西格还让关税委员会制定了一个推动修改海关行政管理法规（the customs administrative laws）的计划，这些法规是从 1799 年的驿站马车时代一直沿袭下来的，早就不适应现实状况了。不久之后，关税委员会的建议就被采纳了——事实上，是被全部采用了。此外，关税委员会还提交了一个建议设立自由港、自由区的报告，以及一个关于国与国之间的互惠条件和贸易协定的报告。这两个报告不仅是关税委员会最杰出工作成果的一部分，而且对美国的国家政策的形成产生了相当大的影响。事实上，这两个报告也是陶西格个人的工作成就，在很大程度上表达了他的个人观点。他既德高望重又虚怀若谷，能够吸收各种各样的合理意见，因此自然而然地就成了众人拥戴的领袖；他的权威与他的行政职务完全无关，这在行政机构中是极其罕见的。为了说明这种情况，我们最好还是引用关税委员会在他辞职后不久发布的《第三个年度报告》（*Third Annual Report*）中的一段话：

> 陶西格博士在 1919 年 8 月 1 日辞掉了他的职务。他的辞职是关税委员会不可弥补的损失。多年来，他在美国关税史和关税政策等方面所掌握的知识一直远在任何一个当代美国人之上。他在这个领域的多部著作和大量论文提供了数之不尽的非常能说明问题的信息，它们构成了一个宝藏，长期以来一直对广大学生和立法者起着重要的指导作用。同时，由于他非常博学，在其他领域也有高深造诣，对商务活动非常了解，而且与商业人士有过广泛接触，所以他总是能够正确预见关税政策以及具体的关税细则的重要意义，他的著作和观点也因此而克服了一般专家通常会犯的知识面过于狭窄的毛病。他既有教育家和理论家的眼光，又有从事实际工作的商人的常识和清醒的判断力，在结合了这些优点的基础上，还要再加上他那强大的人格和充沛的精力，正因为如此，他才被总统任命为关税委员会主席。这个任命得到了人们普遍的认可，对委员会正确地、公正地、有效地开展工作起到了积极的作用。两年多来，他个人的牺牲很大，但是，他以无上的智慧不遗余力地推动着关税委员会的发展，是他确立了委员会的组织架构，是他倡导和主持制定了委员会的调查研究规划，是他指导了委员会的研究工作，是他主持了委员会的会议，是他领导委员会提出政策建议和开展各种活动。

在美国卷入第一次世界大战之后，陶西格的工作职责迅速扩展到了关税委员会本身的工作范围之外。他成了战时工业局的定价委员会委员，并且曾有一段时间任职于食品管理局的谷物部以及食品管理局的肉类加工业委员会。但是不久之后，他就觉得不堪重负，因此不得不减少工作量。然而，在威尔逊总统的要求下，他保留了定价委员会委员和关税委员会主席这两个职位。

威尔逊总统充分地意识到了与这样一位才华出众、热心公益且大公无私的顾问合作的价值。因此，他们两人建立了亲密的关系。早在1918年1月，陶西格就认为，考虑到自己与总统之间的关系，自己应该就一些远远超出自己的行政职责范围的问题向总统提出建议，特别是关于美国参加第一次世界大战的目的问题。因此，他也就自然而然地被邀请加入了和谈顾问委员会，并且同样极其自然地成了这个委员会下属的关税小组委员会及商业协定小组委员会的领导者；他还参加了经济条约委员会的工作，并成了它的起草人之一。此外，他还在许多其他国内或国外问题上提供了帮助，提出了建议。

当他作为美国政府代表团的一员远赴法国参加巴黎和会的时候，他下定决心要坚定地站在正义和公平一方，而完全没有带着任何报复心理。毫无疑问，在和谈中，对于他的职权范围内的许多重要问题，他都施加了有益的和决定性的影响，他还巧妙地回避掉了许多不合理的要求。① 当然，他的工作所产生的影响究竟有多深远，我们现在已经永远不可能知道了。除了他在对波士顿一神论协会发表的一次以《我在巴黎和会的经历》为题的讲演中所透露的一些信息之外②，我们也永远无法确切地了解他对和约中那些不那么合理的条款的想法和感受了。而且，他在那几个月内写给家人的那些愉快而有点唠叨的家信中，也只提到了他每天都忙于日常事务，以及他对周围事物的观察。如果他是一个喜欢向他人倾诉的人，那么他所做的、所想的或许可以部分地根据他的私人谈话来复原，但是他从不对别人细谈自己所负责的那部分和谈工作；而且，他在提出批评意见的时候，

---

① 根据英国的建议，在巴黎和会上，在许多关于关税和商业协定的比较小的问题上，陶西格实际上是以仲裁者的身份来做决定的；不过，最终还是出现了一些违背了他的建议的对于不合理的要求的让步。

② 这个讲演的摘要发表于《基督教纪事报》(*Christian Register*)，1920年。

也总是非常含蓄的。我们中的一些人也许会对此感到遗憾，但这正是他这个人的高尚之处。无论他说什么或做什么，他的一言一行都是受到了深深的责任感的驱动。他从来不使他的合作者失望。

1919 年 6 月，他递交了从关税委员会辞职的辞呈。8 月，辞呈生效。1919—1920 年，他为总统工业协会（President's Industrial Conference）工作，此外还在食糖平衡委员会（Sugar Equalization Board）一直工作到 1926 年。[①]

四、元老（1920—1940 年）

60 岁那年，陶西格回到了哈佛大学，这时候，他的声望和威信比以前更高了，但是他仍然满怀着年轻人般的热情，继续从事教学和研究工作，决心要实现他早年许下"在剑桥生活，为哈佛工作一生"的誓言。

于是，他的生活列车再一次回到了原来的轨道。他一天到晚都愉快地工作着，唯一的休息就是工作间隙的轻松的短距离散步；到了夏天，当他到科图伊特避暑的时候，也会把工作带过去，这时候，穿插在他的工作之间的，除了长时间的游泳之外，还有日光浴，以及晚上偶尔去欣赏的音乐会。更多的时候，他是和朋友们待在一起，大多数都是男性，而且主要是从事科研工作的一些人。他强烈的个性使他自然而然地成了聚会的主角，甚至会使这些聚会常常带有某种他的课堂的味道。他的愉快而豁达的性格通过庄严而含蓄的外表再现出来，从而使他成为了人们所敬爱的领袖。这个领袖的形象，还有闪光的美德和可爱的、风格主义的绅士做派，永远铭刻在了我们心中。[②] 1918 年，他与劳拉·费希尔（Laura

① 为了完整起见，我们在这里还需要提一下，他还获得了比利时皇家勋章和骑士勋章。

② 在这里，我们把陶西格从各大学接受的名誉学位列一个简表：西北大学（文学博士，1920 年）；密歇根大学（文学博士，1927 年）；波恩大学（哲学博士，1928 年）；剑桥大学（文学博士，1933 年）。最后这个名誉学位带给他的快乐最大，为了接受这一学位，他专程前往英国。陶西格非常享受这次英国之行，而且他对授予他学位的典礼特别欣赏——典礼的过分严肃的气氛被大学代表的愉快诙谐冲淡了。1920 年，他还当选为 Phi Beta Kappa 大学联谊会哈佛大学分会（Harvard chapter of Phi Beta Kappa）会长。

Fisher）女士结婚了。这是一位和蔼可亲的女士，在以后的10多年当中，她使得陶西格的家庭生活变得十分欢快安乐，从而极大地鼓舞了那些怀着崇敬、爱戴和敬畏之情前来拜访陶西格的年轻人。

在他的整个职业生涯中，《经济学季刊》的编辑工作一直占据着一个重要位置；而到了老年之后，这项工作在他心目中的分量就更重了。《经济学季刊》是他生命中的重要组成部分，而他也是《经济学季刊》的顶梁柱，因此，我们应当在这里花点笔墨，讨论一下他对《经济学季刊》的作用以及他在编辑工作中取得的成就。1896—1936年，在这漫长的40年里——除了他患精神衰弱病的两年之外，只有几次短期的间断——他以永不减退的热诚埋头于阅读来稿、审稿、组织稿源、向作者提出修改建议等工作当中。在这期间，除了他的秘书所能提供的非常有限的帮助之外，他一直都在孤军奋战，直到1929年A. E. 门罗教授（A. E. Monroe）参加了编辑工作以后，这种情形才有所改变。他主编《经济学季刊》的成就无疑是惊人的。在他的努力下，《经济学季刊》一直维持了极高的学术水平，并为全世界经济学的发展做出了巨大的贡献。这一切都是无可置疑的。

像陶西格这样的成就无疑是极其罕见的。事实上，我们确实也很难想象，在编辑这个职业中，还有第二个人能达到他那样的水准。要说明陶西格在这个领域成功的秘诀，首先得对他的性格有深刻的了解，在他的性格中，极强的工作能力与高度的豁达态度最完美地结合了起来。他一丝不苟地主导着《经济学季刊》的编辑方针，坚决不让自己被各种各样的委员会所左右；虽然他非常乐于听取他人意见，但是他总能独立地自己做出决断。通常来说，如果一个人采取了类似于陶西格的做法或者过于坚持自己的观点，就很容易变得狭隘而独断，但陶西格却是个例外，他从来没有表现出这种缺点。他往往一眼就能看透来稿质量的高低，并根据稿件的质量决定是否采用。至于作者论述的方式或结论是否符合他的口味，则完全不会影响他的判断。最具代表性的例子是他对含有大量数学内容的稿件的态度。对于数理经济学理论，陶西格虽然不讨厌，但是一直有所怀疑，可是他对这方面的高质量稿件仍然表示欢迎，例如，他欢迎H. L. 穆尔（H. L. Moore）的来稿。就在他担任编辑工作的最后一年里，他还十分愉快地接受了一篇在数学方面技术性之强前所未有的论文。但这些还不是全部。陶西格还以他特有的巧妙的方法，解决了所有科学期刊的编辑都会面临的一个难题，即如何恰当地处理那些对当前的社会经济问题有重要意义的论文。当然，一方面，他不希望《经济学季刊》与当代社会经济现实脱节；另一方面，他又更希望那些讨论的问题能够推动经济学一般原理研究的论文。他力图做到只发表在某个方面具有永久性的重要意义的论文，事实上，从一定意义上说，他确实已经做到了这一点。除此之外，应该刊发什么样的评论，也是一个经常困扰编辑的问题；在这个方面，陶西格特别喜欢那些针对精挑细选出来的重要著作的评论性论文，从而解决了这个难题。

因此，陶西格不是一个接受编辑行业既有标准的人，而是为这个编辑行业创造标准的人。毫无疑问，他是这个行业的导师。不过，当我们回顾那段岁月时，我们最先想到的依然是作为哈佛大学一位教师的他。在本文中，我们自始至终都在强调，他把自己的全部思想和精神都集中到了他那堪称无与伦比的教学和科学工作当中。不可否认，在创建自己的理论体系、形成自己的思想流派这个方面，他不仅面临着强劲的竞争对手，有时甚至还可能不得不屈居下风，尽管他毕竟在国际贸易领域创建了一个学派，而且他关于经济问题的总体看法也产生了深远的影响。但是另一方面，作为教学艺术的大师，陶西格却肯定无论在国内还是在国外，都是无人能企及的。接下来，就让我们来详细地分析他的教学方法。

我们在上文中已经看到，陶西格讲授过各种各样的课程，他还当过导师[①]，他无疑是一位非常鼓舞人心的讲课者。但是，他能成为世界知名的教师，是和他所从事的经济学理论教学工作分不开的。从 1928 年开始，他专门讲授经济学理论，特别是他钟爱的（研究生）课程“经济学Ⅱ”。他的这门课程影响了无数美国经济学家的思想，并且被美国许多高校“复制”。他的成功还在于，他采用了先进的课堂讨论的教学方法。这个方法以及他所选择的用于讨论的资料，都是非常切合于经济学当时的发展状况的。

陶西格还是最早清醒地认识到以下事实的少数几个人当中的一个：经济理论与任何其他学科的理论一样，并不是一个“政策处方”和“人生哲理”的宝库，

---

① 从 1925—1926 学年到 1931—1932 学年，陶西格一直在指导少数优等生，原则是一次指导一个学生。从哈佛大学的课程目录来看，他从 1927—1928 学年到 1934—1935 学年一直担任着学生导师。

而是分析现实生活中的经济模式的工具。因此，陶西格认为，教师的任务是向学生传授观察事物的方法、正确的思维方式和从现实中发现问题并解决之的艺术。但是，学生仅仅知道这些仍然不够，他们还必须学会如何灵活运用。陶西格喜欢把自己实现这个目标的方法称为“苏格拉底式的对话法”。具体地说，那就是，在每一次课堂讨论中，他总是要求学生就某个特定问题展开讨论。陶西格有一个令人佩服的本事，他总是知道如何使讨论变得生动有趣，这样学生们就会很有激情，直到争辩个水落石出为止。在他指导下的讨论目标坚定明确，但是整个过程却让人觉得如沐春风，因此每次都能取得圆满成功，这是别的教师过去不可能做到，以后也不可能做到的。除了有一次，他在结束课堂讨论后对一位朋友说：“我对自己今天的表现不很满意，因为今天我自己说得太多了。”

在选择课堂上讲授的内容时，陶西格的惯例是，在过去的学说与未来的学说之间，走“一条中间路线”。在他那个时代，以往被人们称为“古典经济学”的那些学说（生活在 1776—1848 年之间的卓越的英国经济学家们的学说和方法）已经渐渐地退出了历史舞台。因此，他讲授的基本上是现代经济学理论（其中主要是马歇尔的理论），但是同时也非常注重作为背景的古典经济学理论。同时，在他所处的那个时代，各种新的经济学说层出不穷（到现在，它们已经发展成了一种不同于马歇尔学说的经济学），陶西格密切地注视着这些新理论的发展趋势。如果他仔细研究后认为某个理论的基础是很稳固的，就介绍给学生。他之所以能够成为一位伟大的教师，这种审慎的做法起了很大的作用。他避开了那些只有极少数人感兴趣的细微的理论改进，同时也坚决地摒弃那些肯定会逐渐过时的东西。

学生们深深地爱戴他，他讲的课充满了智慧和丰富的经验。这些赞美之辞远远不足以描述他在教学方面取得的伟大成就。事实上，除了这些之外，他还成功地把他的海纳百川的包容精神和他的高度公共责任感，深深地刻入了每一个接近他的人的脑海里。

像前些年一样，他一生中最后几十年的研究成果也可以分为三个部分。第一，我们可以发现，他在 1920—1934 年间发表的将近 60 篇（本）科研论文中，其中很大一部分是关于国际贸易的。这些科研成果中还包括了他在关税委员会任职期间的作品，以及他在战时和战后那几年对一些问题的研究成果——他在担任政府职务期间获得大量实践经验，这种经历不仅提供了很有意义的实践和验证他的理论观点的机会，而且促进了他的理论的发展（顺便说一句，他的观点比“古典”学说的反对者习惯上愿意认同的其实要更加成功）。[①] 1920 年，他的论文集《自由贸易、关税和互惠》（*Free Trade, the Tariff and Reciprocity*）出版。[②] 1927 年，他又出版了一部杰出的著作《国际贸易》（*International Trade*）。[③] 自那以后，他不再讲授这门课程，但是他对它仍然非常有兴趣。

这部著作包含了许多新颖独到之处，我们无法在这里一一进行讨论。总的来说，它反映了陶西格无与伦比的清晰思路，总结了陶西格在这个领域取得的大部分研究成果和理论主张。要恰如其分地评价这部著作的宏大的理论结构，就必须先对它所包含的、已经被现代经济学家证明是“绊脚石”的那些东西进行恰当的评价。毫无疑问，国际贸易的纯粹理论在我们这个时代正处于根本性重建的过程中，这就使得陶西格所采用的许多工具看上去似乎是必须予以废弃的。陶西格在构建他的国际贸易理论体系的时候，是从劳动价值论开始的（他认为，劳动价值论有利于澄清一些基本问题）；但是，劳动价值论的成立，依赖于许多非常危险的附加假设。在许多人看来，他所采取的这种分析方法，给他打上了“古典作家”的烙印。但需要强调指出的是，陶西格对这类分析方法从来没有真正产生过很大的兴趣。他会使用任何一个工具来补充他的理论，哪怕这种工具是李嘉图的，哪怕这种工具的使用者通常都生活在比他早得多的时代（又如，请参阅他关于原材料的国际配置的研究）。他在自己真正感兴趣的实际问题上所取得的成就是惊人的。陶西格的批评者们真正应当惊叹的，不是他这位大师为什么不愿丢弃这些过时的工具，而是这些过时的工具在他这位大师手中所创造的奇迹。

然而，国际贸易理论并不是陶西格的全部成就，甚至也不是他的主要成就。即使我们不考虑他的渊博的知识、无穷的智慧和敏锐的政治见解，而只考虑他在

---

① 特别请参阅他的一篇重要论文：《纸币贬值条件下的国际贸易》（International Trade under Depreciated Paper）（载《经济学季刊》，1917 年）。

② 其法译本出版于 1924 年。

③ 其德译本出版于 1929 年；日译本则出版于 1930 年。

科学研究领域的成就，我们也不得不由衷地钦佩他娴熟地运用并无私地传授给学生的方法，那就是，按照计量经济学的思路去研究问题的方法，即，“理论”联系“实际”的方法；又或者，用他自己的话来说，这种方法的精髓是，在提出了“理论问题”之后，必须继之以“检验问题”。这样，也就自然而然地引入了时间序列分析方法（虽然仍然处于比较原始的阶段）。更加难得的是，陶西格的成就远远地超越了一般的计量经济学家。他还使计量分析成了经济史研究的一个工具，从而把经济学研究引向一个充满了希望的未来：在那里，经济史学家很好地掌握了经济理论，而理论经济学家也更加了解历史。

第二，陶西格于 1932 年出版的、与 C. S. 乔斯林博士（Dr. C. S. Joslyn）合作完成的著作《美国商业巨头的兴起》(*Origin of American Business Leaders*)，树立了经济社会学领域的一块里程碑。正如我们在前文中已经看到的，陶西格在经济社会学方面一直怀着浓厚的兴趣。吸引他的首先是个人的行为及其动机。后来，他的研究方向有所改变。陶西格是极少数有如下认识的经济学家之一：一个社会选择自己的领袖的方法，乃是这个社会最重要的事情之一，对于这个社会的兴衰成败和最终命运都是至关重要的，因为在特定的社会结构内，领袖承担的基本职能是有决定意义的，例如，封建社会里勇士所承担的职能。为了更好地研究这个问题，他进行了一系列大胆而又富有创造性的尝试。例如，他专门设计了问卷调查表，以便了解白手起家的企业家及其后代对美国工业所起的作用，从而获得了大量的第一手资料。无论我们对陶西格在自己搜集到的原始资料的基础上得出结论时所用的方法有什么评价，我们都无法否认如下这个事实：从更广阔的角度来看（只有这样，才能看出陶西格的尝试的真正意义），他的研究无疑是开创性的，而且本身就是一种天才的创举。

第三，在这里，还应该讨论一下陶西格的另外两个理论贡献，它们主要体现在他发表于《经济学季刊》上的两篇论文中。第一篇论文是《对于成本曲线的研究》（A Contribution to the Study of Cost Curves）（载《经济学季刊》，1923 年）。这篇文章是陶西格担任关税委员会主席期间的一个成果，它之所以值得一提，是因为近年来它所研究的论题显得越来越重要了。在这篇文章中，陶西格提出了“大批货物成本曲线理论”，虽然后来的事实证明，他这个有些特别的理论并不完善，但是它确实发挥了这个研究领域的“开路先锋”的作用。另一篇论文是1921年发表的《市场价格是确定的吗?》（Is Market Price Determinate?）一文，它对经济学思想也有很大的促进作用。正如我们所知道的，陶西格是第一个呼吁直面以下事实的经济学家：如果要使经济理论真的变成“定量可操作的”，那么经济学迟早必须用对值域的处理取代对特定的取值点的处理、用对有限宽度的区域的处理取代对特定形式的函数（曲线）的处理。陶西格的这个呼吁到现在为止还没有什么人跟进，主要原因是它需要采用全新的技术。但是，终有一天陶西格的“半影”（penumbra）——这可能是他最巧妙的一个词了——肯定会得到应有的认可。

但是，当“不可避免的结局”——他自己喜欢这样称呼它——开始投下它的影子时，离它真正到来的那一天也就为时不远了。从1932年开始，陶西格就再也没有取得什么大的成就了。在课堂上，他的工作仍然是无与伦比的；但是，慢慢地，他开始觉得力不从心了。对于像他这种性格的人来说，对于像他这样一个视工作为生命的人来说，这无疑是一种极大的痛苦。陶西格没有犹豫。1935年，他辞去了《经济学季刊》主编的职务，1936年又辞去了编辑职务。[①] 关于他的退休，陶西格后来写道：“我的同事和朋友们说，他们对我的辞职感到非常遗憾，他们的善意使我感到我已成功地达到了我自己的夙愿，那就是，当我退休时，人们会由衷地说‘这真是一个遗憾’；我不想等到他们可以完全坦率地说‘是时候退休了’的那一天才退休。”

令人欣慰的是，在他辞掉了《经济学季刊》的所有职务后，还有另一项工作在等着他，那是他早就下定决心要完成的。自初次出版以来，他的《经济学原理》一直是他十分关注的一部著作，由于该书第三版（1921年）的修订工作是在非常仓促的情况下完成，他自己从来没有觉得满意过，再加上“鉴于1914年以后经济和社会的巨大变化，几乎任何主题的论述都不能和以前完全一样了”[②]，

---

① 哈佛大学授予他亨利·李名誉教授的称号。1936—1937年他当选为哈佛大学同学会会长。他的学生和朋友为了庆祝他的77岁生日纷纷撰写文章，这些文章后来结集为一本论文集出版，题为《经济学探索：为祝贺F. W. 陶西格而征集的论文集》（1936年）。

② 根据第四版的序言。

因此，他决定集中全部精力，对该书进行全面修订。这无疑是一项非常艰难的工作；事实上，他完全重写了其中的部分内容，并彻底调整了第三篇“货币与银行”和第五篇“分配”的结构。最后，在合作者的有力配合下，他终于完成了《经济学原理》的全面修订。1939 年 3 月，他撰写了序言和致谢，从而为该书的全部修订工作画上了一个圆满的句号。修订之后的著作的总体结构、基本观点和主要研究方法都没有改变。它的理论结构的基础也没有改变。

陶西格这样做无疑是非常明智的。作为一位经济学家，他的工作自有其历史地位，而且这个地位是永远也不可能消逝的。要想用毫无特征的折中主义来抹去它的强烈的特征是办不到的。如果我们从美国经济学的发展历程的角度出发来观察这些特征，那么它们就会显得更加突出。美国本土最早的经济学思想形成于汉密尔顿以及其他一些像他一样充满智慧、拥有大量实践知识的专家，但是限于当时的环境，他们都忙于其他事务，无法进一步从理论或哲理的角度来进行探讨，因此很自然地，美国土生土长的、科学的经济学未能形成气候。接着出现了一些像丹尼尔·雷蒙德（Daniel Raymond）这样的追随斯密理论的贸易保护主义者；后来又出现了一些像亨利·凯里（Henry Carey）这样的有一定创造性但却缺乏理论训练的思想家。在南北战争及战后的那个时期，美国的经济学终于开始发展起来，尽管起初的发展较慢，但是后来却发展得很快。陶西格对这种变化发挥了极大的促进作用——他在这方面的作用比任何其他美国经济学家都要大。但是，在陶西格的成长过程中，与其他喜欢认真思考的学习经济学的年轻人一样，他首先必须按照穆勒呈现知识的方式去学习英国的经济学理论。因此与马歇尔一样，陶西格是从穆勒那里学到经济学基本理论的。可是，任何一个思想敏锐的人在阅读穆勒的著作时，都不可能觉察不到更伟大的李嘉图的形象。陶西格认为，李嘉图身上存在着一种精神，这种精神是自己应该继承的，不过不能以照搬和模仿的态度来继承，而必须以一种创造性的态度来继承。但是，要做到这一点并不容易。任何试图以李嘉图的理论体系为基础构建自己的理论体系的人——其中也包括马克思在内——曾经遇到过的所有困难，陶西格肯定也都遇到过。就在陶西格努力研究李嘉图那本名著中最著名的第一章第四节的过程中，他接触到了庞巴维克的理论，这对他详细地阐述自己的资本和工资理论提供了很大的帮助。像马歇尔一样（马歇尔选取的道路与陶西格不同，但是他们两人的道路基本上是相似的或相互平行的），他也不喜欢效用分析（只是在程度上较小而已）。陶西格认为，用“边际劳动生产率递减”这个概念就能毫无困难地描述他的工资理论，而且他确实达到了这个目的。而一旦实现了这一点之后，他这位“美国的马歇尔”与英国的马歇尔之间的相似之处就更加明显了。他们两人都成功地创建了一种分析的研究方法；而且他们的研究方法都是“古典”的——在这里，“古典”这个词是在它适用于19世纪90年代的理论物理学的那个意义上说的，即使用简单的曲线来优雅地表达理论内容，但是也存在着一定的技术上的局限性。他们两人都采用上述“古典”研究方法来解释重大的历史现象，并且都热切地希望这种方法能够帮助解决他们那个时代的紧迫问题。他们两人互相尊重，但是涉及理论问题时，也绝不相互妥协。这种做法无疑是非常正确的。

最新版本的《经济学原理》修订完成后，陶西格一下子变得空闲起来。他不断尝试，试图使自己的生活变得充实起来，可是没有办到。他不能允许自己虚度光阴，他永远觉得还有很多工作等着他去完成——事实确实如此，还有谁的“最后的话”能够比他的“最后的话”更有价值呢？然而，由于健康原因，很快他就无法继续有效地完成任何比较耗费心力的工作了；他最后努力的唯一成果是，他描述了自己的父亲的一生（我们在前面已经引用过他的描述了）。但是他一直努力着。他是这样的一类人中的一个典型：他们不愿“安然辞世”，而将一直工作到生命的最后一刻。

不过，虽然已经到了最后的日子，但是他的身体并没有因此而出现老年人常有的那种不便，他仍然保持着非常好的状态。他仍然拥有良好的视力与听力，甚至还有充沛的精力去散步和游泳。他在思想上也没有任何个人的忧虑。1940年夏天，他的家人来到科图伊特，聚集到了他的周围。假期结束后，与往常一样，他在新学年开始时回到了剑桥，但是不幸中了风，昏迷了一个多星期，从此再也没有苏醒过来。最后，1940年11月11日，陶西格在昏迷中平静地、毫无痛苦地离开了人世。

欧文·费雪*

(Irving Fisher)

(1867—1947)

一

这位已离开我们的伟大的美国人绝不仅仅是一位经济学家。关于他所支配的，或深受他影响的广阔领域，以及孕育了他的思想的那个时代的学术气氛，发表在《计量经济学》杂志上的一篇文章①已经对此进行了非常全面的综述，因此，我在这里将只

---

* 原载于计量经济学会的会刊《计量经济学》，第16卷，第3期，1948年7月。版权（1948年）属计量经济学会所有。

① 请参阅马克斯·萨苏里(Max Sasuly)：《欧文·费雪与社会科学》（Irving Fisher and Social Science)，载《计量经济学》，第15卷，1947年10月，第255～278页。关于这个人和他的作品的其他评价以及关于他的各种事迹，读者还可以参阅 R. B. 威斯特菲尔德（R. B. Westerfield）和 P. H. 道格拉斯(P. H. Douglas）两位教授所写的《纪念费雪》（Memorials)一文，发表于《美国经济评论》，第37卷，1947年9月，第656～663页。

讨论费雪在我们这个学科领域中的纯粹的科学工作。这样做，也许会对我们的主题造成一些限制，但好处是，至少不会削弱它的重要性——除非由于我自身的过失，才会造成这种结果。这是因为，尽管费雪有可能还扮演了其他一些角色——社会哲学家、经济工程师，还有他本人坚信对增进人类福利至关重要的许多事业热诚的改革倡导者和活动家、教师、发明家、商人——我敢预言，他作为这个国家最伟大的经济学家的身份肯定是他被载入史册并且名垂青史的主要原因。

我还愿意进一步限制我这篇文章的任务。费雪的密切合作者萨苏里先生（Mr. Sasuly）已经就费雪在统计学领域的工作给出了一个生动而又准确的描述，尤其是指出了《指数的编制》（*The Making of Index Numbers*）一书和费雪对统计方法的最具创造性的贡献——“分布的级差”——的重大历史意义。我不想重复他已经写过的东西，因此在下面的叙述中，我将只研究“这一位理论经济学家”，而不会研究“这一位统计学家”。当然，尽管如此，我也不可能在研究作为理论经济学家的费雪的有关活动时，把“这一位统计学家”完全排除在外。因为自始至终，费雪的目标就在于构建一个“在统计上可操作”的理论体系，换句话说，这种理论不仅要求定量结果，而且要求数值结果。从总体上说，他的整个研究工作完全符合“经济理论对统计学与数学的关系的发展”以及“纯理论数量的方法和经验数量的方法的统一”这一纲领。[①] 只要考虑到他的第一部著作问世的时间，我们就一定会把他视为自威廉·配第以来计量经济学领域最重要的先驱者。如果有人要我回答为什么我会毫不犹豫地用“伟大”一词来形容他的研究成果，以上这个事实就是我的理由。大体上看，费雪的贡献主要包括在了如下六本书中：《价值和价格理论的数学研究》、《增值和利息》（*Appreciation and Interest*）、《资本和收入的性质》（*Capital and Income*）、《利息理论》（*The Theory of Interest*）、《货币的购买力》（*The Purchasing Power of Money*）以及《繁荣和萧条》（*Booms and*

① 计量经济学会（Econometric Society）章程，第一节。

Depressions)。[①]

二

在美国统计学会为纪念欧文·费雪而举行的宴会上，当拉格纳·弗里希（Ragnar Frisch）致辞时把《价值和价格理论的数学研究》称为一部具有“不朽的重要意义”的著作的时候，我相信他的话一定语惊四座。[②] 这是因为，尽管这部著作于1926年得到了再版，另外再加上其他一些因素，它仍然保留在了费雪的伟大作品的行列，但他的经济学同行们却从来没有对它进行过完全公正的评价。经济学界的通常情况是，即便是最权威的理论家也认为费雪的主要贡献在于：他早在1892年就简洁而优雅地重新阐述了瓦尔拉斯的价值和价格理论，并通过一个巧妙的模型加以说明。因此，在这里有必要提醒读者注意费雪这部著作的真正贡献是什么。

不过，在尝试说明费雪的这个理论贡献之前，我们还必须注意到我们还有另一项任务，那就是，要还费雪本人一个公正。为了实现这个目标，我们就不能把自己局限在他的论著中客观上确实称得上新奇的那些观点上，而应该同时考虑那些从费雪本人主观上来看是新奇的所有观点。也就是说，我们必须将他在不知道前人已经得出的理论结果的情况下，依靠自己的努力所发现的一切东西全都考虑在内。在评价其他经济学家的时候——例如，李嘉图和马歇尔——我们也是这样

---

① 《价值和价格理论的数学研究》(他的博士论文，1892年，1926年重印)；《增值和利息》载《美国经济学会出版物》，第3辑，第11卷，第4册，1896年8月；《资本和收入的性质》(1906年)；《利息率》(1907年)，这就是后来的《利息理论》(1930年)；《货币的购买力》(1911年，和H.G.布朗共同完成修订版，1913年)；《繁荣和萧条》(1932年)。我们将不考虑他专门为普通公众写的书［特别是《货币错觉》(*The Money Illusion*)，1928年；《稳定的货币》(*Stable Money*)，1934年；《百分之百的货币》(*100 Percent Money*)，1935年］。也不考虑他在纯粹教学领域的著作，如他的《微积分简介》(*Infinitesimal Calculus*)和他的《经济学基本原理》(*Elementary Principles of Economics*)。此外，在需要的时候，我们还将提到他的大量论文中的一些。

② 请参阅《计量经济学》，第15卷，第72页，1947年4月。

做的；也只有通过这种方法，我们才有可能对我们这个科学领域中最伟大、最杰出的那些人物做出真实的评价。如果把这个原则运用到费雪的《价值和价格理论的数学研究》一书，我们就会发现通常的评价无论如何正面，都肯定是不充分的。在分析经济学的历史上，提到一般均衡方程式，除了瓦尔拉斯，我们不会想到别人的名字。但是在这里，出于公正地评价费雪这个目的，我们应该回顾一下费雪本人的说明（1892 年版的序言）。我认为说他“发现”了一般均衡方程式也是合乎情理的，因为当时他“除了杰文斯的著作以外，从未阅读过任何数理经济学家的著作”。费雪《价值和价格理论的数学研究》的第四章第十节给出的方程式虽然没有提供瓦尔拉斯体系的全部内容，但是指出了它的核心内容。另外，费雪是在“完成第二部分三天后”，才“第一次收到并阅读了埃奇沃思教授的《数理心理学》（*Mathematical Psychics*）一书”，因此，尽管各种各样的无差异变量、偏好方向等概念的发明权确实应该优先归于埃奇沃思的名下，但是当我们试图对这位现在已经永远离开了我们的朋友（费雪）的思想力量给出一个恰当的评价时，我们也不能忘记他自己的这个说明。他是以杰文斯、奥斯匹兹（Auspitz）和里本（Lieben）的论著为出发点开始自己的理论研究的，这些论著也确实对他帮助不少，但是他主观上想做的事情，绝不可能是简单地重新阐述、简化和说明瓦尔拉斯的理论。

不过，费雪在一个特定研究领域中的成就则完全是他自己的成果；由于没有更好的表达方法，我不得不称这个领域为效用理论领域——除非读者同意我使用自己创造的一个术语“经济潜力”。但是我又发现，要对他的这个成就给出我自己的评价真的是困难重重，而且这不仅仅是因为篇幅不够的原因。这是因为，这个领域目前的研究状况，使我无法既能充分地阐述我自己的观点，同时又能不被他人误解。而且更重要的是，费雪的成就本身就具有两面性。

一方面，他使我们想起了帕累托。（至少）在帕累托拒绝承认效用是一种心理实体（更不是数量上的）8 年以前，费雪在《价值和价格理论的数学研究》一书的第二部分里，就已经大体上预见到了从帕累托、巴罗内、约翰逊、斯拉茨基、艾伦和希克斯、乔治斯库，最后直至萨缪尔森的理论发展路线。杰文斯的最终效用和埃奇沃思的各种各样的无差异变量，全都是盲目地接受边沁（或贝卡里亚）的满足和痛苦的计算方法的产物。埃奇沃思则更进一步，他不仅完全接受了功利主义，而且通过引入费克纳（Fechner）的“刚好可以感知到的满足度的增加”的概念强调了这个体系。费雪认为，“必然存在这样一种效用的定义，这个定义能够将效用与真实的或客观的商品关系联系在一起”（序言，第6页）。但是在这本书的第二部分里，他却偏离了这个思想。在一番探索之后，费雪表明，只要把任何一种商品的效用都看成所有商品的数量的函数，那么就“条条大道通罗马”；据此，他最后得到的结论倾向于根本不需要任何类型的效用概念这种主张。这样一来，剩下来就只是一个缺乏心理内涵的概念了，但是它包含了帕累托之后出现的一系列理论工具的全部萌芽。由此可见，费雪实际上“选择逻辑”的真正先驱，尽管他从来没有使用过这个术语。甚至，许多将在未来的经济学研究发挥重要作用的细节问题，例如可积分性问题，也都可以在《价值和价格理论的数学研究》一书的第二部分中找到。

但是另一方面，费雪也使我们想起弗里希。在真的采取一条以萨缪尔森的一致性假定为逻辑终点的道路，或者，像其他一些人更喜欢说的，在证明效用只是一个既很难被人承认、又显得非常多余的概念之前，费雪却又在“任何一种或者至少一种商品的效用只取决于它自己的数量而与其他商品的数量没有关系”这个严格的限制条件之下，创造了一个效用单位概念（“util”），从而非常简洁地并卓有成效地提供了一个用来度量这个“不存在”的、多余的东西的理论。① 但是，这个限制本身就很难得到他人承认，它的缺点非常多，多得就像拿哥伦布的旗舰与现代油轮相对比时可以发现的前者的缺点。然而尽管如此，这种方法却仍然是初创阶段的计量经济学的最伟大的成果之一。我认为《计量经济学》的读者是接

① 读者们都知道，费雪是如何在他那篇极其引人注意的论文，即被收录于1927年出版的《纪念约翰·B. 克拉克经济论文集》（*Economic Essays in Honor of John B. Clark*）中的《测量边际效用》（Measuring Marginal Utility）一文中，把这一理论贯彻到底的。当然，实际测量时所用的方法，可能在统计上是不能令人满意的。但是费雪的这篇文章除了阐明了进一步完善的途径之外，还描述了如下这个观念（并且完成了一些其他事情）：在独立的条件下，它提示一个张弛的可能性，这一可能性在另一情况下由A. 瓦尔德（A. Wald）所发展［《运用恩格尔曲线所得到的无差别面的近似决定》（The Approximate Determination of Indifference Surfaces by Means of Engel Curves），载《计量经济学》，第8卷，第97～116页，1940年4月］。关于弗里希的众所周知的著作和费雪的著作的关系，参阅前者对于他的《边际效用测量新法》（*New Methods of Measuring Marginal Utility*）的引言，1932年。

受这一点的，因为我有理由认为他们都熟悉各种与弗里希的名字联系在一起的理论及其发展过程。然而，在这里，我还是要回过头来提出这样一个问题：像费雪这样的一个人，他既然能够写出《价值和价格理论的数学研究》第二部分，又怎么会把对边际效用的测度当成计量经济学研究的一个正当的目标呢？他从前门把效用概念赶出去，难道就是为了让它再从后门进来？（在《价值和价格理论的数学研究》的第二部分，他好像就是这样做的。）表面上看，答案似乎就是这样。[①]但是事实上，他其实只是把心理效用彻底赶了出去——在第一部分里也是如此——而且再也没有把它“放进来”；虽然像帕累托一样，从表现的措辞上看，他确实保留了一些与他实际上采取的这种做法有些抵触的说法。但是，与帕累托不同的是，费雪认识到，即使在选择的逻辑之内，效用的测度问题也是一个有意义的问题，或者说，费雪的高明之处恰恰在于，基数效用并不像我们大多数人所认为的那样，是与心理效用紧密地结合在一起的。这可以类比为，我们可以测量热的程度（温度）而不需要也不可能测出个人对热的感觉。当然，我很清楚，费雪的这些思想，现在已经被浓厚乌云笼罩住了，几乎没有人对它感兴趣，但是它肯定会有重现生机的那一天。

三

瓦尔拉斯体系给出的行为方程式（或最大化方程式）体现了选择逻辑定理。

① 这一思想部分源于弗里希在他的论文《关于一个纯粹经济问题》（*Sur un Problème d'économie pure*）［《挪威数学联合杂志》（*Norsk*，*Matematisk Forenings Skrifter*），第16期，1926年］里给出的原则；这一论文涉及的问题远远超出了费雪在这里讨论的范围。但奇怪的是，费雪和弗里希都没有进一步深入研究一个他们两人显然都非常感兴趣的问题。特别是弗里希，考虑到他对机械类比的偏爱，我们有理由认为他会抓住（虽然只是试验性的）由于下一事实所引起的问题：任何一个令人满意的效用理论中包含的那些关系，除了肯定是非可积分的（nonholonom）以外（包括不必一定是可以积分的商品等类物的微分之间的方程式，费雪是第一个指出这一点的人），还肯定是流动的（rheonom）（必须明确地包括时间）。

这种选择是有一定限制的，或者说，是在一定约束条件下进行的，其中一部分约束条件包含在了行为方程式中，而另一部分约束条件则包含在了这一体系的均衡方程式中。因此，这个体系是极其一般的，可以容纳各种不同的解释；换句话说，它可以根据我们对典型现象进行概念化的不同方式而相应地生成不同的“理论”。因此，要使这个体系拥有某种具体的、独特的意义[①]，就必须往这个体系中加入一些东西。从严格的逻辑意义上说，这些东西只不过是一些语义符号而已；但是对一个经济学家来说，却关系着他对自己要分析、要解释的经济世界的结构的全部见解（而且，他的分析的许多结果都可能会导致偏见）。但是，概念就包含了关系，而且，从理论的目的就在于构建合理的图式这一点来看，一个经济学理论本质上就是一个关于经济计算方法的理论。因此，我们可以说瓦尔拉斯体系预先假定了一种经济计算的图式，而不能说它预先给定了一个概念化问题的解决方法。根据过去和现在的经验，我们知道，经济学中概念化或计算图式通常都集中在资本价值和收入价值上，这也是瓦尔拉斯在他的《纯粹政治经济学要义》中加入了几段与会计学有关的内容（它们可以被称作会计学的基本原理）的原因。同样地，欧文·费雪在出版了《价值和价格理论的数学研究》一书后，还要再写《资本和收入的性质》这本书来作为它的补充，原因也就在这里。在我看来，《资本和收入的性质》只能算中规中矩，说不上非常成功。事实上，大多数人都认为，这部著作有点令人厌烦，因为它除了对两个概念（资本和收入）来来回回地进行讨论之外，并没有多少实质性的内容。但是，另一些人却非常欣赏它，其中就包括帕累托在内。[②] 我现在就来简要地评论一下《资本和收入的性质》这部著作。

首先，费雪在这本书中成功地完成了一项早就“瓜熟蒂落”但长期以来一直

① 当然，这种意义的独特性，与满足它的那套价值的唯一性无关，也就是说，与这个体系是否唯一地被决定的这个问题无关，尽管这个问题在后来引起了极大的关注。费雪那个时代的理论家们以及他自己，都不怎么重视这个问题。他们关注的是，在这个体系中是否存在一个唯一的解集；至于（如果这个解集存在）这个体系是否存在朝这个唯一的解集发展的趋势的问题，他们也不怎么关心。

② 我不知道帕累托是否曾经在出版物上发表过对这本书的好评，但是我确实知道，他在谈话中曾经表示过。

没有被完成的任务。我不知道其他人是否也像我一样，对如下这个历史事实印象深刻：经济学家经常会忽略一些非常明显的机会和研究思路。D. 伯努利（D. Bernoulli）的极具建设性的短论所遭遇的命运就是一个很好的例子，经济学家未能与工程师携手合作是另一个例子。但是，再也没有什么例子比 19 世纪的经济学家们对一个极其明显的机会的忽视更能说明问题的了：他们原本可以从会计和保险统计的实践中学习，然后再反过来从经济理论出发，对这种经验进行合理化。一直到了不久之前，才有一些经济学家尝试着这样去做，其中比较重要的那些工作都是效仿费雪这个最好的榜样的（尽管毫无疑问，他们并不是有意识地去效仿费雪的）。但是，来自会计师一方的反应却并不统一，只有部分会计专家做出了正确的回应，坎宁教授（Professor Canning）的著作就是其中一个明显的例子，其他一些人则提出了批评。但是这些说到底其实都不要紧，最重要的是费雪已经打破了坚冰。

其次，根据这部著作，我们完全可以说，费雪在这个领域中的成就足以与他在指数理论领域的成就相比拟。当费雪开始研究指数理论时，距卡里（Carli）的时代已经大约有半个世纪了，距弗里特伍德（Fleetwood）的时代则更是差不多两个世纪了，前人已经在这个领域做了大量的工作。费雪的贡献一方面是系统化，另一方面则是合理化，即建立了各种指数必须满足的标准。同样地，他在资本和收入问题上也是这样做的。他从这些概念试图达到的目的出发，合理地推导出了财富、财产、服务、资本、收入等一系列概念的定义；这样一来，这一整套定义就因为符合一个合理的图式而显得非常新颖了。当然，并不是所有人都喜欢这个结果，但是又一次，真正重要的是建构理论所用的很有示范意义的方法，并且它重点强调了现代经济学家都非常关注的存量与流量之间的区别。此外，费雪还推导出了这样一个定义：赚到的收入（净收入）＝实现了的收入－资本的贬值（或＋资本的升值）。如果这个定义中涉及的每个术语都按费雪本人的意义来理解，那么赚到的收入与人们经常争论的一个命题关系密切。这个命题指出，储蓄不是适当的所得税的征税对象，或者说，征收储蓄税会导致重复征税。[1]

最后，这部著作扫清了通往利息理论的道路。当然，费雪的利息理论的原理与庞巴维克或者杰文斯的理论有关——如果你愿意这么说的话。但是，要得出这部著作中所阐述的关于资本与收入价值之间的关系的概念，我们其实只需要细致地观察、分析和提炼商业实践中的贴现过程就行了。这种关系反过来揭示了这样的观点，那就是，利息不是对占有生产资料的某个特定阶级的回报，而是贴现过程带来的一个结果；从逻辑原理上说，这种贴现过程是普遍适用的。因此，像“土地的地租”与“资本的利息”不应当等同起来这类主张是有问题的，马歇尔已经看到了这一点（他的准地租概念就是指向这个方向的），但是他没有明确地阐述清楚。费雪则不仅清晰地阐明了它的所有含义，而且在此基础上建立起了自己的理论体系。

四

如果可以说《资本和收入的性质》在某种意义上是《价值和价格理论的数学研究》的姊妹篇，那么也就可以说《利息率》（*The Rate of Interest*）（1907 年）

---

① 费雪这种观念既然会导致一个如此不受欢迎的结果，我们当然不能指望它能够轻易得到经济学家的青睐。更重要的是，费雪还为它进行了强有力的辩护（特别参阅该书的第 14 章，第 10 节）。还有，如果我们接受了他的心理收入概念［这个概念以及相应的术语都源于 F. A. 费特（F. A. Fetter）］，那么这种不受欢迎的结果就是不可避免的。由于费雪的逻辑没有任何缺点，因此在这一问题引起的争论中，他常常是胜利者。但是我确实觉得很奇怪，他为什么相信（他显然真的相信）这个逻辑会转变任何一个希望看到储蓄被课税的人，或者说，他为什么相信那些不愿意看到储蓄被课税的人会需要它。人们在赋税问题上的观点通常是他们的利益和爱憎的合理化的结果（因而往往是意识形态化的）；而且，即使不是这样，我们也应该知道，是否征收储蓄税通常取决于定义的逻辑含义以外的其他因素（例如，在经济陷入萧条，或者在通货膨胀期间，征收储蓄税能够产生一定的“补救效果”）。我之所以要提到这一点，是因为，相信理性——甚至相信形式逻辑——正是费雪这个当代帕西法尔的特点。［帕西法尔（Parsifal）是瓦格纳的著名歌剧《帕西法尔》中的一位武士。——译者注］他这种心智倾向，再加上他按照口号、方案、政策、制度（例如国联）的表面价值来接受它们的习惯，也许会使他成为关于国家事务或国际事务的一个不合格的顾问。但是，也恰恰是这些特点，使得费雪成了现在这个比“一个更加老于世故的费雪”更加可爱的人。

在某种意义上是这两本书的产物，同时也是《增值和利息》一书的产物。费雪在1930年出版的《利息理论》其实是《利息率》的修订版[①]，我在这里的评论也主要是针对《利息理论》一书的。《利息理论》一书的体系结构堪称完美，它是一部绝顶佳作，是所有与利息理论有关的文献中的最高成就。[②] 第一，也是最不重要的一点，这部著作是教学方法的杰作。它教导我们如何既满足专家又满足一般读者的需要（而不是简单地将数学推理部分放到注释或附录中去就算完事），它还教导我们怎样运用简明适当的内容提要和很能说明问题的例证，引导外行人从最基本的原理得出最重要的结论。第二，这部著作显然有一部分是属于计量经济学的内容，只要将它与任何其他关于利息理论的论著做个比较，这个特点就会突显出来。第三，也是最重要的一点，这部著作几乎是一个完整的关于资本主义过程的理论，它把利息率与经济制度中的其他因素之间的所有相互依存的关系都呈现在了读者面前。而且，所有这些因素之间的所有相互作用，全都是井然有序地围绕着两大支柱而展开并得到解释的，这两大支柱就是“人性不耐”（时间贴现）和投资机会（边际回报率超过了成本）。[③] 费雪说，这部著作是“为了纪念约翰·雷和欧根·冯·庞巴维克而写的，我在他们两个人的基础上经过努力而有了一定建树”。事实确实大致如此，但这样的话不是每个人都能说出

---

① 当然，这并不是说费雪这位专家能够完全摆脱那部旧著的影响。例如，《利息率》第五章的附录（关于增值和利息理论的思想史评述），以及这一章的第三节的附录，就原封不动地保留在了后一著作中。

② 我的出发点是，如果在这一整节里，我真的做到了只根据这种在费雪的杰作中发展到了顶峰的思想体系的观点来叙述，而完全不说任何根据我自己的观点必须要说的那些反对它的话，那么读者应该就可以理解它、欣赏它了。因此我也希望读者帮我一个忙，不要产生这样一个错觉：在这一节里读到的内容可以推翻我本人在其他地方写下的关于这个课题的东西。

③ 凯恩斯明白地指出（《就业、利息和货币通论》，第140～141页），费雪所使用的超过成本的回报率的概念，无论是含义还是目的都是与他所使用的资本的边际效率概念一样。虽然凯恩斯的一些门徒对此有不同的看法，但是我认为这种说法是完全站得住脚的。但更加重要的是，凯恩斯自己还接受（同上书，第165～166页）时间贴现概念，也就是说，他接受了费雪的整个理论。凯恩斯不仅认为自己的资本边际效率概念与费雪的超过成本的边际回报率完全一致，他还认为费雪的时间贴现概念也与他自己的储蓄倾向完全一致（因此也与他的消费倾向概念完全一致）。只是作为一个修正，并且因为“只知道这两个因素还不可能求出利息率”（在短期内?），凯恩斯才另外引入了流动性偏好概念。从这个概念本身说，其实并不存在很大的差别。但是在现实中，由于凯恩斯本人和他的追随者对这个因素给予了越来越多的重视，最终却造成了很大的差别。尤其是到了后来，流动性偏好概念还要为使利息率成为货币数量的函数这一目的服务。但是费雪一直拒绝这种方法。导致这种差别的其中一个原因是，费雪的模型不是一个就业不足的模型。

口的；也不是每个人都愿意在一些最基础的东西上否认自己的原创性。在这里，让我们对费雪的品格表示敬意，但更重要的是，我们必须承认他在这些基础上建立起来的结构的创造性。

这部著作的核心是它的第三篇。在这一篇中，费雪极其清晰地阐明了他的理论的主要内容：利息理论和整个“价值与分配理论”实际上是完全一致的；利息并不是独立于工资、地租和利润之外的另一种收入，而只是全部收入流的一个方面。第二篇则是为不懂数学的读者准备的，它以文字形式阐述了与第三篇相同的内容。第一篇则把这个理论与他在《资本和收入的性质》一书中发展起来的概念工具联系了起来。第四篇则是一些较晦涩的、难以理解的理论的集合，这一篇特别值得一提的是以下几章：非常重要的第十五章（这一章，而不是第二十一章，是这部著作理论的真正总结）；非常有创造性的第十六章“发现和发明与利息率的关系”（Relation of Discovery and Invention to Interest Rates），在这一章里，费雪开辟了一个全新的研究领域；以及第十九章，正如我们在前面已经说到过的，这一章提供了具有同样创造性的统计学上的结论。① 这些都是精华，基本上没有夹杂任何糟粕。②

在各种备择的可得收入之间进行选择的原则，被费雪视为一般的经济分析的核心；从这个意义上说，费雪的利息分析本质上是收入分析。这种收入分析基本上是用真正的实物来表达的，而货币则被看作及时进行收入转移的工具，而没有被看作流动资产。当然，任何愿意这样做的人，都可以插入这种分析；对于其他方面，如果我们决定选择费雪的著作，以它们为我们自己的论著的基础，那么肯定可以走得更远，尽管到目前为止，我们在这个方面还没有取得太大进展。

① 当然，到了后来，随着统计理论的发展，我们对这一章所采用的方法的看法也可能会发生变化，但是无论如何，由于它是拓荒性的，这一章将永远保持其历史重要意义。而且，它包含了一系列关于建立动态模型的建议（参阅以下第六节），其中有些至今还没有得到充分利用。

② 我认为，费雪在第二十章第六节里对庞巴维克关于“现在商品的技术优越性”的主张的批评，恐怕必须算作糟粕。在费雪写作这本书的那个时代，应当已经很清楚：不管人们对庞巴维克的方法有什么看法，在原则方面他与费雪之间是没有真正差别的。但是，其他的批评，例如，关于把等待看作成本的批评，都是极好的推理论证。

五

事实上，在《利息率》一书中，费雪就已经给出了一个完整的经济理论体系的部分内容，同时给出了其余部分的纲要。特别是，货币理论的所有要点都已经被包含在这本书当中。然而，像所有伟大体系的创造者一样，费雪觉得，虽然理论核心已经构建完成，但是仍然有必要彻底地阐明货币问题，不然整个理论体系就会显得不够壮观、不够堂皇。最终，他通过《货币的购买力》一书完成了这项工作。对于这本书，我们还是先讨论一下它在历史上的重要意义。《货币的购买力》一书是费雪有关物价指数的一部早期作品，也是他作为先驱在计量经济学领域中的另一次伟大的探索的成果。它无疑是非常有独创性的，费雪在书中精心地构建了交易量指数等全新的指标，并天才地设计了一个估计货币流通速度的方法①；与此同时，他还细致地尝试过对书中的结论进行统计检验。② 所有这一切都表明，这部著作确实是早期计量经济学的经典之作。然而，更加重要的是，这部著作的整个论证都是与统计应用可能性这个标准相匹配的，它避免了任何与统计计量不相适应的概念和假设。因此，不论是好是坏，费雪再一次将他自己的旗帜升到了计量经济学的旗杆的最高处。

这部著作还是将“旧的”古典货币理论与“新的”现代货币理论联系起来的最重要一个环节，不过，要说明这一点并不是一件很容易的事情。正如他的一贯做法一样，费雪在这部著作中也声称自己没有创造什么新的东西：他把这部著作献给纽科姆（Newcomb）以及其他先驱者。但是实际上，他的贡献——集中体现在作为这本书的核心的第四、五、六章中——绝不仅仅是一种综合而已。毫无疑问，费

① 1909 年 12 月，费雪发表于《皇家统计学会杂志》（*Journal of the Royal Statistical Society*）上的那篇论文是他关于这个问题的第一篇论文。这个问题最早可以追溯到配第，但是后来又由凯默勒（Kemmerer）再一次提出来。随后出现的金莱（Kinley）的著作，在很大程度上是受费雪著作的鼓舞的结果。

② 不久之后，费雪就发表了用来估计在许多年内进入交易方程式的各个项目的方法。

雪接受了在当时仍然很新颖的银行信用理论，并强调指出了利息率的滞后在银行信用周期中的杠杆作用，同时还明确地承认速度的变动性——我们必须记住，关于速度不变的假定，过去经常被看作是、甚至现在仍然经常被看作是“旧的”货币理论最主要的特征和缺点。他还考虑到了有助于决定购买力的所有主要因素（其中有些被放在了“生产和消费的条件”这个标签之下）。尽管我们不能据此认为费雪已经把货币理论与价格和可分配份额理论完全融合为一个整体（更加不用说是否与就业理论融合在一起了），但是这确实构成了连接货币与就业的一个踏板。

如果真是这样，那么为什么无论是《货币的购买力》的支持者还是反对者，都认为它不过是最古老的“旧的”货币数量理论的另一种表述，或者说，它只是用统计方法对这个早就过时的“陈腐不堪”的理论进行一番美化而已？答案很简单，因为费雪自己在这本书的序言中就是这样说的，而且以后在许多的关键章节中又多次重复过。这还不是全部。他还把他的全部精力都放在了“必须保证可以得到货币数量理论的结论”这样一个任务上，也就是说，必须保证在货币数量增加的“各种正常后果当中，至少有一个”是“总体物价水平以完全相同的比例上升”。为了证明这个定理，他甚至放弃了他对货币数量的变动有可能会（暂时地）对货币流通速度产生影响这个事实的认识，并且在后者在给定制度下是一个不变常量这个假定的基础上进行论证。出于同一个理由，他还假定存款货币倾向于随着法定货币（准备金）按比例变动。这样一来，在货币流通过程中相互作用、相互影响的其他各种因素，都成了五个基本因素（基础货币和存款的数量、两者的速度及交易量）背后的“间接影响”，实际上完全消失了。换句话说，费雪将“直接影响”价格水平的任务留给了这五个因素，因此价格水平在他的著名的交易方程式中就变成了因变量。对这个理论，他用了大量例证、费尽心力地进行了充分阐述；但是却“毫不留情”地把他自己提出的真正有价值的创新见解埋藏在了该书的第四、五、六章中，并且半轻蔑地把它们说成了仅仅发生在“过渡时期”中的干扰因素，而所谓的“过渡时期”，就是指货币数量理论“不是严格地正确”的时候。由此可见，要想把握他的成果的核心内容，我们首先要做的事是拆掉挡在费雪的核心理论创新前面的那个“高大的门面”，也就是说，我们必须把刚才说的这些东西全部清理掉，尽管它们无论是对他本人，还是对他的支持者和反对者来说都是非常重要的，并且曾经耗费了他的大量精力。

但是，他为什么要这样“蓄意破坏”自己的作品呢？尽管他声称自己的验证是令人满意的，但是它们并不能证实他阐述的东西的准确性（例如，请参阅该书修订本第 307 页关于 1896—1909 年的结论）。他在《利息理论》和他关于经济周期的其他一些论著中的论证，与他在《货币的购买力》一书中的表述并不一致。我们不能强辩道，他自己的数量理论（以及其他数量理论），只要严格地解释为一个均衡问题，就能得到拯救[①]，就能变得像马歇尔的长期趋势模型那样确有根据。因为根据费雪自己的说法，这种均衡是不可能通过任何一种只用他所列出的五个因素就能完全解释的机制实现的。均衡是各种因素的“总和”结果，但是却无法由这五个因素得到“因果的解释”。另外，年复一年地，他一直在运用交易方程式，因而肯定会把它用于不均衡的情况下。我不能不认为这位学者是被改革者误导了。他曾经对“补偿美元”寄以极大的希望。当他身上作为改革者的血液沸腾起来后，为了使反对他的人信服，他不得不拿出一个非常简单的稳定购买力的计划（他后来的想法可以归结为两点：“发行货币”和“百分之百的美元”），因此这个计划背后的科学基础也必须是简单的。这就是我对出现在费雪身上的这个不解之谜的解释。我想，对这个问题，我能够提出自己的想法，也就够了。[②]我不想再去进一步研究经济学家与改革运动的关系这个课题，不过，我还是想问一下读者：暂且不去考虑其他的事例，仅以费雪为例，在这种活动中，费雪本人、经济学或美国这个国家乃至整个世界，究竟能够得到什么好处呢？

六

货币改革者还诋毁费雪对经济周期研究的贡献的科学价值和实际价值，但

① 为了保证能够对费雪做出公正的评价，我们永远不能忘记，现在的大多数反对意见都是针对费雪在他的过渡时期提出的观点的；如果把这一点考虑在内，那么验证问题至少看起来会更有希望一些。

② 当然，这个“谜”还与费雪的思维方式基本上是“机械的”这个事实有关。

是，他在这个领域的贡献实际上要比我们大多数人所意识到的重要得多。[①] 它们也都是计量经济学研究的典范，并且影响了标准的计量经济学方法的发展。费雪的计量经济学研究有明显的动态性，他在 1925 年发表的那篇论文中提出了一个明确的动态模型，这比同类模型的大量出现要早好几年。最后，凭着非常令人钦佩的直觉，他还列举了周期性运动的所有比较重要的“启动装置”。只要搞清楚它们的运行方式，就可以给出一个令人满意的解释图式了。

但是，为了更好地理解这一点，我们必须再完成一个“拆除高大的门面”的任务。费雪的“启动装置”并没有出现在它们应该出现的地方，这就是说，费雪并没有在他的著作《繁荣和萧条》的一开头就提到它们——那才是“荣耀之地”，相反，它们都被写进了第四章。在“高大的门面”上，我们看到的反而是过度负债以及它导致的紧缩过程，那“几乎是一切罪恶的根源”。或者换句话说，所有的东西都被归结为可能机械地进行控制的表面现象，其结果是，费雪本人反对用于描述各种实际历史事件的那个术语——“循环”又浮出了水面。而债务的周期性膨胀和收缩，又将我们卷入了货币改革运动当中（因为它们是与价格水平的上升和下降相联系的）。这也正是费雪在写作这部著作时非常感兴趣的一个问题。不过这一次，费雪虽然仍然推荐“补偿美元”方案，却实际上并没有给予特别多的重视。费雪在《货币的购买力》中极力主张推行这种特殊的货币改革计划；与此不同，在《繁荣和萧条》第三部分里（题为“事实的”），我们却只能找到一个关于货币管制方法的简单而通俗的概述。对于这个概述，任何一个经济学家都不可能找到多少自己不能同意的东西，而且它实际上包含了所有“通货膨胀”的政策——这些政策在接下来的岁月中，或者被采纳，或者被建议过。我指出这一

① 关于费雪在这个领域中的最早的一批成就，请参阅《利息率》和《货币的购买力》。后来，他又发表了几篇很重要的论文，主要包括《经济周期主要是美元跳舞》(The Business Cycle Largely a Dance of the Dollar)［载《美国统计学会杂志》(*Journal of the American Statistical Association*)，1923 年 12 月］和《我们的不稳定的美元和所谓经济周期》(Our Unstable Dollar and the So-called Business Cycle)（载《美国统计学会杂志》，1925 年 6 月）。我认为，上述后一篇论文是最早提出动态模型——$T(t+w)=a+m^2p'(t)$——的经济学文献。在这个动态模型中，费雪证明，波动是由本身不变动的因素（“振动者”）造成的。但是，我不知道我的理解是否正确。因此，当费雪在 1932 年说（《繁荣和萧条》，序言）经济周期这一领域是“我以前几乎从来没有进入过的一个领域”的时候，那其实是一个奇怪的错误。虽然在 1925 年之后他就不再写作专业论文了，但是他的名字已经深深地烙印在了经济周期这个领域的学术发展史上。

点，并不是因为我根本看不上费雪在这里提到的每一个建议的“优点”，也不是因为我质疑他的这种做法是否明智；事实上恰恰相反，考虑到他的著作的出版时间，我认为他理应得到更多的荣誉（相对于他已得到的荣誉而言）。最后，我还要再强调一下，这并不是这部著作的唯一优点，因为那“高大的门面”之后，还隐隐约约地露出了许多意义更大、更深刻的东西，尽管费雪对它们的论述还称不上尽善尽美。[①]

七

《价值和价格理论的数学研究》《增值和利息》《资本和收入的性质》《利息理论》《货币的购买力》《繁荣和萧条》这些著作就像一座没有装修的大教堂中的圆柱和拱形结构。它们都属于一个宏大的结构；但它们都只是作为建筑构件而存在着，作为建筑家的费雪从未建成这幢雄伟的建筑。从坎蒂隆（Cantillon）时代开始，经过亚当·斯密、J. S. 穆勒和马歇尔，经济学的领袖人物都是通过系统的论著对他们的时代以及后世产生深刻的影响的。但是，费雪却从来没有以这种方式阐述过自己的思想。他是一个忙碌的改革者，没有时间去做这件事，尽管这可能让他的美国经济学同行聚集到自己（的学说）周围来的唯一方法。无论具体原因究竟是什么，他一直没有创立一个学派；他有很多学生，但是没有信徒。在他为了推动改革而奋斗的过程中，他曾经与许多团体和个人通力合作过，但是在他从事科学研究的过程中，他却几乎一直都是孤军奋战的。因此他必须在不具备学派领袖和创始人能够拥有的那些有利条件的情况下努力奋斗，这些有利条件是指，

① 他的《大萧条的债务紧缩理论》（The Debt-Deflation Theory of Great Depressions）这篇论文（载《计量经济学》，第1卷，第337～357页，1933年10月）更加令人信服地证实了这一点。就债务紧缩本身而言，它只是一架“机器”，例如，我们大家都很熟悉的螺旋。如果这就是一切，那么这篇论文就不值得注意。当然这不是一切。实际上，“启动装置”理论及其意义，比它们在费雪这部著作里所表现出来的还要显著。

对于学派领袖和创始人的每一句话，信徒们都会加以维护、解释和发展，而且把它们转授给他们选中的“下一任领袖”。从这个意义上说，这个世界上以往曾经存在过李嘉图学派、马歇尔学派，现在则存在着凯恩斯学派，但是从来不存在费雪学派。这个事实也许会令人觉得很奇怪。像费雪这样一个目的如此善良、意图如此纯正，而且得到了社会的如此广泛的认可，并且本人又如此无条件地坚持那个时代的主导口号（“稳定压倒一切”）的人来说，竟然一直处于主流之外的边缘，永远既无法说服自己同时代的人，也无法说服当时正在成长的下一代，难道还不足以让人啧啧称奇吗？但是，他留下来的这些圆柱和拱形结构本身却是非常稳固的，它们将永远屹立不倒。即使时光的流沙掩盖了今天统治着全世界的那些东西的最后一丝痕迹，费雪留下来的这些遗产也依然会闪烁着夺目的光芒。

韦斯利·克莱尔·米切尔*

（Wesley Clair Mitchell）

（1874—1948）

米切尔逝世于1948年10月29日。直到生命的最后一刻，他仍然非常乐观积极；事实上，他真的是“死在工作岗位上”的，这也是他自己的愿望，正如他有一次写信告诉我的那样。[①] 在这里，我们哀悼这位纯洁的人，这位具有坚定信念，同时又无比谦虚的同事，这位全心全意尽忠职守的教师，这位真理的虔诚信徒。他抵御住了各种各样的诱惑，即使是那些最能牵动一个人的热情和高尚的同情心的最微妙的诱惑，也无法撼动他分毫。他是一位身体力行的领袖；他只通过自己的榜样力量去带动别人，从来不依靠自己的权威，甚至从来未曾向人发号施令（尽管在很多情况下那确实是他的权利）。凡是接触过他的人都能感受到他的人格魅力，但是用语言表达出来却并不容易；就像很难用语言描述清楚他广泛的兴趣爱好和他对自己献身的事业的伟大贡献一样——

* 这篇论文是熊彼特教授在他离开人世（即1950年1月8日）前两个星期写成的（编者注），原载《经济学季刊》，第64卷，第1期，1950年2月。版权（1950年）属哈佛大学理事会所有。

① 米切尔在生命的最后一刻，仍然在写着一篇题为《在经济周期中会发生一些什么事情?》（What Happens During Business Cycles）的论文。后来，在美国国家经济研究局于1949年11月25日至27日在纽约召开的一个讨论经济周期问题的会议上，这篇未完成的手稿被印发给了与会者。

对于他的事业，他的态度是十分严肃的，但是闪耀在他眼睛中的幽默光芒从来没有因这种严肃的态度而熄灭。我们都热爱他，并且深知将不会再遇到像他这样的人了。

这就是我关于米切尔这个人本身所要说的一切。除此之外，这篇纪念文章将完全致力于研究他的著作，并阐述他的贡献对我们这个时代的经济学的意义。当然，作为一位学者，米切尔的最大贡献是他的著作的每一页、每一行所包含的道德启示，我在这里只是暂且假设我们可以把他的著作和他本人分开来讨论。①

一

有人说，一个人在在二十几岁时受到的影响，已经决定了他在“连续几代人”心目中的地位；这种说法是否有道理呢？如果真的有道理，那么我们就应该到米切尔于 1903 年转学至加利福尼亚大学之前的 10 年中去寻找这种影响。这是他成长为一名经济学家的 10 年，在这些年间，他一直在芝加哥大学从事研究，并于 1899 年获得了博士学位。但是，米切尔是一个刚强的人，而不是一个柔弱的人，他自身的心智能力和道德力量都很强大，因而不会受到他的老师的太大影

① 还有许多与米切尔有关的事情，我这篇纪念文章都没有提到；关于这些，请读者参阅已经发表的大量纪念米切尔的文章。其中，我想特别提一提阿瑟·F. 伯恩斯教授（Professor Arthur F. Burns）撰写的几篇纪念文章——其中尤其值得注意的是被包括在了《美国国家经济研究局第二十九届年度报告》（*29th Annual Report of the National Bureau of Economic Research*）里的那一篇，以及弗雷德里克·C. 米尔斯（Frederick C. Mills）在美国经济学会第六十一届年会上发表的纪念米切尔的演说［参阅《美国经济评论》，1949 年 6 月］。这两篇文章为我提供了许多关于米切尔的资料，因此我在这里要对它们的作者表示感谢（我也感谢伯恩斯教授提供给我的几篇通讯）；还有 J. 多尔夫曼（J. Dorfman）教授写的纪念文章［载《经济学杂志》，1949 年 9 月］和库兹涅茨教授（Professor Kuznets）写的纪念文章［载《美国统计学会杂志》，1949 年 3 月］，也都非常好。而且，我现在这篇纪念文章应当与阿尔文·H. 汉森（Alvin H. Hansen）于 1949 年 11 月在《经济学和统计学评论》（*Review of Economics and Statistics*）上发表的纪念文章对照阅读。另外，为了纪念米切尔，美国国家经济研究局还编了一份书目。

响——如果你愿意，可以把这一点归因于他的新英格兰背景和他在父母的农场上度过的健康而充满青春活力的少年时代。当然，尽管芝加哥大学当时开设的英国经济史课程非常优秀，确实给他留下了深刻的印象；同时 J. 劳伦斯·劳克林（J. Laurence Laughlin）在货币问题和货币政策等方面给他的指导也确实对他产生了一些影响。在米切尔的老师中，凡勃伦更受像米切尔这样的天生就不循规蹈矩的人喜爱；他们这类人才思敏捷，讨厌僵化的教条和沉闷的说教甚于一切，他们更喜欢牧场而不是马厩，并且能够欣赏凡勃伦式的讽刺和反论（尽管他们自己未必能够创作）。然而，不久之后，米切尔就明白了凡勃伦的思维方式的优缺点，而且，虽然终其一生他一直继续强调制造产品与“赚一些钱”之间的差异，但是很快就厌烦了存在于凡勃伦的思想内核当中的那些模棱两可的东西。不过，对于米切尔来说，约翰·杜威（John Dewey）和雅克·洛布（Jacques Loeb）开创的新天地却似乎永远不会失去吸引力。他们为社会科学开辟了全新的道路，比米切尔从事的专业经济学的道路宽广得多。在我们试图理解米切尔的经济学思想和他的个人贡献的性质的时候，记住这一点非常重要。对于这个问题，我觉得值得花些时间，详细地讨论一下。

19 世纪 90 年代是所谓的马歇尔时代的第一个 10 年。但是，因为并不是每一位读者，尤其并不是每一位美国读者都同意这种说法所包含的全部含义，所以我必须先把我自己这样说的意思阐释清楚。在这个时代，有三个趋势应运而生，并最终导致了 20 世纪的新经济学的诞生。第一个趋势是，社会改革成了人们普遍关注的当务之急，而且大众对这个问题形成了新的观点，这个方面最好的例子是德国“社会政治学”的发展。第二个趋势是，经济史在经历了一番波折后，终于在学院经济学领域里确立了自己的地位。第三个趋势是，在经过 25 年的斗争之后，经济理论的一个新原则终于迎来了它自己的春天。（尽管要想从现在人们最常用的“边际主义”、“新古典主义”等术语中，为这个新原则选定一个最合适的、最不容易引起误解的名字，确实不是一件容易的事。）但是在讨论这三个趋势的时候，必须注意英国是一个例外。这是因为在英国，马歇尔凭借其领导地位在某种程度上成功地把这三者统一起来了；而在任何其他国家，这三个趋势不仅相互之间存在着冲突，而且它们与前一个时代遗留下来的旧思想、旧方法也是相互冲突的。这种情况在美国尤其突出。在这个国家里，虽然从现在的角度来看，经济学已经得到了突飞猛进的发展，但是如果你回顾过去，能够看到的却几乎只有一些严重过时的教科书。虽然 F. 沃克（F. Walker）等人的著作算得上相对较好的教科书，但是它仍然很落后、很过时。至于其他方面，则唯有混乱无序一词可以形容了，那也许是一种“富饶的混乱”，但仍然是混乱。我这样说，并不意味着我不尊重那些被遗忘的或几乎被遗忘的杰出人物，我只是想表达如下这个意思：考虑到这种情况，我们就不难理解一个在 1895 年左右进入芝加哥大学经济系的年轻人可能会面临的困难和可能会有的想法了。他将会发现，在那里没有人能向他阐明，在马歇尔的《经济学原理》一书波澜不惊的文字下面，蕴藏着极其丰富的思想和极其宏大的研究计划。[①] 要知道，在那个时代，阅读《经济学原理》是可以学到马歇尔学说而不必去到剑桥听他讲课的唯一途径；即使在 1895 年之后或者更晚一些，要真正有效地把 J. B. 克拉克的学术思想介绍给学生，也仍然需要一位拥有卓越才能的老师。因此“社会政治学”始终没有遇到竞争对手，经济史依然没有受到重视，“边际主义”或“新古典主义”等新理论则干脆被弃置一边无人问津。枯燥、沉闷、乏味的教科书——它们全都或多或少地受到穆勒的理论模式的影响——只能在一件事情上取得成功，即把思想比较活跃的人变成“背叛者”，驱使他们加入到“制度主义者”的阵营中去。[②]

我认为，米切尔自己在从事研究工作时遵循的路线，可以被解释为两个平面相交产生的一条交叉线：一个平面代表如前所述的环境条件，另一个平面则代表他自己的心智倾向。像他这样有才能的人是注定不会满足于他所观察到的事物的现状的；具有他这种能力的人必定会到社会事实的汪洋大海中去寻找出路。在米切尔看来，一般经济学家似乎只看到了一些浅得可怜的小海湾，却对整个大海视而不见。他想在汪洋大海中畅游，而不是在小浅湾中试水。或者说，他想深入探

① 关于这一点，现在已经没有多少人知道了。例如，马歇尔对于“最大限度满足理论”的批评性阐述对自由放任主义思想的科学基础有什么影响？或者，马歇尔在为现代计量经济学铺平道路方面做出了多少贡献？

② 仍然以米切尔为例。他曾经中断他在芝加哥的工作，到哈雷和维也纳学习了一年。但是这段经历并没有在他身上留下明显的痕迹。这其实是我们应当预料得到的——再一次，我这样说，并不意味着不尊重任何人的思想遗产，特别是伟大的门格尔留下的。

索整个新大陆，而不想在一小块贫瘠的土地上永恒徘徊。在这里，我只需再指出两点，就可以结束这个阶段的描述了。第一，他怀疑所谓的“严密的逻辑”，就像小马驹怀疑缰绳和马鞍一样。他仔细观察了那些在小块贫瘠的土地上“辛苦耕作”的经济学家的研究工作，并且很快地，他就不仅发现了许多出于“方法上的便利”考虑而提出来的、可以随意抛弃的不切实际的“假设”，而且发现了许多束缚了研究人员、而不是服务于研究人员的“先入之见”（意识形态）。[①] 第二，与那些经济学家完全不同，米切尔的思维方式决定了，他从来不会享受或欣赏那种“玩弄假设的游戏”，这些建立在贫瘠的小块土地上的“研究成果”其实已经被政治偏见和形而上学观念毁掉了；但是，即使没有发生这种情况，他也会认为它们都是没有用的。

如果仅凭上面这些，就可以确定米切尔作为一个制度主义者的立场，那么他不仅以前是、而且将永远是一个制度主义者。我并不想在这里讨论制度主义这个令人难以捉摸的概念的确切含义。事实上，围绕着这个概念，确实会不时地爆发热烈的争论，但是这些争论的结果却非常有趣：有人说凡勃伦根本不是制度主义者，另外一些人则说他是唯一的制度主义者。这种争论不可能带来太多益处，尤其是因为参加上述“叛变”的人都已经用自己的积极的计划填补了因为自己的“叛变”行为所导致的空白（因为从根本上说，“叛变”意味着负面的批评）。不过，对于米切尔自己的方法论立场，我们仍然必须进行细致的研究。这不仅是因为米切尔的工作极其重要，而且因为，甚至直到最近，人们仍然在一而再、再而三地以一种在我看来完全不能令人满意的方式去讨论他的贡献。在这里，我们必须考虑三个不同的问题。第一，对于作为科学家的经济学家对“政策”问题的正确态度，米切尔持什么观点；第二，他认为应该如何保护科学结论免受意识形态的危害；第三，他关于“理论”的观点是怎样的。在他成年之后，他在这三个问题上的观点几乎一生都没有发生什么改变，因此，我们现在可以很方便地加以考察。

① 这是米切尔自己用来描述这些特征的话，请参阅米尔斯的文章，载《美国经济评论》，1949 年 6 月，第 734 页注 4 和注 5。

二

关于第一个问题，他的做法为我们所有人树立了光辉的榜样。像其他制度主义者一样，他憎恨自己长大成人的那个时代存在的经济学与自由放任主义之间的政治联盟。但是，他是少数几个有充分的正当理由这样做的人之一。虽然他的社会同情心，以及他对自由放任主义方案在实践中不可能行得通的认识，也许是促使他反对这种特殊的政治联盟的其中一个原因，但更加重要的是，他认为经济学家是根本没有权利加入这种联盟的。在米切尔看来，经济学应当是客观的科学，经济学家的作用是构建一个由大量已经得到慎重确认的事实以及从这些事实中得到的推论所组成的“工具仓库”，提供给愿意使用这些工具的任何人去自由支配和使用。当然，这种认识并没有导致他把自己关在象牙塔中。恰恰相反，他始终时刻准备着在必要的时候为公众提供服务。1908 年他在移民委员会（Immigration Commission）工作，第一次世界大战期间他又服务于劳工统计局（Bureau of Labor Statistics）和战时工业局（the War Industries Board），后来又担任了胡佛总统的社会趋势委员会（President Hoover's Committee on Social Trends）主席（1929—1933 年）；他还是国家计划委员会（National Planning Board）的成员、国家资源委员会（National Resources Board）的成员、联邦紧急公共工程管理局（Federal Emergency Administration of Public Works）的成员（1933 年）以及生活费用委员会（Committee on the Cost of Living）的主席（1944 年）。所有这一切都充分证明了这一点。米切尔担任的所有这些职位的性质进一步证明了我的观点。他前后一贯地坚持了自己的科学使命，在从事这些工作的时候，他始终都在观察和解释特定形势下的现实，并客观地描述实际发生的一切。在有可能对结果进行预测时，他也从来不回避提出切实可行的建议的职责。但是，他从来不会超越一定的界线。我认为，对于他这样一个致力于理论分析工作，从不兜售什么“秘诀”，也从不为当局的“政策”辩护的人来说，这种限制无疑是非常恰当的。

关于第二个问题，即意识形态（给科研工作）带来的危害，米切尔对此一直有非常清醒的认识。必须承认，能够有这种认识本身就是一个了不起的优点。不过，这种认识也有可能导致一些问题，这主要表现在以下两个方面：一方面，对于在方法上和结论上都不能获得他的认同的那些学者，他会不会过分倾向于怀疑他们所持的意识形态立场（“先入之见”）。另一方面，他所采用的补救办法是否适当。例如，李嘉图的理论就存在许多缺点，但是如果我们不考虑他的政策建议，而只考虑他的分析的抽象程度，那么我们就无法找到很多可以证明他的理论被特定意识形态“毁掉了”的证据；卡尔·马克思也毫不犹豫地承认了这一点。米切尔本人的补救方法——对各种各样的事实进行审慎的、“客观”的研究——的确能够摧毁许多“先入之见”，但仍然不足以摧毁全部“先入之见”。况且，无论怎样小心提防，也不可能彻底杜绝那些隐藏在研究者的灵魂深处并且从来没有被他自己察觉到过的“罪恶的精神”对研究产生不良影响。但是，这也没有关系，因为如下这个事实不会因此而改变：米切尔是极少数最伟大的经济学家之一，他们能够彻底地看透问题，他们认识到，在我们这个领域，“先入之见”不仅仅是政治偏见所导致的，也不仅仅是为了保证某种特殊利益而提出来的。

第三个问题，即“米切尔与经济理论的关系”，要回答这个问题比另外两个问题困难得多。这些困难部分地源于“理论”这个术语本身的模棱两可的含义。在他关于经济周期的主要著作中，米切尔列举了研究这种现象的大量理论，并且在宣布他乐意利用它们可能传达给他的任何“建议”的同时，又明确地表示，他不打算与其中任何一个理论“结盟”，也不会为了自己的需要而构建一个同样类型的理论而受其束缚。在这里，他显然是在“解释性假设”这个意义上来使用“理论”这个术语的。至于他所说的“假设”，含义也是无可争辩的、非常清晰的：这种假设是对具体的事实进行研究的结果，或者是从这种研究中得到的启发，而不可能是在研究一开始就随意地确定下来。公正地讲，这是一个完全站得住脚的主张，特别是，人们不应该以“这种研究方案在逻辑上根本行不通”为由而加以反对；因为，在无论哪种情况下，我们都必须首先确认要研究的现象，而这样做就不可避免地要求引入一些会对我们对具体事实的研究产生指导性影响的因素。换句话说，没有任何“理论”的实际研究，特别是没有任何“理论”的“计量”研究是根本不存在的。但是，我们必须注意，当我们这样说时，我们都知道，我们是在不同的意义上，即在“概念工具”这个意义上使用“理论”这个术语的。当“理论”一词表达的是这个意义时，米切尔当然不可能希望把“理论”从他自己或任何其他人的研究工作中排除出去。不过，这还不是全部。

虽然米切尔从来没有犯过在原则上反对使用概念工具或理论图式这种荒谬绝伦的错误，但是他确实曾经反对过那些被用于“古典”文献中的概念工具；他还把他在成长为一名经济学家的过程中曾经接触过的那些时间晚于古典著作的经济学文献也包括在内。[①] 米切尔的这种态度有两个原因，其中一个与他身为经济思想界的一位领袖所取得的成就密切相关，另一个则涉及妨碍他把自己的成就扩展到更广阔的领域的局限性。

毫无疑问，米切尔试图扩大经济学的范围，以便把“经济社会学”——对社会制度或“流行的社会习惯”的分析[②]——这个领域也包括进去。“货币”（资本主义）经济的制度不能作为来自其他学科的论据直接接受下来，而应该使之成为经济学家研究的材料。但是，最根本的一点是，米切尔认为，这种材料，或者从这种材料中得到的一般原则，不是传统理论的补充，而是传统理论的替代。经济过程理论本身仍然是一种理论，但是它必须被改造成为一种建立在仔细观察实际行为和动机所得到的结果的基础上的理论；从原则上说，米切尔并没有排除反省或由反省而激发的心理因素，因此他认为动机也是可以观察的。这样一来，我们就很容易理解，为什么这种研究方法会使得米切尔把经济生活看成是一个变化的

① 我在这里说的古典著作是指1776—1848年间主要英国作家的著作。关于在米切尔成长为一名经济学家的那个时期里有利用价值的文献，我们一定不要忘记，瓦尔拉斯对他来说几乎是不存在的（也许围绕瓦尔拉斯著作核心的可疑的哲学思想除外）；另外，马歇尔的教导，正如上文所指出的，对他来说也从来没有成为活生生的现实。

② 把各种社会制度与被它们所控制并控制着它们的、在它们里边发生的经济过程一起加以研究这种做法，可以追溯到经院哲学家或亚里士多德。在他的《经济学原理》中，J. S. 穆勒也把大约三分之一的篇幅用于我在上面所称的经济社会学问题。但是，当米切尔在凡勃伦的影响之下企图给这门学科注入新鲜血液的时候，它已经成了一种非常枯燥、非常僵化的东西，至少在美国确实是如此。

过程，为什么对他来说对经济周期的分析就是对整个经济过程进行现实分析的第一步。他总是强调事物的连续性，这是他的思想的最主要的特征，对此我们不应该感到奇怪，而应该表示钦佩。而且，我们还会把他——更准确地说，是1913年前的米切尔——看成是现代动态经济学的先驱而送上欢呼。但是，在称赞了他之后，我们却要对他根据这些前提得到的其中一个结论提出质疑，那就是，他（以及其他一些人）都同意被称为新古典理论的那种经济逻辑必须被抛弃。

我在研究他的著名的经济思想史课程油印讲义——《经济理论的类型》（*Types of Economic Theory*），我希望有一天能看到它正式出版——的过程中，印象最深刻的一点是，他反对那些作者的“假设”的程度，不亚于反对他们的“先入之见”的程度。关于这个问题，在一定程度上，他是正确的。很显然，根据他的理解，逻辑图式或模型并不是经济学的全部，也不是经济理论的全部；况且，构建这些模型的方式以及作为它们的基础的假设或假定，也必定存在许多值得商榷的地方。但是，米切尔并不是为了使用其他假定来加以代替而反对这些假定或全部模型的；他是从它们作为假设或特征性事实的资格这个角度来提出反对的。对于那些对这类假设的确定性问题和一致性问题念念不忘的学者，米切尔显得不屑一顾。他认为：“与我的老祖母的神学观念相似，柏拉图和魁奈的，康德、李嘉图和卡尔·马克思的，凯恩斯和杰文斯的，甚至连马歇尔的在内，在很大程度上都属于同一类。”① 到了今天，再去详细地研究米切尔在这里犯下了什么错误，或者试图指出他所用的基本正确的方法论上的直觉究竟在什么地方驱使他陷入了错误的境地，显然是完全多余的。一个简单的事实是，建设一门学科需要各种类型的学者，而且不同类型的学者彼此之间并不是非得相互理解不可；同时，一个人对有益于自己的著作的偏爱，很容易导致他在评价自己还没有认真地研究的其他著作时轻率地加以贬抑。尽管如此，我们还是有必要指出，这种态度确实对米切尔的著作造成了损害，也使他的思想的影响范围受到了限制。他不愿意花费心思把自己的理论图式或模型表达得非常清楚，结果使得除了那些最热情的、最认同他的思想的阐释者之外，其他任何人都很难看到它们的存在。他问世

① 引自米尔斯的文章，载《美国经济评论》，1949年6月，第733页注释。

于1913年的那部著作的基本思想完全可以转化成一个非常好的理论模型，一个具备“完整性”优点的动态模型，但是他却没有这么做。另外，在这本书的某些段落中，他还把静态均衡理论当成一种类似于“梦幻境界”的东西来看待，这就使得那些不怎么认同米切尔的批评家拒绝承认他的领袖地位，他们的理由是，米切尔显然没有掌握静态均衡模型的本质和意义。他永远不会相信这样的论点：理性选择模型旨在“描述”盛行于一切以追求金钱收益为目标的经济体的一种行为模式的逻辑，并且完全不意味着这种合理的描述的主人公本身的感觉或行动是合乎理性的，尽管他非常熟悉金钱收益这个概念。我将永远不会忘记，当我试图向他说明，他于1913年出版的那部著作，如果只考虑它的论证框架，那么它本身就可以被看成是对动态均衡理论的一个运用时，他所表现出来的无言的惊奇。[①]我之所以要写下这些话，当然不是为了贬低米切尔的名誉——他是我所热爱和推崇的人；我只是想借此机会消除其他人对他的误解，从而帮助他争取更多的追随者。

三

现在，我们转而讨论他的著作的核心思想。给我们留下深刻印象的第一件事情是，他的整个研究工作的一致性。劳克林建议他把“绿背纸币运动”作为他的博士论文的题目，这可能只是一个令米切尔高兴的巧合。但是，无论这个固执的博士候选人接受了这个建议这件事本身有多大意义，我们都可以相当有把握地假定，不管他选择什么题目作为自己的出发点，他肯定都能到达目的地。在他的手中，这个题目最终变成了对“绿背纸币运动”背后的经济过程的研究；他分析了

① 例如，他一再谈到的“重复发生的价格再调整”，如果不是经济系统朝向均衡状态的“不完美”的运动，还能是别的什么东西吗？如果说他没能有效地利用均衡理论的工具，那么，均衡理论的创建者（或他们的继承者）也没能有效地利用他给出的事实。

经济过程反作用于战时财政冲击的各种方式，并指出“绿背纸币”的发行本身的影响虽大，但说到底却只是战时财政冲击的其中一个途径。由于受劳克林的指导的影响，他对货币数量理论的评价很低；不过，这只是一件微不足道的事情，而且他很快就对货币数量理论进行了修正。[①] 对于米切尔在这篇博士论文的基础上写成的两本书[②]，我们应该特别关注的真正重要的一点是，它们反映出了他对货币经济，或者说，资本主义经济的认识。一方面，他把货币现象与其他现象统一到了一起，从而预见到了许多以后才会表现出来的趋势；另一方面，他又分析了“在一个随时间失衡而演变的反应体系里把所有价格联系到一起的各种关系”[③]，而这就十分自然地将他引向了对经济周期的研究，并把它作为研究货币经济的一般理论——这是他整个成年时期所研究的真正问题——的第一步。[④]

1913 年，米切尔出版了《经济周期》(*Business Cycles*) 一书，但这本书其实是从 1905 年就开始酝酿的，尽管围绕这个主题写一本专著的明确的决定似乎是一直到 1908 年才做出的。[⑤] 在美国经济思想史上，《经济周期》无疑是一座光辉的里程碑——而且它对美国以外的学者也产生了巨大的影响——它的极高的价值是毋庸置疑的。它是米切尔刚刚进入壮年时的一部作品，在这个年龄段，他的朝气和勇气还没有受到过挫伤，但是又已经拥有了充足的分析经验和广博的知

---

① 在我能找到的米切尔最早的论著里——那是当他还是一个学生的时候，在 1896 年 3 月投给《政治经济学杂志》(*Journal of Political Economy*) 的一篇论文，题为《货币价值的数量理论》(The Quantity Theory of the Value of Money)。在这篇论文中，他对“货币数量理论”提出了一些几乎无条件的否定意见，这种做法体现了他这个人的性格特点。不过，不久之后，米切尔就修正了自己的观点，并批评了自己关于这个问题的早期见解 [《数量理论争论中的真正问题》(The Real Issues in the Quantity Theory Controversy)，载《政治经济学杂志》，1904 年 6 月]。

② 这两本书是《美钞史并论绿背美钞发行的经济后果：1862—1865 年》(*A History of the Greenbacks, with Special Reference to the Economic Consequences of their Issue: 1862-1865*)，1903 年；以及《绿背美钞本位制下的黄金、物价和工资》(*Gold, Prices and Wages under the Greenback Standard*)，1908 年。

③ 请参阅伯恩斯发表在《美国国家经济研究局第二十九届年度报告》上的文章，第 13 页。

④ 这是一个重要的论点，最好先证实它；不过，为了实现这个目的，参阅伯恩斯的著作就足够了(同注③，第 20～22 页)。米切尔构建了一种货币经济理论，并在 1905 年 12 月就开始着手解决它的“骨架”问题。伯恩斯教授从米切尔写于那个时期的一封信中引用的内容使这个问题的答案变得十分清楚。米切尔就是以典型的“米切尔方式”来进行这项工作的，他使关于经济周期的研究成了这个庞大计划的必不可少的初步工作。伯恩斯教授也正确地指出了这一点。

⑤ 请参阅伯恩斯（同注③，第 22 页）。那一年，米切尔 34 岁。

识。无论是根据“杰作”这个词的原初含义来看（在中世纪，杰作特指工匠用来证明自己确实是所属的那一行的行家里手的一件作品），还是从一切要成为杰作的作品都必须遵循的“法律”的角度来看，它都不愧为米切尔的杰作。[①] 在 1927 年出版的另一本书中，米切尔又重申了这本书的要点。而且，即使是《经济周期的测度》（*Measuring Business Cycles*）一书（1946 年出版），也只是在更高和更广泛的水平上，应用了他 1913 年首先在《经济周期》这本书中公之于世的思想中的一部分。事实上，就连美国国家经济研究局的大部分作品，从根本上说，也只是《经济周期》和《经济周期的测度》引申出来的“影子”。[②] 1913 年出版的《经济周期》给出的方法和结论都经受住了后来针对它们的大量研究的检验，虽然米切尔本人，出于自己的献身于真理的单纯思想，总是随时准备修正它们。[③]

在确定了《经济周期》在米切尔的思想发展过程中的地位之后，接下来我们还必须努力确立它在经济学发展过程中的地位。但是，我对完成这项任务有些信心不足。首先，正如我们在前面已经指出过的，米切尔的创造性努力不是单纯地指向周期现象本身，而是同时还指向一种新的经济学，或者，像他自己所说的，指向一种新的经济理论，一种“在研究经济波动的过程中发展起来的思想”激发出来的经济理论。[④] 然而这样一来，也就使得他的这部著作无法与大部分研究经济周期的经济学家的论著直接比较。其次，与大多数创造性的研究者一样，米切尔不怎么理解那些在研究态度和研究方法上与自己相去甚远（或者在他看来与他

---

① 读者应该能够理解，这意味着，“杰作”一词只适用于他的主要作品，而不适用于他的次要的作品。不过，它的适用范围要比人们最初认定的范围更加广泛。在下文中，我们马上就会看到两个最重要的例外，它们是米切尔关于指数的著作和他在经济思想史领域里的著作。前者是以纲要形式列出来的研究总纲要的一部分（在他 1913 年出版的那本书里，这个总纲要在某种程度上实际上已经实现了）；后者则是他的正面的建构性的著作的批评性补充。而且，就连大多数次要的作品也是这个宏大计划中的组成因素。

② 我的这个说法是对米尔斯教授的说法稍加改变后得到的结果，他是这样说的：“……老实说，美国国家经济研究局这个机构，其实只是韦斯利·米切尔的引申出来的一个影子”（F. C. 米尔斯，载《美国经济评论》，1949 年 6 月，第 735 页）。

③ 方法上最重要的修正体现在，现在人们已经很熟悉的美国国家经济研究局的时间序列分析方法。结论上最重要的修正体现在，他越来越不强调递增成本导致繁荣终结、递减成本刺激经济复兴的作用。

④ 《经济周期问题及其调整》（*Business Cycles: The Problem and Its Setting*），1927 年，第 452 页。

相去甚远）的人的研究工作。尽管他是一个心胸最宽广的人，尽管他是一个博览群书的人，但是，由于他长期近乎狂热地一心扑在了自己的研究工作上，所以他很难去深入了解别人构建的理论结构。因此，为了公正地评价他的思想的创造性，就必须先给出一个区别，即主观的优先权与客观的优先权之间的区别。在我研究经济分析史的过程中，经常深切地感觉到这个区分的必要性。最后，在人类科学发展的历史上，一个客观存在的事实是，在某一个特定的时代，一些富有创造性的学者的思维往往不约而同地指向相似的思想或观点，但是由于研究方法和表达方式等方面的原因，这些学者以及他们的追随者通常会更加清楚地看到相互之间的次要的差异，而无法看清更本质的相似之处；像微积分的发现（或发明）就是一个很好的例子，米切尔和其他经济学家对经济周期的研究也是一个例子。在米切尔这个例子中，一般经济学家的印象是，对于经济周期这个现象，不同的"解释"在不断增加。然而真正的事实却是，无论是学者们关于周期、"危机"等问题的概念，还是他们所采取的越来越多地借助统计材料的研究方法，抑或是他们的研究结论（例如对我们现在称为加速原理的一般形式的强调），相似性都变得越来越明显了。在这场竞争中，没有任何一位学者处于绝对领先的位置，而且似乎没有任何一位学者曾经受到过其他学者的很大的影响。但是，米切尔的著作问世较早，从而确保了他在经济周期思想史上的卓越地位。①

诚然，在所有这些学者当中，克莱芒·朱格拉毫无疑问是其中的先驱者；在一定意义上，我们甚至可以说是这位伟大的"门外汉"创立了现代经济周期分

---

① 在这里，顺便简略地讨论一下研究经济周期问题的其他经济学家的主要作品。阿夫塔里昂（Aftalion）的著作也是在1913年问世的，虽然从它给出的少数解释性预测来看，它与米切尔的著作不一样，但是两者所采用的方法的"精神实质"却是非常类似的；施皮特霍夫（Spiethoff）的著作，虽然在他于20世纪的第一个10年间发表的一些论文里已经表现出了某些线索，但是一直等到1925年，它才以完整的形式问世，但是即使在那个时候，也没有给出它据以构建理论的广泛事实基础；庇古则一直到1927年，才肯定地表明他的研究方法和米切尔的研究方法极其相似；D. H. 罗伯逊（D. H. Robertson）一直到1915年才出版他的著作；卡塞尔（Cassel）是在他出版了那部关于普通经济学的著作后才讨论到这方面的问题的（他的解释后来呈现出了不同的特点）。哈伯勒教授（Professor Haberler）把杜冈-巴拉诺夫斯基（Tugan-Baranowsky）称为施皮特霍夫的先驱者（《繁荣和萧条》，1941年，第72页），但是我却倾向于把杜冈-巴拉诺夫斯基排除在这些人的行列之外。我还要再强调一次，我从来没有缩小他们之间的理论差异的企图，但是他们在基本思想上和研究方法上的相似性确实是我愿意强调的东西。

析。特别是对米切尔而言，朱格拉无论在理论上还是在研究方法上都是他的先驱者。朱格拉不仅写了一本“伟大的事实论据充分的书”，推进了当代经济周期理论的形成，并阐明了从“恐慌”过渡到“循环”的必然性①，而且他还以真正的米切尔式的含蓄指出了一个重要的解释经济周期的原理。朱格拉认为，这个解释性原理直接源于观察。它的内容集中表现在如下这个著名的断言中：萧条的唯一原因是繁荣；或者说，萧条是对繁荣期间所发生的事情的反应。我认为，朱格拉的这个断言可以说是对如下这类理论的最早的系统性阐述（虽然还显得不太完整）：经济过程的每一个阶段都产生着下一阶段，而且特别重要的是，经济系统在繁荣期间所积累起来的压力会导致衰退（而衰退又创造着导致下一轮繁荣的条件）。完全独立地，米切尔也采取了与此类似的图式，并毫不犹豫地称之为“经济周期理论”（参阅《经济周期》，第 583 页，或前面提到的伯恩斯的摘要，第 26 页）。而且，“理论”的实质也就体现在这里，如果我们使用的是这个术语的正当的（即工具性的）含义的话；因为“在试图独立地用它来说明经济活动的不断消长的过程中”，一个图式一定能引出正当的理由来（只要这个图式是“正当的”）。所有经济周期理论分为有本质性区别的两派（有且只有两派），米切尔阐述的是其中的一派。在这一派经济周期“理论”中，经济过程基本上是不波动的，因此要想解释经济周期性波动及其他类型的波动，就应从哪些特殊条件（货币的或其他的）会扰乱这个“平稳的经济之流”这个角度去寻找答案。马歇尔就是赞同这种“假设”的一大群经济学家的代表。另一派经济周期“理论”则主张，经济过程本身基本上就是波浪式的，这就是说，经济周期就是资本主义的发展形式。米切尔赞成后者。但我要指出的是，米切尔还在此基础上又向前迈进了一步。资本主义经济是一种“利润经济”，在这种经济中，经济行为取决于影响目前的和预期的利润的各种因素（我认为这等价于凯恩斯的资本边际效率），因此，他宣称利润是经济自主波动的真正“线索”。有意思的是，这似乎不但符合凯恩斯在他的《就业、利息和货币通论》的第二十二章中描

① 请参阅米切尔在他于 1927 年出版的那本书的第 11～12 页上的说明。在那里，米切尔也指出，是韦德（Wade）、奥弗斯通（Overstone）以及其他一些人，而不是马克思，为这一步骤铺平了道路。

述的那种“理论”[1]，而且似乎也基本符合另一派研究经济周期的经济学家所持的理论主张——这一派经济学家的阵营，几乎与米切尔本人所属的把周期看作是内生于资本主义过程的那一派同样大。除此之外，米切尔没有什么特别的见解。尤其是，他没有进一步指出，利润显然是密切地——无论出于什么原因，但总是密切地——与投资过程相联系的。尽管如此，他也已经通过他的著作把一个确定的图式呈现在我们面前了（虽然它只是叙述性的）。如果说，从他的研究工作的最后阶段来看，这个图式似乎还显得有点“证据不足”，那只是因为米切尔过早地结束了他的论述，这就是说，在他的作品的“实证”阶段，在他还没有来得及把他的全部研究成果完全整合好之前就结束了。

与 1927 年出版的那本书完全一样，1913 年出版的这本书也首先对现有的各种解释进行了简要的评述。值得一提的是，在这两本书中，米切尔对其他人的理论的叙述不仅非常简洁，而且表现出了令人惊叹的不偏不倚的态度。米切尔认为，它们都是“表面上讲得通的”，但又都是“纠缠不清的”。他对它们进行了分类，但是并没有试图系统地加以批评。虽然他在夹叙夹议中不时会提出一些反对意见，但是读者能够得到的总体印象却是，他认为所有这些理论都说明了“一部分真理”；它们全都难分伯仲，而且都有待事实的检验。他这种超然的态度也反映了我们在上面提到过的米切尔式的方法论的一个特点，那就是，在他看来，解释性的假设与事实之间没有什么关系，或者至少不存在什么重要的关系；特别是，任何一个理论在没有接受事实检验之前，是没有任何逻辑标准可以将它排除的。由于米切尔不相信“新古典”经济学，这种不偏不倚的态度还是有其优点的；而且，正如我们一再指出的那样，它也没有使他在统计事实的汪洋大海中航行时失去指南针。

此外，也与 1927 年的那本书一样，1913 年的这本书还将米切尔关于货币经济的观点呈现在了读者面前。正如他自己指出的，这两部著作中的这些章节其实

① 当然，两者之间毫无疑问是存在着一定差别的，而且这种差别还因为一位作者的含蓄和另一位作者的尖锐而进一步被强化了。但是，关键的一个相似之处是，对于他们两个人来说，经济周期性波动的“线索”或近因，都存在于利润这个因素当中。

是关于一般经济理论的一些概要性的论述。它们彼此之间存在着紧密的联系，但是未经修饰，而且缺乏有效的概念化，所以从来没有受到过应有的重视。在这里，我只要举一个例子就可以了：这些章节虽然没有提供一个完整的货币流通理论，但是它们确实给出了很多线索，而且预见到了现代收入核算和总量分析中的许多最好的东西。这个事实又有多少人知道呢？我们在这里看到了米切尔的很多批评者没有看到一个宏大的“理论背景”，在1913年的这本书的第三部分中，米切尔曾经试图发展这个理论背景。[①] 毫无疑问，关于这个理论背景的叙述还需要进一步扩充，同时还需要一位专业的理论家来完成编辑和阐释工作。但是无论如何它已经是一个伟大的成就了。

不过，1913年的这本书的第二部分却不需要任何编辑整理。它是一位拓荒者的成就的集中体现，而且现在就已经是一件珍品了。米切尔不但知道应该如何利用统计材料，而且知道如何获得统计资料，即他懂得怎样去得到他想要的东西，即使他想要的东西并不是现成的。综合考虑所有的材料，形成一个全面的看法，并洞察由此而产生的需要，然后再将满足这种需要的可以利用的方法识别出来，并解决所发现的问题——所有这一切事情，全都发生在1908—1913年之间，因此他一定是以迅雷不及掩耳之势，于不旋踵间完成的。许多人拥有全面洞察问题的能力，许多人特别善于处理具体细节，但是，能够做到以全面的洞察能力引领细节研究，同时又以对细节的关注服务全面的观察，这样的人却极其罕见，而米切尔就是其中之一。

四

下面再讨论一下米切尔于1927年出版的这本书。与1913年的那本书相比，

① 这个第三部分，后来以《经济周期及其原因》（Business Cycles and their Causes）的标题于1941年重印。它所包括的其中一些论点，是后期的米切尔不再相信的，或者说，他不再相信它们的重要性了。虽然如此，在写作这个部分的时候，他也几乎等于对他的经济周期理论做了一个充分的、明确的描述。至于前面提到过的那篇没有发表的手稿（即《在经济周期中会发生一些什么事情?》），则是不完整的，它是他在面对大量难以处理的材料时，希望尽快结束这场辛苦的战斗这种特殊情况下的产品。

它更确切地是对已经完成的工作的一个重新考察和对尚待进行的工作的一个新的规划，除此之外，也就没有太多需要详细评述的了。[①] 1908—1913 年，米切尔在研究工作中认识到，他试图完成的艰巨任务，单凭他自己一个人的力量是不可能完全成功的。同时，在那之后的几年中，他在参与各种各样的活动的过程中[②]，尤其是在研究物价和生产指数问题的过程中[③]，发现了自己拥有的一个天赋（拥有这种天赋的人非常少），那就是，他能够领导一个团体去完成重大的任务。在这样的一个团体中，虽然他很懂得怎样去领导他人，但是他自己也总是以一个普通研究人员的身份参与工作。因此，不但他本人全心全意地投入到了共同的事业中去，而且能够充分调动其他人的互相协作精神。这样一来，到了 1920 年，他对物价和生产指数问题的研究工作就极其自然地变成了美国国家经济研究局的主要工作。他是这个研究局的创始人之一，并且一直到他逝世那一天，他都是这个研究局的最活跃的成员与和蔼可亲的领导。他是领导，但从不强制；他只鼓舞人，而从不打击他的同事的积极性。他进行的这种“勇敢的实验”是他的自我实现。美国国家经济研究局的巨大成功，是一块丰碑，充分体现了米切尔依靠自己的智慧和品德建立的不朽功业。

按照创建时就制定的计划，美国国家经济研究局进行了一系列研究，并产生了大量的重要成果。它们以对国民收入的规模和分配的著名研究为起点，由此而取得的成果从表面上看似乎已经远远超越了经济周期以及与经济周期密切相关的其他问题的范围。[④] 但是，米切尔关于经济周期现象的概念是涵盖了整个经济过程的，因而也就使经济过程中的所有现象都与他的经济周期“理论”有关了。具体的方法和机会只能决定执行各个研究项目的时间顺序，而且所有项目在他的总

---

① 请读者参阅我于 1930 年 11 月在《经济学季刊》上发表的一篇评论，题目是《米切尔的经济周期》(Mitchell's Business Cycles)。

② 在这些“其他活动中”，我们在这里应该提一下其中最重要的一项工作，它后来于 1937 年在一本名为《反向花钱的艺术》（*The Backward Art of Spending Money*）一书中被约瑟夫·多尔夫曼教授提出来。

③ 特别请参阅劳工统计局公报第 173 期和第 656 期。战时工业局丛刊《战时物价史》（*The History of Prices during the War*）是米切尔编辑的，他自己在公报上发表的论文包括《国际物价比较》（International Price Comparisons）以及《总结》（The Summary）。后者包括了他的生产指数。

④ 关于具体的内容，请参阅年度报告或者至少是伯恩斯教授的简短叙述。

体计划中都有其应有的位置。我们在评价伯恩斯和米切尔的《经济周期的测度》(1946年）时，必须把这一点牢牢记在心里。

这部著作的作者们并没有认为他们写出了一本论述经济周期的专著，而只是说，他们提出了一个“测度经济周期的方案”，或者更确切地说，提出了一个“测度动态经济过程”的方案。他们“公开宣称的宗旨”显然更适合于这部著作的前八章，而不太适合于其余四章（那四章讨论的是结果而非测量方法）。但是在这里，我更倾向于以一种不同的方式来系统地阐述这部著作的内容。我要指出的是，这部著作的目的就在于，让经济周期这种现象系统地呈现在我们跟前，并且通过这样做来向读者表明还有什么问题需要解释。统驭这种努力的是一些分析性的“界定”，这些“界定”是我们在米切尔于1913年出版的那部著作里已经见到过的那些说法的“改进版”，但是它们仍然不能被称为定义。引用《经济周期的测度》一书的原文，它们是这样被界定的：“在全国的经济活动主要由商业企业来组织的那些国家里，经济周期是国家总体经济行为的波动的一种类型。一个周期是这样组成的：表现在许多经济活动中的大约同一时间发生的扩张，继之以相仿的总体性的衰退、收缩和复苏，而复苏也就是下一个周期的扩张阶段的开始；这一连续变动是重复发生的，但并不是定期发生的；从时间长短来看，经济周期的长度从一年多到十年或十二年不等；它们不可能再进一步区分为同样性质的、和它们自己的幅度近似的更短的周期。”除了预测到了几个随后得到的事实性发现之外，这段话中还包括了不少“理论”内容。特别是最后一个命题大胆地采用了单循环假设，从而使得不同类型的波动难以区分，而这些波动的存在并非基于相应的假设，而是直接观察的结果。[①] 然而，这个命题以及其他一些命题，在某种程度上说，都是他们的个人判断，也是考虑到叙述方便需要的结果，因此

① 第二句话似乎暗示，他们在一定程度上承认经济周期有四个阶段。我们将会看到，这个暗示没有包括在随后采用的关于经济周期阶段的模型中。读者们需要注意一点，即米切尔在很早之前就很讨厌使用均衡概念，他甚至厌恶这个概念在工商业中的对应物——“正常的贸易状态”；而且，在1927年出版的那部著作的第376页，他还把它称为“虚构的东西”。这种态度很可能是他给出那样一个模型的原因或原因之一。这是因为，除非我们把扩张（或繁荣）和收缩（或萧条）解释为偏离均衡（在这一意义上而不是在其他意义上的“正常的”）条件的运动，而把衰退和复苏解释为趋向均衡条件的运动，否则四个阶段的模型实际上就没有什么价值。

我将不再对它们深入讨论下去。

根据米切尔的一般观点，为了研究经济周期，分析时间序列数据是一项正确的、适当的任务，这也是美国国家经济研究局将全部力量集中起来之后能够完成的任务——他们发掘出并处理了 1 000 多个时间序列。这是因为，在他们看来，既然经济周期是资本主义过程的形式，那么必定体现为与这个过程相互作用的“一大堆一大堆相互联系的现象”；即使能想象出一个与经济周期的出现无关的因素，也仍然有必要研究经济周期对它的影响的方式和程度。[①] 此外，如果证明有必要进行选择——就像《经济周期的测度》最后四章里所表明的那样——那么，这也只是对于可以运用的手段的局限性的一种让步，而不是原则性的问题，不需要理会可能牵涉到的理论方面的批评。然而，米切尔也清醒地认识到，即使是最完整的统计材料也无法完全满足自己的要求；因此，为了对已有的统计资料进行核对，并进一步阐明从这些统计资料中得出的推论，他又想出创建一个“商业编年史”资料库的主意，即收集商业记录，而且年代越久远越好，包括的国家越多越好。W. L. 索普（W. L. Thorpe）撰写的那部众所周知的著作（1926 年）就是米切尔这个想法结出的硕果。在一个“统计为王”的年代里，强调非统计的历史材料的重要性，这是一个无论怎么强调都不会过分的方法论上的优点。虽然随着时间的推移，米切尔对这种来源的材料的信任度似乎有所下降，虽然在一开始对这类材料的利用方式有些不适当，但是它们还是把他的著作从大有淹没这个领域之势的统计主义里拯救了出来。

现在，我们大家应该都熟悉这种被称为“国家经济研究局方法”的内容了。然而，为了清楚起见，还是应该再复述一遍构成这种描述周期性行为的方法的巧妙的想法。一方面，每一个（已经对季节波动进行过调整的）时间序列都是单独处理的，这样，它在自己的扩张和收缩过程中的平均行为（即特定的周期）就会

① 米切尔关于循环情势（cyclical situation）的总体观念，我认为可以用如下这个比喻来描述。一个家庭的成员们共同创造出了一种道德氛围，在一定意义上可以说这是他们的个人行为的结果。但是，尽管如此，这种道德氛围一旦被创造出来，它本身就成了一个客观事实，影响着这个家庭的所有成员的行为。类似地，美国国家经济研究局所研究的那些时间序列，共同导致了某种循环情势的出现，但所有这些时间序列又受当前的循环情势的影响。

显现出来；然后，根据时间序列当中的最低点和最高点，将每一个周期识别出来，并区分为不同的期间或阶段，再把这些阶段在序列中的值用它们占每个周期的平均值的百分比表示出来，这是介于彻底消除趋势与完全保留趋势之间的一个折中方法；至此，就可以利用这些百分比的平均数画出这个时间序列的典型周期图了。另一方面，为了将每一个独立的时间序列在整个经济体系处于周期性扩张和收缩的过程中的行为特征呈现出来，可以根据所有时间序列的“近似一致”的共性以及商业记录所包含的非数字信息，推断出商业活动的低谷与顶峰的出现日期；然后再根据这个“参考周期”来研究每一个时间序列在每一个期间或阶段中的行为特征。一个“参考周期”被划分为九个阶段，每一个时间序列在参考周期的每一阶段中的“地位”，也是用它相当于整个参考周期的平均值的百分比来表示的。某个时间序列的典型参考周期，则是通过对这个时间序列在它所涉及的所有参考周期的每个阶段的“地位”求平均值而得出的。在这种研究范式中可以进行的所有运算或测量当中，对每个序列的具体周期与参考周期进行比较，可能是最有启发性的。我们可以看到，每一个（潜在的）统计数据都是“双重呈现”，而且整个过程被设计得特别严谨，这是为了保证在不事先假设各种与经济周期有关的事实之间存在着任何特殊关系的前提下对它们进行处理。然而，即使如此，许多困难问题还必须用快刀斩乱麻式的办法来加以解决。自然，这个“机器”在《经济周期的测度》最后四章里顺利运行的障碍就更大了。在这里，七个很长的时间序列的例子担负着具体推论的沉重负担。不过，无论如何，提供事实以便与理论相对照这个目的，自始至终都非常明显，因此也给读者留下了深刻的印象。

当然，这部著作仅仅是一个开头；甚至，即使米切尔能完成他未写完的手稿，它仍然只是一个开头。这种性质的研究是没有止境的，必然永远指向无限远的未来。米切尔一生的工作也是如此。也正因为这个特点，他的成就变得更加伟大了，米切尔在现代经济学中的独特地位也因此而得以确立。他是这样一个人：他与我们其余的人都不一样，因为他有勇气说出自己并不知道所有的答案；他按部就班地推进他的研究，既不操之过急，也不止步不前；他不喜欢摇旗呐喊；他对人类的命运充满着同情，可是同时又能超然独立于市场和俗世；他以实际的榜样而不是用空洞的言语教导我们，一位真正的学者应该是什么样的。

约翰·梅纳德·凯恩斯*

(John Maynard Keynes)

(1883—1946)

一

在他那篇讨论“伟大的维利尔斯血缘”(the Great Villiers Connection)的才华横溢的论文里①，凯恩斯表明了他重视遗传能力的立场，或者，借用卡尔·皮尔森(Karl Pearson)的话来说，凯恩斯表明了他重视能力与遗传有关的这个伟大真理的立场。这似乎与许多人想象中的凯恩斯的“思想境界”不完全相符。不过，关于他的社会学的这个显而易见的推论，被如下这个事实进一步证实了：在他的传记文章中，他往往喜欢强调他笔下的人物的祖先谱系，他似乎异乎寻常地关注这个方面。因此，他应该能够理解我在写这篇文章时的心情——由

* 原载《美国经济评论》，第36卷，第4期，1946年9月。版权（1946年）属美国经济学会所有。

① 这原是一篇评论W. I. J. 冈（W. I. J. Gun）的著作《遗传能力研究》(*Studies in Hereditary Ability*）的论文，1926年3月27日发表于《国民与文学论坛》(*The Nation and Athenaeum*)；重印于1933年的《精英的聚会》一书里。这部著作比他的任何其他著作都更能说明凯恩斯这个人和凯恩斯这位学者。因此，我将不止一次地提到它。

于没有时间去深入调查，我无法细致地描述他的祖先的情况，因此觉得非常遗憾。我只能希望，终有一天，这项任务会由其他人去完成。现在，且让我们怀着敬佩的心情去了解一下他的父母的情况，聊以自慰吧。凯恩斯出生于1883年6月5日，他是神学博士约翰·布朗（John Brown）的女儿弗洛伦丝·艾达·凯恩斯（Florence Ada Keynes）和剑桥大学注册主任约翰·内维尔·凯恩斯（John Neville Keynes）的长子。凯恩斯的母亲非常能干，曾经担任剑桥市市长；父亲则是一位享有盛誉的著名逻辑学家和经济学家，他还写过一本被认为那个时代最好的关于经济学方法论的论著。①

因此，我的这篇传记性文章的主人公出身于一个有神职人员色彩的书香门第，这个背景特别值得注意。当我们再加上伊顿公学（Eton）和剑桥大学国王学院（King's College Cambridge）这两个教育机构的名字时，这个背景的含义——它的显著的英国品格和它的高贵成分——就更加清楚了。我们大多数人都是教师，而教师通常倾向于夸大教育"塑造"一个人的作用，但是无论如何，几乎没有人会把教育贬得一钱不值。此外，没有任何迹象可以表明，约翰·梅纳德·凯恩斯对这两个地方的反应是消极的。事实上，他似乎很享受作为一个非常成功的学生的乐趣。② 1905年，他被选为剑桥大学学生会主席；同年，他又成了剑桥大学数学荣誉学位考试的优胜者，拿到了毕业大考总分第12名的好成绩。

理论家们肯定会注意到，如果凯恩斯没有一定的数学才能，如果他没有勤奋工作——凯恩斯的勤奋是出了名的，足以使他这个经过良好数学训练的人，能够轻而易举地掌握他想掌握的任何比较高深的技术——那么他是不可能获得日后的盛名的。理论家们还将会认识到，凯恩斯著作中的纯粹科学部分，隐藏着他的数学思维的性质，或许还隐藏着基本上已经被遗忘了的数学训练的痕迹。当然，有

---

① 内维尔的这部著作就是《政治经济学的范围和方法》（*Scope and Method of Political Economy*）（1891年）。它是一部非常成功的著作，出版后广受好评；直到1930年，还有许多读者要求重印它的第四版（1917年）这个事实足以证明它的成功。事实上，在出版后的半个世纪里，虽然围绕着这部著作提出的各个问题的争论风起云涌，但是处于旋涡中心的这部著作却始终屹立不倒，保持了自己的声誉。即使到了今天，学习和研究经济学方法论的人也最好以这本书为指南。

② 伊顿公学对凯恩斯的意义非常重大。尽管他后来接受了无数荣誉，但是极少能像他被老师们选举为他们在伊顿管理委员会的代表时那样使他高兴。

些理论家也许会觉得疑惑，当他刚刚进入经济学这个领域时，正值数理经济学方兴未艾之际，他为什么还要超然于这个潮流之外呢？这还不是全部。虽然他从未公开表达过他对数理经济学的敌视态度——相反，他甚至担任过计量经济学会的主席——但是也从未利用自己的权威来支持这个领域的发展。他针对经济学数学化这个趋势的忠告几乎全都是否定性的；在他的谈话中，有时甚至会流露出接近于厌恶的情绪。

要找到这个问题的答案，我们其实不必追溯到太远的地方。高级数理经济学的性质与所有科学领域中的“纯粹科学”相同，它的结论对实际问题没有任何意义——无论如何，至少现在还没有。但是，凯恩斯的卓越才能却几乎完全用在了现实政策问题上了。他受到了很好的教育，而且充满智慧，因此绝不会忽视逻辑上的任何细节。在一定程度上，他喜欢这些细节，在更大的程度上，他也能够容忍它们；但是，如果超出了一定限度，他就会失去耐心。为技术而技术，绝不是他的科学信仰的组成部分。凯恩斯在许多其他方面可以称得上是一个“进步主义者”，但是在分析技术方面却肯定不是；我们将会看到，在不需要运用高等数学知识的其他领域，凯恩斯也表现出了同样的特点。他甚至不反对使用像托马斯·孟爵士（Sir Thomas Mun）那样的粗疏的论证，只要所要论证的目的能够证明这种做法是正当的。

二

作为一个从伊顿公学和剑桥大学毕业、进入社会的英国人，凯恩斯对本国的政策抱有强烈的兴趣。1905 年，他被选为剑桥大学学生会主席。而 1905 年在英国历史上是具有象征意义的一年，它标志着一个时代的结束和另一个时代的到来。[①] 但是，凯恩斯这个杰出的英国青年为什么没有选择从政呢？为什么他要选

① 1906 年 1 月，亨利·坎贝尔-班纳曼（Campbell-Bannerman）赢得了大选；同时议会中也出现了工党议员。

择到印度事务办公室就职？就凯恩斯本人来说，这个决定无疑有利也有弊，而且金钱方面的考虑肯定也是一个重要因素。但是，有一点是最关键的，我们必须牢牢抓住。所有与凯恩斯深入地交谈过的人都会发现，他属于最不适合从政的那一类人。他对政治游戏的兴趣绝对不会超过赛马，或者说，绝不会超过纯粹理论本身。虽然他拥有非同凡响的辩论才能，并对各种战略战术的价值有着极其敏锐的洞察力，但是他却似乎丝毫感觉不到政治领域的诱惑力，而这种诱惑在全世界任何其他地方都不可能比在英国更加强烈。对他来说，党派活动从来没有多大意义，甚至可以说毫无意义。他随时准备与任何赞同他的建议的人合作，并忘掉过去发生过的任何争论。但是他不愿意在任何其他条件下与任何人合作，更不用说去接受别人的领导了。凯恩斯是忠诚的，但是他只效忠于措施，而不是效忠于任何个人或党派。凯恩斯不但不会崇拜任何个人，而且不会崇拜任何信条、思想或旗帜。

那么，难道他真的不适合成为一个理想的公务员吗？例如，他真的没有可能成为一位伟大的常任副大臣吗？在英国，常任副大臣们通常以思虑周详著称，他们对英国最近的历史发展产生了重要影响。是的，他确实一点也不适合。他对政治毫无兴趣，对非常考验耐心的日常的例行事务更加没有兴趣，也绝对没有通过各种温和的手段去驯服那些像难以驾驭的野兽一样的政客的志向。在这两种消极的倾向——对政治舞台的厌恶和对例行公事的反感——的驱使下，凯恩斯最终扮演了最适合他的天性的角色，确实，他很快就胜任这个角色，甚至可以说达到了完美的境界。而且，他终生都没有放弃过这个角色。不管我们对他后来阐述的心理法则有什么理解，我们都不能不感觉到他从早年起就完全理解了自己。实际上这也是他成功的主要秘诀之一，同时也是他终生幸福的主要秘诀之一。如果我没有弄错，他的生活自始至终都是幸福的。

这样，在印度事务办公室工作了两年（1906—1908 年）之后，凯恩斯就回到了剑桥大学。他在国王学院得到了一个研究员的职位（1909 年），然后很快就在剑桥大学经济学家圈内外有了一定的名声。他以《经济学原理》的第五篇为核心教材，讲授正统的马歇尔原理。可以说，在当时极少有人像他那样精通这个学说；而且，在以后的 20 年里，他仍然拥护这个学说。那个时候的凯恩斯给一个偶尔到访剑桥大学的人留下的是这样一个印象：这是一位体格偏瘦的年轻教师，他面带苦行僧式的凝重，有一双炯炯有神的眼睛，神态专心致志又非常严肃，看上去似乎由于努力抑制自己的焦躁不安而身体有些发颤，当然，还有那从来没有人能够忽视、每个人都尊重而且有些人非常喜欢的雄辩者的风度。① 他的声誉越来越高，他早在1911年接替埃奇沃思担任《经济学杂志》主编这个事实无可争议地证明了这一点（埃奇沃思是这份杂志的第一任主编）。在经济学界，这是一个非常重要的职位，从这个时代开始，直到1945年春天，凯恩斯自始至终都以极大的热情投入到了这个工作中。② 考虑到他担任这个职位的时间是如此之长，以及他在这期间还在其他领域投入了巨大的兴趣和精力，凯恩斯的编辑成就无疑是极其引人注目的，甚至可以说是难以置信的。这不仅仅因为他制定了《经济学杂志》以及由他担任秘书的皇家经济学会的总方针——事实上，他所做的当然远不止于此。《经济学杂志》发表的许多论文都直接源于他的建议。《经济学杂志》收到的所有论文，从观点到陈述的事实，再到最不容易招致批评的标点符号，都受到凯恩斯最细致、最锐利的关注。③ 至于他的工作的成果，我们大家都有目共睹；毫无疑问，我们每一个人对《经济学杂志》都可以有自己的看法。但是我相信，当我说，从总体上看，凯恩斯作为一位编辑取得的成就，是自杜邦·德·奈穆尔（Du Pont De Nemours）主编《公民评论》（*Ephémérides*）以来任何其他编辑都无法比拟的，我肯定说出了大家的心声。

凯恩斯在印度事务办公室从事的仅仅是一个学徒的工作，一个思想贫乏的人几乎肯定不会在这种工作中留下任何印迹。但是，凯恩斯却不仅充分显示出了他的充沛活力，而且展示了自身的才能。凯恩斯的天赋和努力结出了硕果。他的第一部著作（也是非常成功的一部著作）就是与印度有关的，它的标题为《印度的通货与财

① 我自己是在1927年才认识凯恩斯的，但是这时他给我留下的印象则完全不同。

② 1918—1925年，埃奇沃思又回到了《经济学杂志》，与凯恩斯担任共同主编。后来D. H. 麦克格里哥尔（D. H. Macgregor）接替了埃奇沃思的职位，从1925年工作到1934年。再后来，E. A. G. 罗宾逊（E. A. C. Robinson）又接替了麦克格里哥尔的职位（罗宾逊是在1933年被委任为助理编辑的）。

③ 有一次他对一位外国投稿者很有耐心地解释说，把exempli. gratia缩写为e. g. 是可以的，而把for instance缩写为f. i. 却是不可以的——作者难道会不同意这种改动吗？

政》(*On Indian Currency and Finance*)。① 这部著作出版于1913年，当时凯恩斯刚刚被委任为印度财政与货币皇家委员会（The Royal Commission on Indian Finance and Currency）成员（1913—1914年）。我认为，这部著作完全可以称为关于金本位制的最好的英文著作。然而，我们的兴趣通常都更多地集中在了另外一个问题上，尽管这个问题与这部著作本身的成就关系并不大。我们能从这部著作中发现什么指向《就业、利息和货币通论》的观点吗？在《就业、利息和货币通论》一书的序言中，凯恩斯声称，在他自己看来，他在这部出版于1936年的著作中提出的学说不过是"他许多年来一直遵循的思想路线的自然发展"的结果。关于这一点，我将在下文中再进行评论。不过，现在我就愿意大胆地说，虽然1913年的这部著作没有包括被认为极具"革命性的"1936年那部著作的任何典型的主张，但是在1913年，凯恩斯对待货币现象和货币政策的总体态度，清晰地预示了他写《货币论》(*The Treatise on Money*)（1930年）时的总体态度。

当然，在那个时代，货币管理已经不是什么新鲜事了——这也正是为什么在20世纪20年代和30年代，不能再把它称为新生事物的原因。但是，凯恩斯的著作是通过"印度经验"来讨论这个问题的，因此特别容易使人们注意到货币管理的性质、必要性和可能性。而且，凯恩斯不仅探讨了货币管理对价格、出口和进口的影响，还估计了它对生产和就业的影响。这些在当时全都是新东西，它们虽然不可能完全决定但却肯定影响了凯恩斯的理论路线。此外，我们还必须记住，凯恩斯的理论在第一次世界大战以后的发展，是与特定的环境和形势密切相关的（他也提出了有针对性的建议）；但是，他和任何其他人都不可能在1913年预测到后来的形势的变化。把20世纪20年代英国经验的理论含义融入到《印度的通货与财政》一书提出的理论体系当中，你就能领会凯恩斯在1930年提出的学说的基本实质。我的这个说法其实是保守的。如果不是担心陷入传记作者常犯的那些错误，我原本是可以讨论得更加深入一些的。

---

① 在1910—1911年，他在伦敦政治经济学院发表了关于印度财政问题的系列演讲。请参阅F. A. 哈耶克：《伦敦政治经济学院，1895—1945年》(The London School of Economics, 1895-1945)，载《经济学》(*Economica*)，1946年2月，第17页。

三

1915 年，这个穿着大学礼服的潜在的公务员变成了一位名副其实的公务员：他到财政部工作去了。在第一次世界大战期间，英国的财政政策素以“稳健”著称，而且它在道德上的成就也是第一流的。但是，它在创造性方面并没有什么特色，凯恩斯这位聪明的年轻官员可能就是在那个时候对财政部的思想和观点产生反感的，这种感觉在后来变得非常突出。然而尽管如此，他的工作还是受到了高度的重视，并因此被选为参加巴黎和会的英国财政部的首席代表——如果这事发生在劳合·乔治（Lloyd George）时代，这可是政界的一个举足轻重的职位——同时还在最高经济委员会担任财政大臣的代表。从一个传记作家的立场来看，更加重要的一个事实是，他在 1919 年 6 月突然辞去了这些职位。这件事可以充分说明凯恩斯是怎样的一个人、怎样的一个公务员。其他人对《凡尔赛和约》可能也有类似于凯恩斯的想法，但是他们绝不会公开地、大胆地说出来。凯恩斯却与众不同，他辞去了职务，并告诉全世界自己为什么要这样做。他也因此而一跃成为国际知名人物。

《和约的经济后果》（*Economic Consequences of the Peace*）（1919 年）一书得到了广泛的认可，甚至使得“成功”这个词听起来都显得有些平凡而乏味。毫无疑问，那些不理解运气和成就本来就密不可分的人可能会略带不屑地说，凯恩斯只不过是把每个有常识的人都想说的心里话写了出来而已；他们也可能会说，他本来就处于非常有利的地位，能够保证自己的抗议在全世界产生共鸣，因此，他之所以能够赢得成千上万人的尊敬，其实是因为他的这种抗议而不是因为他的思想；他们还可能会说，当这部著作问世的时候，正值潮流发生了转变之际，而它恰好迎合了潮流。所有这些说法都有真实的成分。确实，当时是一个独一无二的极好的机会。但是，如果我们仅仅根据这些理由就否定了这部著作的伟大成就，那么我们就最好把“伟大”这个词从历史上完全抹去，因为任何一项丰功伟绩都是抓住了事先就存在的伟大机遇的结果。

凯恩斯的这个伟大成就主要源于他的道德勇气。但是这部著作确实是一部杰作：它充满了实践的智慧，但又一点都不肤浅；它拥有严密的逻辑性，但又不显得冷酷；它满含着真诚的人道主义精神，但又不显得感情冲动；它摆事实、讲道理，既没有徒劳的遗憾，也没有绝望的叹惜。总之，它是理性的分析和合乎情理的建议的结合体。同时，这部著作也是艺术的杰作，实现了形式和内容的完美结合。所有的内容都是恰到好处的，而且没有一点内容不是紧扣题意的。它也没有任何可能会破坏它的严密结构的多余的修饰，优美的表达方法使它非常简洁。事实上，可以说他以后再也没有写得这样好过。在其中一些章节中，凯恩斯以亲历者的身份，解释了《凡尔赛和约》的目标最终落空的悲剧性结局的原因，他在这些章节中达到的高度几乎无人可以企及。①

这部著作，以及作为它的补充并且在某些方面修正了它的论证的《对和约的一个修订》(*A Revision of the Treaty*)（1922 年）所包含的经济学内容是相当简单的，完全不需要任何高深的技巧。然而尽管如此，其中仍然包含了一些非常值得我们注意的东西。在进行他的伟大的说服活动之前，凯恩斯先对他将要考察的

---

① 请参阅凯恩斯撰写的后来重印于《精英的聚会》一书第 26～50 页的《四巨头会议》(Council of Four)。它最初是连同一个重要的补遗，即《劳合·乔治的片段》(Fragment on Lloyd George) 一起发表的。说起来令人痛心的是，在那个时候，一些反对凯恩斯的观点的人，在他无懈可击的逻辑面前不得不撤退的时候，却仍然常常嗤笑他关于一些事实所作的陈述和他关于动机所作的解释，因为他们断言，这两点都是凯恩斯无从判断的。在最近发表在美国杂志上的一篇随笔里，该文作者又重弹了这种责难凯恩斯的老调，因此我在这里首先要请读者搞清楚一点：凯恩斯经过分析得到的任何结论，以及他的任何建议，都与他关于克雷孟梭（Clemenceau）、威尔逊（Wilson）和劳合·乔治的动机及态度所描绘的画面是否准确完全无关。但是，由于刻画凯恩斯的性格也是我这篇纪念文章的目标的一部分，因此有必要进一步证明对他的另一种诽谤也是绝对没有根据的。这种诽谤说凯恩斯沉迷于“诗人般的幻想”之中，说他假装极其了解他不可能知道的“秘密”，这种诽谤，往轻一点说，等于宣判他有无聊的虚荣心；如果说得更重一些，那就更加不堪了。但是，要找到有关的证据并不十分困难。如果读者仔细阅读凯恩斯所写的那篇杰出的文章，就一定能像我所希望的那样，发现凯恩斯并没有宣称他与另外三个巨头也很亲近，因为他说自己只与劳埃德·乔治相识。对于四巨头［第四个巨头是奥兰多（Orlando）］之间的秘密会议，他并没有提到任何事情，他只是描述了四巨头之间的例行会议的情况。而按照他当时的行政地位，在通常情况下，他必定有资格与所有其他主要专家一起列席这种会议。而且，他对在导致了灾难性后果的道路上所采取的步骤的个人描述，也得到其他来源的各种证据的广泛支持。他的精辟的叙述只是关于人所共知的事实经过的一种合理解释。最后，批评家最好不要忘记，凯恩斯给出的这个解释显然是宽大的，并且丝毫没有显露出他当时可能感受到的任何愤慨（这种愤慨甚至完全是正当的）的蛛丝马迹。

政治事件的社会和经济背景进行了概括性的描述。他给出的轮廓可以用一句话概括为：自由放任的资本主义这个“非凡的插曲”在 1914 年 8 月就已经走到了尽头。曾几何时，人们认为，技术的进步，以及一系列新食物和新的原料来源的出现，将会源源不断地创造出丰富的投资机会；人口的快速增长也能保证企业取得一个又一个成功。但事实是，这种条件正在迅速地消失。在以往，当这种条件仍然没有消失时，因为资产阶级“不是为了吃蛋糕，而是为了不断烘制蛋糕”，所以能够毫不费力地吸收资产阶级的储蓄，投入再生产。但是现在（1920 年），那种动力已经消失殆尽，私人企业的热情也在消退，投资机会也不断消失，因而资产阶级的储蓄习惯也因此而丧失了它原来的社会功能。如果继续坚持这种习惯，只能使境况变得更加糟糕。

这样一来，我们就在这里看到了现代停滞论的起源，它与我们可以在李嘉图那里看到的那种停滞不同。同样地，在这里我们也可以看到《就业、利息和货币通论》一书的胚芽。任何一个关于社会经济状况的综合性的“理论”都包括两个互补性的、从根本上说完全不同的组成部分。第一个组成部分是，理论家对社会实体的基本特征的看法，即在特定时间内，为了理解社会生活，他认为哪些事物是重要的，哪些事物是不重要的。我们可以把这称为理论家的看法。第二个组成部分是，这位理论家所用的技术，即他用来把他的看法概念化，并把后者变成具体的主张或“理论”的工具。在《和约的经济后果》的有关章节中，我们没有发现任何与《就业、利息和货币通论》有关的理论工具，但我们确实看到了凯恩斯关于社会和经济状况的总体看法，而看法与工具是互补的。因此我们可以说，《就业、利息和货币通论》是凯恩斯长期奋斗的最终结果，它使得他关于我们这个时代的整体看法变得在分析上是可操作的。

四

当然，对于“科学型”经济学家来说，凯恩斯当然只能是写《就业、利息和货币通论》的那个凯恩斯。为了对从《和约的经济后果》到《就业、利息和货币通论》的直线型发展过程，以及这个过程中以《论货币改革》（*A Tract on Monetary Reform*）（1923 年）和《货币论》（1930 年）这两个“站点”为标志的主要阶段给出一个公正的评价，我不得不大刀阔斧地去掉许多应当记载下来的东西。但是，我还是会在下面的脚注中提及凯恩斯在《和约的经济后果》出版之后取得的三个重要的成果及其引起的小小波澜[①]，另外，还必须简略地讨论一下他于 1921 年出版的《概率论》（*A Treatise on Probability*）一书。虽然凯恩斯很早之前就对概率论产生了兴趣（而且他就是凭借《概率论》一书获得研究员资格的），但是凯恩斯对于概率理论的贡献，我认为是没有多少疑问的。但是，我们在这里感兴趣的是概率论对凯恩斯的意义。从主观上说，这似乎是他发泄自己的抽象思维能力的一个出口。因为他不可能从耗费了他大部分时间和精力的公务活动中得到完全的满足，尽管他从事公务，既是出于公共责任感，也是出于自己的兴趣爱好。此外，对于经济学纯粹理论能够令他感到满足的可能性，他也没有抱太大的希望。当他想呼吸到知识高峰的空气时，他从来没有想到经济学纯粹理论。在很大程度上，可以说他是一个哲学家和认识论专家，例如，他对维特根斯坦（Wittgenstein）的思想很感兴趣。凯恩斯还是卓越

① 它们是：凯恩斯关于人口的一篇论文和随之而来的他与威廉·贝弗里奇爵士（Sir William Beveridge）的争论（载《经济学杂志》，1923 年）；他的小册子《自由放任主义的终结》（*The End of Laissez-Faire*）（1926 年）；他在《经济学杂志》（1929 年 3 月）上发表的论文《德国赔款问题》（German Transfer Problem），及随后对贝蒂尔·俄林（Bertil Ohlin）和雅克·吕夫（Jacques Rueff）的批评的回应。第一篇论文企图祈求马尔萨斯的鬼魂拥护这样的主张（在大量食物和原料卖不掉的时期即将开始的门槛上!）：自从 1906 年前后开始，大自然对于人类的努力的回报开始变得不那么大方了，人口过剩是我们时代的最大的问题或至少是最大的问题之一；这篇论文也许是他的所有论著当中最不恰当的，它还表明他的性格当中还存在着某些轻率的因素——即使最喜欢他的人也不能完全否认这一点。关于《自由放任主义的终结》这本小册子，我在这里只需要说明一点，那就是，我们不要希望从这本书中找到它的题目所暗示的内容。它和韦伯夫妇（Webbs）所写的那本题目类似（并使人们将它与凯恩斯的书相比拟）的书完全不同。关于德国赔偿问题的这篇论文揭露了他的性格的另一面。它显然是最宽大的动机和毫无错误的政治智慧指挥下的产物；但是它给出的确实不是一个好的理论，因此俄林和吕夫要批评它是很容易的。凯恩斯怎么会看不到他的论证中的弱点，这一点是难以理解的。但是，我们也知道，有时候，出于为他所相信的事业服务的目的，他在异常仓促的情况下确实会忽视他用来造箭的木材的缺点。详细研究《劝说集》（*Essays in Persuasion*）（1931 年）这本文集，也许是研究他在专业性程度不太高的作品中的论证特点的最好方法。

的思想家弗兰克·拉姆齐（Frank Ramsey）的挚友，可惜他英年早逝，为了纪念他，凯恩斯还写下了一篇不朽的传记文章。[①] 但是，仅仅接受维特根斯坦以及其他哲学家的观点是不能使凯恩斯觉得满足的。他必须实现自己的思想飞跃。从他选择概率论作为自己的研究课题这个事实，就可以看到他的思想结构的纹理。概率论既充满着逻辑细节，同时又不是完全没有功利主义的内涵。无论专家们，特别是那些不属于剑桥大学的专家们可能会说些什么，凭借自己的坚韧不拔的精神，他肯定能够创造出卓越的成就，这是我确信不疑的。

现在，再让我们暂且把目光从著作转到作者本人的经历上来，并利用这个机会更深入、更仔细地观察他。这时候，他已回到了国王学院，他在战前的生活方式不但得到了完全恢复，而且有了进一步的改进和扩展。他继续做一名活跃的教师和研究员，继续主编《经济学杂志》，并且继续使自己成为公众关注的对象。尽管他由于接受了国王学院司库（财务主管）这个重要（且非常费力）的职位，因而与国王学院加强了联系，但是他位于伦敦戈登广场 46 号的住所还是在不久后就成了他的第二个“根据地”。他对《国民周刊》杂志产生了兴趣并成了它的主席——这本杂志于 1921 年接替了《发言人》（*Speaker*），吸收了《雅典娜神庙》（*Athenaeum*），并于 1931 年与《新政治家》（*The New Statesman*）合并，成为《新政治家与国民》（*The New Statesman and Nation*）。凯恩斯为这本杂志带来了源源不断的稿件。对一般人来说，这就是一份需要投入全部时间的工作了。但是，凯恩斯同时还担任了全国互助人寿保险协会（The National Mutual Life Assurance Society）的主席职位（1921—1938 年），他在这上面又花费了很多时间；而且在这期间，他还建立了一个投资公司，并从这种商业活动中赚到了可观的收益。对他来说，这一切都不是无聊的事情，特别是他的商业活动和赚钱行为。他坦然地享受着他这些“正当职业”给他带来的舒适生活，还同样坦然地（在 20 世纪 20 年代）声称自己决不会接受任何教授的职位，因为只做一名教授，

① 这篇文章发表于《新政治家与国民》，1931 年 10 月 3 日，后来又被收入《精英的聚会》一书。对于他所写的这篇最热情的论文，他附加了来自拉姆齐的语录。当然，这些语录代表拉姆齐的观点，而不代表凯恩斯的观点，但是，在这样的情况下，没有人会选择意见不相同的那些章节。这样，从拉姆齐的语录可以看出凯恩斯的哲学。

他将无法维持以往的生活水准。除此之外，他还积极参与经济顾问委员会（The Economic Advisory Council）、财政与工业委员会［The Committee on Finance and Industry，即麦克米伦委员会（Macmillan Committee）］的工作。1925 年，他与一位杰出的艺术家莉迪亚·洛波科娃（Lydia Lopokova）结婚了。后来的事实证明，她终生是他情意相投的伴侣和忠实的配偶——“无论是在健康的时候还是在生病的时候”。

在现代社会，一个人同时参与众多社会活动也许是一件司空见惯的事情，但是在凯恩斯身上，真正不寻常的，甚至看起来简直就是一个奇迹的是如下这个事实：他对每个社会活动投入的精力之多，就好像那个活动是他参与的唯一的一个活动一样。他对工作的欲望和高效率地完成工作的能力是令人难以置信的。他总能专心致志于手头的工作，无论做什么事情，他都能全神贯注，任何其他事物都无法令他分心。当然，他很清楚这样做非常劳累，但他似乎完全无法接受不快乐的时光和摇摆不定的目标。

对于那些对最微不足道的事情也要倾注自己最后一丝精力的人，上苍通常会带给他们两种截然不同的惩罚。毫无疑问，凯恩斯遭受到了其中一种惩罚。他的论著的质量明显随着数量的增加而下降了，而且这种下降不仅仅表现在形式上。不仅他的许多次要作品都显示出了“急就章”的痕迹，而且他的一些最重要的作品的写作也不断地受到了干扰，从而影响了它们的“正常成长”。那些没有注意到这一点——没有注意到他们所见到的作品是还没有完全孕育成熟的、还没有最终完成的——的人，是无法公正地评价凯恩斯的能力的。① 但是，另一种惩罚却没有降临到凯恩斯身上。

通常来说，那些非要把自己的生命彻底燃烧干净不可的工作狂总会有些不近

① 关于这一点，最明显的一个例子是他在学术研究方面最雄心勃勃的一部著作，即《货币论》。它其实只是一个框架，是由几篇很好但都没有完成的作品以极不完美的方式拼凑在一起而成的（请参阅下文的论述）。但是，最能表达我的意思的一个例子是他撰写的纪念马歇尔的传记论文（载《经济学杂志》，1924 年 9 月）。他显然非常喜欢和重视它。实际上，它可以说是我读到的最成功的描写一位从事科学事业的人辉煌的一生的作品。它的读者不但能从阅读的过程中得到许多快乐和收获，而且能理解我在这里说的这一切。它美妙地开头，它美妙地结尾，但要做到完美无缺，它至少还需要两个星期的辛苦工作。

人情。他们这样的人几乎都待人冷漠、难以接近，而且容易心存偏见。对他们来说，工作就是他们的生命，除此之外，他们没有任何别的兴趣，或者最多只有一些最不重要的兴趣。但是凯恩斯却与这一切恰恰相反；事实上，他很可能是你能够想象到的最快乐的人。他总是那么愉快、友善、充满活力，就像那些心中怡然自得、以不让自己追求的任何东西"堕落"成工作为第一原则的人完全一样。他感情很丰富，总是乐于用友善的热情去了解别人的观点、兴趣和烦恼。他慷慨大方，而且不仅仅是表现在金钱方面。他擅长交际，乐意与他人交谈。而且，与当时广为流传的看法相反，他很有礼貌，甚至很讲究旧世界的非常费时的拘泥于形式的礼节。有一个例子，他的一位客人因英吉利海峡的大雾而迟到，尽管已经在电报和电话中做了解释，凯恩斯仍不肯坐下来吃午饭，一直等到下午四时客人出现时，他才开始吃饭。

他的业余兴趣很多，他对于其中每一种都很快乐地全情投入。然而这并不是全部。一般人也有自己的爱好，但他们通常只是以消极的方式享受一些娱乐活动。但凯恩斯却不同，他的特点是，对他来说，娱乐也是创造性的。例如，他喜爱古书，喜欢探究文献中记载的论战的精妙之处，醉心于揣摩与过去人物的性格、生活和思想有关的各种细节。许多人也有这种爱好，这可能是因为他们在接受教育的过程中都受过古典精神的熏陶；但是凯恩斯却特别执着，当他沉醉于这种爱好时，他就会像对待工作一样毫不放松。事实上，他的这个爱好，还真的帮助澄清了好几个在文献史上相当重要的问题。[①] 他也是个绘画艺术的爱好者，在某种程度上说，他也是一位相当出色的绘画作品的鉴赏家。而谨慎一点说，他还是一位收藏家。他十分钟爱优秀的戏剧，创立并慷慨地资助了剑桥艺术剧院，所有去过那个剧院的人都不会忘记这一点。曾经有一次，他的一位熟人收到了他的一张便条，上面的语句很幽默，而且显然是在兴高采烈中一气呵成的："亲爱的……如果你想知道此时此刻是什么事情完全占据了我的时间，请看一看信封里

① 哲学和经济学文献对他最有吸引力。在追求这个爱好的过程中，皮埃罗·斯拉法教授（Professor Piero Sraffa）成了与他志同道合的盟友。我能提供的最有效的一个例子是，当休谟的《人性论》（*Treatise on Human Nature*）的摘要版于1938年出版时，序言就是由凯恩斯和斯拉法共同执笔撰写的。这篇序言堪称一块奇妙的里程碑，体现了这两位学者高度的文献学热情。

装的东西。”[1] 信中所附的是一张“卡玛科芭蕾舞”的节目单。

五

接下来该言归正传了。如上文所述，我们将把《论货币改革》（1923 年）作为了解通往凯恩斯在《就业、货币和利息通论》中构建的理论体系的第一站。因为就凯恩斯来说，实际建议是分析的目标和灯塔，所以我在这里要做的第一件事情是，请读者首先看一看他所主张的到底是什么，尽管其他经济学家可能会认为我的这种做法是对凯恩斯的一种冒犯。从根本上看，《论货币改革》告诉我们的无非是，稳定国内物价水平的目的是稳定国内经济状况，同时对于减轻外汇短期波动的各种手段也要附带地予以关注。为了实现这个目的，他建议把由于战争需要而创造出来的货币制度引入到和平时期的经济里，那就是，把货币的发行与黄金储备分开（尽管他愿意保持黄金储备并极力强调它的重要意义）。这是当时人们所能提供的所有建议中最大胆的一个；对此，凯恩斯本人也明显表现出了某种动摇，完全不像他在提出建议时应该有的态度。

在这个建议中，有两件事情值得我们细细思量：第一，它具有明显的英国特征；第二，考虑到英国的短期利益和这位建议者是怎样的一类英国人，它也表现出了清醒的智慧和保守主义。[2] 必须强调指出，凯恩斯的建议总是首先考虑英国的问题，即使是向其他国家提出的建议，也必定与英国问题有关。除了他的某些艺术爱好之外，他还带有惊人的岛国居民的偏狭性，即使在哲学方面也是如此，在经济学方面就更加严重了。他是一位热情的爱国主义者，当然，他的爱国主义并不俗鄙，而是非常纯正的甚至是下意识的，但是也正因为如此，这种爱国热情特别有力地加

① 这位朋友是一位最不会整理东西的人，他从不保存信件。因此，凯恩斯这个便条的准确措辞现在已经无法证实了。但是我可以肯定，它包括一个简短的句子，并且这一句子的内容正如上面所述。这件事情一定是发生在大约 10 年或 15 年以前，或者更多年以前——在他的晚年，这些艺术活动和爱好使他被选为国家美术馆的受托管理人和音乐与艺术促进委员会的主席。他还有更多的工作。

② 没有人会感到奇怪，后来他终于（在 1942 年）被选为英格兰银行的董事。

深了他的思想的偏差，使他不能充分理解外国（美国也包括在内）的观点、情况、利益和信条，特别是信条。与老的自由贸易主义者一样，他总是把只在某些特定时期适用于英国的“真理”和“智慧”夸耀为适用于一切时间和地点的“真理”和“智慧”。① 但仅仅指出这一点还不够。为了找出他据以提出建议的立场，我们还必须牢牢记住，他是一个真正意义上的英国高级知识分子，不属于任何阶级或政党，或者说，他是一个典型的战前英国知识分子，他明确地宣称自己在思想上永远属于“洛克-穆勒血缘”（Locke-Mill connection）。他没有说错。

那么，这个爱国的英国知识分子眼中看到的究竟是些什么东西呢？那就是我们从《和约的经济后果》这部著作中可以觉察到的那个时代的轮廓。但是，英国的情况比这部著作中提到的还要更加特殊。英国没有再像拿破仑时代那样从战争中崛起，而是陷入了贫弱。在这次战争中和战争结束之后，英国失去了许多机会，其中有些是永远地失去了。不仅如此，它的社会结构也已经被削弱，而且变得僵化了。它的税收水平和工资水平与经济发展水平也是不相称的。然而面对这些情况，英国却无能为力。当然，凯恩斯没有徒劳地陷入遗憾和失望，他从来不会为那些无法改变的事实而悲伤。他也不是那种把全部注意力都集中在个别行业的问题上的人，例如煤炭业、纺织业、钢铁业、造船业等行业的问题（尽管在他的评论时事的文章中，他也针对这类问题提供了一些建议）。他尤其不是那种宣传革新信念的人。他是英国式的知识分子，有一点爱“寻根”，但是却看到了最不愉快的情况。他没有子女，他的生活哲学基本上是一种短期哲学。因而，他坚决地转向了“货币管理”，那似乎是留给他这个英国人的唯一的“行动路径”了。也许他认为它可以恢复经济。他确信它能够使问题得到缓解，并且他肯定知道按照战前平价恢复金本位制是英国所无法承受的。

如果人们能被我说服并认识到这一点的话，他们就能认识到，凯恩斯主义实际上是一株不能被移植到外国土壤中的幼苗。到了国外，它就会夭折，并且在死去之前还会变成有毒的东西，造成危害。而且，除此之外，他们也将会认识到，在英国本土，这株幼苗是可以健康成长的，未来一定能结出果实并且形成树荫。

① 这也解释了为什么他的反对者说他是前后不一致的。

在这里，我还要再强调一次，我在这里说的这些适用于凯恩斯提出的每一个建议。凯恩斯在《论货币改革》中就货币改革提出的其他建议并没有任何革命性的东西。他对货币管理进行了强调，把它看成是应对一般经济问题的一般手段，而且他在这部著作的序言的一开头就提到了储蓄—投资机制，并用整个第一章来讨论这个问题。[①] 这一点无疑是他的创新。因此，尽管凯恩斯需要应付的大量“紧急事务”阻碍了他对这些问题的更加深入的研究，但是这部著作显然已经指出了通往《就业、利息和货币通论》的道路。

在分析上，凯恩斯接受了货币数量理论，认为它“是最基本的。它与事实相符这一点是毋庸置疑的”。对于我们来说，尤其重要的是要认识到：凯恩斯对货币数量理论的接受是以他对货币数量理论与交易方程式的混淆为基础的（这个混淆极其常见），而且它实际上能够说明的意义比它似乎能够说明的意义要少得多，正如凯恩斯后来放弃货币数量理论能够说明的意义比它似乎能够说明的意义少得多一样。他打算接受的东西其实是交易方程式——当然，是以剑桥形式表示的交易方程式。无论交易方程式被界定为恒等式，还是被界定为均衡的条件，都不意味着任何严格意义上的数量理论的特有主张。因此，他认为，可以自由地使流通速度——或它在剑桥方程式中的对应的 k——变成分析货币问题时的一个变量，并把“研究这个问题的传统方法的发展”恰当地归功于马歇尔。这也就是他后来提出的流动性偏好的雏形。在这里，凯恩斯不但没有看到这个理论至少可以追溯到坎蒂隆，而且忽视了这个理论是经由凯默勒发展而来的事实（尽管凯默勒的论述相当粗疏）。[②] 例如，凯默勒曾说过：“大量的货币继续被窖藏起来”并且“被

---

① 例如，请参阅这部著作的第 10 页，那里有一段话非常典型；另外，还可以参阅这部著作的第 8 页关于“投资制度”的描述。它们预示着《就业、利息和货币通论》的分析的一些不恰当之处。而且，即使是在《就业、利息和货币通论》中，凯恩斯仍然自始至终令人惊异地非常不愿意承认一个最简单、最明显的事实，也不愿意用一个同样简单和明显的语句去表述它。这一事实就是：工业通常是由银行提供资金的。

② 请参阅 E. W. 凯默勒，《货币与信用工具》（*Money and Credit Instruments*），1907 年，第 20 页。但是，在《论货币改革》的第 193 页，凯恩斯又给出了一个站不住脚的主张：“国内物价水平主要取决于银行所创造的信用的规模”，他永远也没有改变这个观点。直到最后，在给定的经济过程中，这个信用对他来说始终是一个自变数，它尽管是人为决定的，但却不像过去那样是由黄金产量决定的，而是由银行或者“货币当局”（中央银行或政府）决定的。然而，这种假设——认为货币数量是“给定”的——是严格意义上的货币数量理论的一个典型特征。因此，我在本文中的观点是，凯恩斯从来没有像他自己所认为的那样完全放弃了货币数量理论。

窖藏起来的流通手段的比例……不是不变的”。限于篇幅，我们无法深入研究《论货币改革》中其他许多精彩的东西，例如，关于期货交易市场的那一节就非常出色（第三章第四节），关于英国的那一节（第五章第一节）也令人拍案叫绝，因为我们必须赶赴通往《就业、利息和货币通论》道路上的“第二站”，那就是《货币论》(1930 年)。

除了《概率论》一书这个例外，凯恩斯再也没写过一本比《货币论》的说服目的更加明显的书了。尽管如此，就是在他的这本书中，而且并不仅限于最后一篇(第七篇)，我们却发现了布雷顿森林体系所有本质的东西——这是一个多么伟大的成就！毫无疑问，这部巨著（分为两卷出版）是凯恩斯最雄心勃勃的真正意义上的科学研究，这本来是一项极其出色、极其严密扎实的研究，因此，在它完全成熟之前就被过早地收获了，实在是一件千古憾事！要是他能从马歇尔对“可望而不可及的完美”的渴望中受到一些启发，而不是在这一点上倒过来试图给马歇尔上课就好了！(《精英的聚会》，第 211～212 页。)① 而且，缪尔达尔教授（Professor Myrdal）对他“那种盎格鲁-撒克逊式的不必要的创造性”的友善的嘲讽，也被广泛地证明是不失公正的。② 然而，尽管如此，这部著作仍然不失为它那个时代、它那个研究领域的不朽杰作。但是，限于本文的目的，在这里我能够做的，只限于在这部著作中收集指向《就业、利息和货币通论》的最重要的路标。③

---

① 在《货币论》的序言里，有一段半道歉、半辩解的话。这表明，凯恩斯也已经注意到了他奉献给读者的是一部不完全成熟的著作这个事实。

② 见缪尔达尔的《货币均衡论》(*Monetary Equilibrium*)，1939 年版，第 8 页［这是英译本，是由布赖斯（Bryce）和斯托尔珀（Stolper）翻译的。他们是根据 1931 年发表于瑞典《经济学杂志》(*Ekonomisk Tidskrift*) 上的瑞典原文的德译本转译的］。当然，缪尔达尔不是为了自己而反对凯恩斯，而是代表维克塞尔及其学派的利益。而且，代表庞巴维克及其追随者的利益，特别是代表米塞斯和哈耶克的类似的反对本来也会付诸实施。哈耶克的著作《货币理论和经济周期理论》(*Geldtheorie und Konjunkturtheorie*) 已经出版，是在 1929 年问世的；而庞巴维克的著作则是用英文写成的。陶西格的《工资与资本》(*Wages and Capital*) 更早，问世于 1896 年。尽管如此，凯恩斯在撰写《货币论》关于资本理论的第六篇时却全然没有意识到它们的存在。但是，凯恩斯这样做并不是因为他有任何不正当的意图，他只是真的不知道。他善意的信任就是他给予他认识的所有作家的盛誉。庇古和罗伯逊也在其列。

③ 当然，这对整部著作来说是有些不公平，特别是对于它的前两篇。第一篇（“货币的性质”）是一个传统但仍然非常卓越的引论，第二篇（“货币价值”）则是关于物价水平的几乎独立的论著，它充满了建设性的意见。必须记住，凯恩斯宣称，《货币论》这部著作是对物价水平的动态分析，即是对“物价水平波动实际上经典的道路”的分析（第一卷，第 152 页）——这恰恰是《货币论》与《就业、利息和货币通论》的最本质的区别——“货币的价值”——尽管它事实上讨论的内容远远不限于此。

第一，作为关于整个经济过程的理论的货币理论的概念，在《货币论》中已经完全成形，后来的《就业、利息和货币通论》只是对它进行了充分的发展。第二，这个概念被嵌入了他关于当时的经济过程情况的看法（或判断）之中，而且他的看法从《和约的经济后果》问世以来从未改变过。第三，储蓄和投资的决定就像在《就业、利息和货币通论》中一样，在《货币论》中就已经被截然分开了，私人的节俭也已经确立了它扮演的反面角色的任务。这一点在《J. A. 霍布森先生和其他人》（第一篇，第 179 页）中的扩展是具有重要意义的。而且，我们还看到，节俭运动并不能降低利息率（例如，第二篇，第 207 页）。概念化方面的差异——大多数时候仅仅体现为术语上的不同——最多只能遮蔽但是并不能完全消除作者所要表达的思想的本质上的一致性。因而，第四，他的理论大体上是以论述维克塞尔的"自然"利率和"货币"利率之间的相互脱离的形式表达出来的。诚然，后者（"货币"利率）还不是唯一的利息率，同时前者或利润也还没有转变为"资本的边际效率"，但是这个理论已经清楚地揭示了这两个步骤。第五，《货币论》对预期的强调、对"看跌"心理的强调（虽然"看跌"心理还不是由投机动机引起的流动性偏好），以及那种认为在萧条时期，货币工资水平的回落（"有效所得率的减少"），如果能够通过减少产业循环资金的需求量来作用于利率（银行利率），那么就会导致重新趋向均衡的理论——所有这一切以及许多其他东西［例如，书中举的香蕉种植园、寡妇的坛子、达纳伊德斯姐妹的水缸（Danaïdes' jars）等例子］，在读起来的时候，就好像《就业、利息和货币通论》中的相应命题的不完全的、不流畅的初步尝试性陈述。

六

《货币论》是失败的，但它的这种失败不是一般意义上的失败。每位读者都看到了它的论点，并且不管自己有什么样的不同看法，都对凯恩斯的努力表示尊重。即使是可能带来实质损害的批评，例如汉森教授对基本方程式的批评[1]，或者哈耶克教授对基本理论结构的批评[2]，都照例夹杂着应有的颂扬。但是，从凯恩斯自己的立场来看，《货币论》无疑是失败的，而且这不仅仅是因为它的受欢迎程度没有达到他自己设定的成功标准。由于种种原因，它未能引起人们的广泛兴趣——事实上，它从来就没有成为一部名著。导致这种后果的原因是不难找到的：凯恩斯没能表达清楚他自己的理论的基本内容。在这部著作中，为了保证体系的完整性，他堆砌了过多的材料，涉及价格指数、银行利率的运用方式、存款创造以及黄金储备，等等；但是所有这些材料，无论它们有什么优点，都适用于原来的流行学说，相对于凯恩斯想要实现的目的来说，显然不够有特色。在《货币论》这部著作中，凯恩斯已经陷入了分析机器的陷阱，每一次，当他试图让这个机器打磨出自己的思想时，它就会罢工。因此，试图从细节方面去改进这部著作是没有什么意义的。对各种批评进行回应也没有什么价值，况且，他自己也不得不承认许多批评都是公正的。除了破釜沉舟，彻底放弃《货币论》这条船以及它所承载的所有货物，切断与它的一切联系，然后再重新开始之外，再也没有其他方法了。凯恩斯很快就了解到了这一点。

他进行了坚决的切割，斩断了自己与这个已被弃置的理论的所有联系，勇敢地开始了另一部著作的写作，那将成为他一生最伟大的著作。这一次，他集中精力，紧紧抓牢了他的理论最本质的要点，并把自己的思想力量全部用于锤炼能够表达这些要点的概念工具这个任务上，而尽可能地不去涉及其他任何东西。最终，他如愿以偿了。1935 年 12 月，他刚刚实现了这个目标，就又披挂上阵，重新进入了战场；他高举利剑，宣称他将领导经济学家们摆脱持续了 150 年的错误，进入上苍应许的真理王国。

---

① 阿尔文·H. 汉森（Alvin H. Hansen），《凯恩斯〈货币论〉中的一个基本错误》（A Fundamental Error in Keynes' "Treatise on Money"），载《美国经济评论》，1930 年；以及汉森和陶特（Tout），《经济周期理论中的投资和储蓄》（Investment and Saving in Business Cycle Theory），载《计量经济学》，1938 年。

② 请参阅哈耶克，《关于凯恩斯先生的纯粹货币理论的感想》（Reflections on the Pure Theory of Money of Mr. Keynes），Ⅰ和Ⅱ，载《经济学》，1931 年和 1932 年。哈耶克甚至说到这一个"巨大的进步"。虽然如此，凯恩斯的回答仍然带有一些恼怒情绪；因此他在另外一个地方感慨道，要取悦这些经济学家可真不容易。

凯恩斯周围的人都对他即将问世的这部著作着了迷。在他着手定稿的过程中，他就经常在课堂上、在私人谈话中、在以他在国王学院的家为聚会地点的“凯恩斯俱乐部”里，提到自己的这部著作。当然，其中出现过许多很活跃的讨论。对此，凯恩斯自己也说过，“……在本书中，我得益于F.R.卡恩(R.F.Kahn)先生的建议和批评之处甚多。如果没有他的建议，这本书的相当一部分就不会是读者现在看到的这个样子”(《就业、利息和货币通论》，前言，第8页)。确实，理查德·卡恩早在1931年6月就在《经济学杂志》上发表了一篇题为《国内投资与失业的关系》(The Relation of Home Investment to Unemployment)的论文，考虑到这篇论文的内容，我们应该不用怀疑凯恩斯这两句话有言过其实的地方。在同一个地方，他也提到了罗宾逊夫人、霍特里先生(Mr. Hawtrey)和哈罗德先生[①]，以及其他一些人——好几个非常有前途的年轻剑桥大学经济学家也在其中。他们都曾经对《就业、利息和货币通论》的手稿发表过意见。《就业、利息和货币通论》还未正式出版，它的光芒就已经闪耀在了天际，从而在英国和美国引起了广泛关注。学生们全都为之激动不已。一股翘首以盼的热情浪潮席卷了整个经济学界。当《就业、利息和货币通论》最终问世时，哈佛大学的学生已经无法等待新书按部就班地上架了，为了尽快看到这本书，他们安排了第一批图书的直运。

---

① 霍特里先生与凯恩斯的《就业、利息和货币通论》这部著作的关系只是一个评论家与一本他比较了解的著作的关系，或者，最多只是一个同情这部著作的评论家与它之间的关系。当然，霍特里从来不是一个凯恩斯主义者。事实上，从《论货币改革》到《货币论》，凯恩斯反而可以说是一名霍特里主义者。哈罗德先生或许一直在独立地朝着一个离凯恩斯的目标不远的目标迈进，但是他在凯恩斯主义的旗帜高高升起后，就立即毫不自私地加入了凯恩斯主义者的行列。正义之心驱使我在这里提出这种看法。因为说句公道话，这位杰出的经济学家，虽然为凯恩斯主义和不完全竞争理论都做出了卓越的贡献，但是现在却面临着丧失其在经济学界应有的地位的危险。同样地，我觉得完全有必要在这里谈一下罗宾逊夫人的学术贡献和她应有的权利，她被上面所提到的那个“凯恩斯俱乐部”拒之门外(至少我本人在“凯恩斯俱乐部”演讲那一次，她就没有被邀请参加)。这个事实说明学术界对女性研究者的态度。但是，她确实也参与了凯恩斯主义的发展，我这样说的根据在于，在掩护凯恩斯从《货币论》向《就业、利息和货币通论》撤退的“防御战役”中，她发表的论文《关于储蓄和投资的寓言》(Parable on Saving and Investment)(载《经济学》，1933年2月)可以说是技术含量最高的一篇论文。至于在《就业、利息和货币通论》的发展过程中她承担的任务就更加重要了，早在1933年10月初，她就在《经济研究评论》上发表了《货币理论与产出分析》(Theory of Money and the Analysis of Output)一文。

七

凯恩斯对社会的整体看法，或者说，他关于经济过程的基本见解，即投资机会不断趋于减少而储蓄习惯仍会维持下去，最早是在《和约的经济后果》一书中揭示出来的；在《就业、利息和货币通论》一书中，这个基本见解依然贯穿始终，并通过三个关键概念——消费函数、资本效率函数和流动性偏好函数——在理论上得到了进一步的充实。① 这些概念，与给定的单位工资和相应的货币数量一起，“决定”了收入，从而也就在事实上决定了就业（如果后者是由前者单独决定的）；而收入和就业正是需要“解释”的最重要的因变量。这无异于用最少的材料烹制出了最美味的酱汁。这是何等高明的厨师！② 下面，就让我们来看一下凯恩斯是如何完成这个任务的。

---

① 采用适当的、与众不同的术语能帮助作者更清晰地表达自己提出的观点，并吸引读者的注意力。这一点就足以证明（虽然不能说明别的什么东西），将费雪的超过成本的边际报酬率——它的优先权是凯恩斯也百分之百承认的——换一个名字，并且用流动性偏好这个术语来取代他所用的“窖藏”（那是一个更传统的术语），是完全正当的。消费函数，对于凯恩斯的主张来说，与他同时也在使用的马尔萨斯式的术语“有效需求”相比，肯定是一个更好的外壳，因为在供给和需求概念有严格的确定意义的领域（局部分析）之外，使用这两个概念只会带来混淆。还要提请读者留意的是，凯恩斯把他关于消费函数和流动性偏好函数的假设称为心理规律，也不是没有好处的。这当然是另一个进行强调的方法。但是，这种规律并没有多少实质性的意义，甚至还不如“欲望餍足规律”所具有的意义多。在这个方面，与在其他一些方面一样，凯恩斯的做法显然还是有些“老派的”。

② 诚然，把凯恩斯的理论成就“还原”至只剩下它的逻辑结构的基本内容，然后再对其评头论足，确实显得有些不公平。然而，把他的理论体系转化为精确形式的尝试引起了人们的极大兴趣。此外，我认为以下文章尤其值得一提：W. B. 雷德韦（W. B. Reddaway）在《经济纪事》（*The Economic Record*）中的评论，1936 年；哈罗德，《凯恩斯先生和传统理论》（Mr. Keynes and Traditional Theory），载《计量经济学》，1937 年 1 月；米德（J. E. Meade），《凯恩斯先生的体系的一个简化模型》（A Simplified Model of Mr. Keynes），载《经济研究评论》，1937 年 2 月；希克斯（J. R. Hicks），《凯恩斯先生和“古典经济学”》（Mr. Keynes and the “Classics”），载《计量经济学》，1937 年 4 月；奥斯卡·兰格（Oskar Lange），《利息率和最适度的消费倾向》（The Rate of Interest and the Optimum Propensity to Consume），载《经济学》，1938 年 2 月；萨缪尔森，《均衡的稳定》（The Stability of Equilibrium），载《计量经济学》，1941 年 4 月（该文从动态的角度进行了重新阐述）；以及史密塞斯（A. Smithies），《过程分析和均衡分析》（Process Analysis and Equilibrium Analysis），载《计量经济学》，1942 年 1 月（也是对凯恩斯模型的动态分析）。在那些比较不同情凯恩斯经济学的精神的著者手里，这些论文所提出的一些结论可能会变成严重的批评。莫迪利亚尼（F. Modigliani）1944 年 1 月在《计量经济学》上发表的《流动性偏好和利息与货币理论》（Liquidity Preference and the Theory of Interest and of Money）一文更是如此。

（1）使模型简单化的第一个条件，当然是使它所要阐释的见解简单化。而一个人要使自己对这个世界的见解简单化，部分取决于他有没有这方面的天赋，另一部分则取决于他愿意为各种不得不排除出整个画面的因素付出多大的代价。如果我们设身处地把自己代入凯恩斯主义正统学说的立场，并愿意把他对当代经济过程的见解当作一个能够透过混乱的表层现象，看到隐藏在背后的简单要素的天才送给我们的礼物接受下来，那么，对于他的必然会导致那些结论的总量分析，也就没有多少东西可以反对了。

因为给各变量选择的所有总量，除了就业之外，都是货币数量或货币表现，所以我们也可以说这种分析是货币分析；并且，又由于国民收入是中心变量，因此还可以称之为收入分析。我认为，理查德·坎蒂隆是历史上第一个提出了关于总量分析、货币分析和收入分析的全面图式的人；他的这个图式也就是后来由弗朗索瓦·魁奈（Francois Quesnay）在他的《经济表》（*tableau économique*）中苦心孤诣地予以完善的那个图式。因此，魁奈是凯恩斯的真正意义上的先驱者；而且有趣的是，魁奈关于储蓄的观点与凯恩斯的观点如出一辙，关于这一点读者们只需看一看《魁奈医生的学说，或他的社会经济学原理概述》就很清楚了。然而我们还应补充说明的是，《就业、利息和货币通论》中的总量分析方法，在现代经济学文献中并不是孤立的；它只是迅速发展壮大的大家族中的一员。①

（2）凯恩斯还通过尽量避免分析过程中可能产生的各种复杂情况，来进一步简化他的理论结构。如果运用拉格纳·弗里希（Ragnar Frisch）提出的那些术语，那么凯恩斯的理论体系的精确框架应该属于宏观静态分析，而不属于宏观动态分析。之所以会出现这种限制性，至少有一部分应归因于那些阐释他的学说的人（而不能归因于他的学说本身），因为它本身包含着许多动态因素，其中特别重要的是预期。但是另一方面，凯恩斯本人非常不喜欢“时期”这一概念，因而把注意力集中到了对静态均衡的分析上，这也的确是事实。重要的是，这样就为他的学说走向成功扫清了一个主要障碍，即到现在为止仍然像美杜莎的脸（the

---

① 要想了解总量分析在《就业、利息和货币通论》一书出版之前已经发展到了怎样的程度，最好的方法是阅读丁伯根（Tinbergen）撰写的综述，载《计量经济学》，1935 年 7 月。

face of Medusa）一样还在影响着经济学家的差分方程。

（3）此外，凯恩斯还把他的模型限制在了短期现象的范围之内——尽管他的论证并没有一直受到这种限制。前面的第（1）点和第（2）点是人们经常强调的，但是，他们在强调这两点时，似乎并没有充分认识到他的模型对短期性的要求是多么严格，也没有认识到这个事实对《就业、利息和货币通论》一书的整体结构和所有结论是何等重要。在凯恩斯这里，存在一些至关重要的限制条件：不仅生产函数和生产方法是固定的，而且厂房和设备的数量和质量也都不允许变化。对于这个限制，凯恩斯在他的论证过程中的每一个关键点上，都会不厌其烦地向读者强调（例如，请参阅《就业、利息和货币通论》，第 114 页和第 295 页）。[①]

如果没有这些严格的限制条件，那么对模型的许多其他简化就是不可能的。例如，凯恩斯的模型允许将就业看成大致与收入（产量）成比例的，这样一来，只要能确定这两者当中的其中任何一个，另一个也就被确定了。但是，这也限制了这种分析的适用范围。一方面，它最多只能适用于几年内的期间，即所谓“40 个月的周期”；另一方面，它只能适用于那些在工业机器设备保持不变的条件下，能够决定其利用率高低的因素。因此，所有随着这些机器设备的创造和变化而发生的现象，都不适用凯恩斯这种分析，也就是说，支配资本主义生产过程的所有现象，全都被排除到了考虑范围之外。

作为现实的一种写照，这个模型在萧条时期最接近于正确，此时，流动性偏好自身就能成为一个有效力的因素。因此，希克斯教授把凯恩斯的经济学称为“萧条经济学”，这是不无道理的。但是，从凯恩斯自己的立场来看，他的模型还可以利用长期停滞论来辩护。他试图通过一个短期模型去证明一个本质上属于长期的理论，这种做法也许是有问题的，这是事实；然而，他在一定程度上是有这样做的自由的，这是因为，他已经（几乎）完全证明了一个静态的过程，或者，无论怎么说，他毕竟已经证明了一个静止在特定水平上或以此为中心波动的过程（而静态的充分就业均衡就是其上限）。在马克思看来，资本主义发展的结果是必

① 当然，严格地说，机器设备数量方面的一些变动是必须予以承认的，但是凯恩斯认为，在任何一个给定的特定时刻，这种变动是极小的，对现行工业结构及其产量的影响也是无足轻重的。

然走向崩溃状态。在穆勒看来，资本主义发展的最终结果将是一种没有任何运行障碍的静止状态。而凯恩斯则认为，资本主义发展的结果是一种经常面临着崩溃危险的静止状态。虽然凯恩斯的“崩溃理论”与马克思的“崩溃理论”大不相同，但它们两者有一个重要的共同点：在这两种理论中，崩溃都是由内在于经济机器运行的原因所导致的，而不是由外在因素的作用所推动的。这个特征很自然地使凯恩斯理论拥有了充当违背资本家意志的“合理化者”的角色的资格。

（4）凯恩斯非常注意不超出直接决定收入（和就业）的因素的范围。他自己也很坦率地承认，这些直接决定因素，虽然“有时”被看成了“最后的自变量……但是还可以对它们进行进一步分析，也就是说，它们还不是我们的最根本的‘原子’自变量”。这句话听上去似乎只是在说，经济总量是从作为组成部分的“原子”中获得自身的含义的，但实际上当然远不止于此。当然，我们可以把现实的经济生活大大简化，从而得出一些极其简单的命题，前提是，如果我们能够满足于以下这种形式的论证：给定 A，B，C，…，那么 D 将取决于 E。如果 A，B，C，…是我们研究范围之外的因素，对于这种论证，我们当然无话可说。但是，如果 A，B，C，…属于需要解释的现象的一部分，那么由此而来的关于什么决定什么的命题，尽管可以轻而易举地表述为某种无可否认的形式并取得炫人耳目的新奇效果，但是却没有什么意义。这正是里昂惕夫（Leontief）教授所称的“隐式理论化”（implicit theorizing）。[①] 不过，对凯恩斯来说，如同李嘉图一样[②]，这种类型的论证不过是一个用来强调的手段：它们只是被利用来挑选出某种特殊的关系并予以强调。例如，李嘉图并没有这样说：“给定我现在观察到的英国的这些条件，将各种因素都考虑进去，粮食和原材料方面的自由贸易将趋向于提高利润率。”相反，他说的只是：“利润率取决于小麦的价格。”

（5）对那些在凯恩斯看来既重要、以往又没有受到足够重视的论点加以强调，可以说是《就业、利息和货币通论》的主旨之一。我们发现，除了刚才提到

① 请参阅里昂惕夫在《经济学季刊》（第 51 卷，第 337～351 页）以这个术语为题发表的那篇论文。

② 凯恩斯和李嘉图在智识上的相似之处值得注意。他们推理论证的方法极其相像，但是由于凯恩斯赞赏马尔萨斯的反对储蓄的态度，再加上他不喜欢李嘉图的学说，这个事实就变得模糊不清了。

的那个强调方法之外，还有其他一些强调方法。事实上，我们已经看到了其中的两个方法。[①] 另外一个方法，通常被批评家们称为“言过其实”。说到底，对于言过其实的做法，通常是无法进行辩护的，因为结论恰恰是依赖于这种夸张的。但是我们必须记住，站在凯恩斯的立场来看，这些夸大的言辞其实只不过是一种对非要点进行抽象的方法；同时，我们还必须记住，这种情况之所以出现，部分也应该归咎于我们自己，因为我们的惰性决定了我们从来都不愿意听取忠告，就像当我们站在门的这一边时，除非有人使劲用锤子猛烈敲打，我们就听不见一样。因此，假定出于论证的需要，有些观点确实非常重要，值得“用锤子敲打”；同时又考虑到，那些没有底线的夸大其词的话并没有出现在《就业、利息和货币通论》中，而是出现在了凯恩斯的一些追随者的作品中，我们应该是可以欣赏这种“调味方法”的。

对此，举三个例子就足以说明问题。第一，每一位经济学家都知道——即使他过去不知道，也会从他与商人的交谈中知道这一点——货币工资率总体水平的任何变动，都会在同一方向上影响物价。然而，在工资理论中谈论这一点却不是经济学家们的事。第二，每一位经济学家都应该清楚，杜尔哥-斯密-穆勒的关于储蓄—投资机制的理论是不恰当的，这尤其体现在储蓄和投资决策过于紧密地联系在了一起这一点上。但是，即使凯恩斯已经对它们两者之间的关系给出了恰如其分的描述，他能够从我们这里得到的回应也不过是像下面这样的含糊其词：“是的……的确……是这样的……在特定的循环状态下是有一些重要意义……究竟什么是重要的呢?”第三，任何一位读者，只要翻阅一下《就业、利息和货币通论》第 165 页和第 166 页——《就业、利息和货币通论》的第十三章的前两页——就会有所发现。他会发现什么呢？他将会发现，利息率能够保证投资对于储蓄的需求等于受时间偏好（“我把它称为消费倾向”）支配的储蓄的供给这个理论“崩溃”了，因为“只知道这两个因素还不可能推出利息率”。那么，为什么不可能呢？原因在于，储蓄被决定了，并不一定意味着投资也被决定了，还必须考虑到后者不随前者的变化而变化（或者，不迅速地随前者的变化而变化）的可能性。我几乎可以肯定，如果凯恩斯的分析就停留在这一点上，那么他对于现行学

① 参阅本书第 259 页的脚注①。

说的要旨的这种完全合理的发展就不可能给我们留下如此深刻的印象。因此，为了打动我们，就必须把流动性偏好放在最显著的位置，而把利息描述为不过是放弃货币的报酬，至于其他因素，则当然只能排到更加靠后的位置了（当然，他的原文不可能如此表述）。这就是我们现在都知道的排列顺序。的确，我们真的有点被吓了一跳。因为与35年前相比，现在我们当中会有更多的人信奉利息是一个纯粹货币现象这种主张。

但是，在这部著作中仍有一个词无法以上述方式进行辩护——就是它的书名中的“通”这个词。前面所述的这些强调的方法，即使从其他角度来看不算特别，也最多只能说明一些极其特殊的情况。当然，信奉凯恩斯主义的人可能认为这些特殊情况就是当代的实际情况。无论如何，这已经是他们能够辩护的极限了。[①]

（6）很显然，凯恩斯希望不借助于刚性概念就能得出自己的结论，就像他完全无视不完全竞争理论可能给他带来的很大帮助一样。[②] 然而事实表明，他是无法完全做到这一点的，特别是，利息率在下降过程中肯定会表现出一定程度的刚性，因为货币流动性偏好的需求弹性是趋于无穷大的。而在其他一些情况下，当他首选的论证不能令人信服时，他也随时准备借助于刚性分析。当然，人们总能证明，在任何一个经济体系中，如果足够多的适应性机制都陷入了瘫痪，那么该体系就会停止运行。与其他理论家一样，凯恩斯主义者也希望这种最糟糕的情况不会发生。虽然如此，考虑这种情况也不是没有意义的，就业不足的均衡状态就是一个典型的例子。[③]

---

① 这一点首先是由兰格指出的，《利息率和最适度的消费倾向》，载《经济学》，1938年2月。兰格声称，对于过去唯一真正的通论——里昂·瓦尔拉斯的理论——他是非常推崇的。他还简洁而巧妙地证明，凯恩斯的理论可以作为一个特例包括在瓦尔拉斯的“通论”当中。

② 不过，后一个因素（竞争的不完全性）被哈罗德先生采纳了。

③ 我有时会觉得相当奇怪：凯恩斯对于证明在完全竞争的完全均衡条件下可以存在——并且在他的假定之下一般都会存在——不充分的就业，为什么会如此重视？因为还有这么多可以证实的解释因素能够用来说明我们在任何一个时候观察到的实际失业，所以只有理论家的雄心才能诱使我们希望有更多的解释因素。在完全竞争的完全均衡条件下可以存在非自愿失业这样一个问题，即使连被凯恩斯称为“古典经济学家”的那些“稻草人”也从来不曾认为是现实的，但是在理论上却毫无疑问会引起人们的极大兴趣。而从实践的角度来看，凯恩斯在处理永久性的不均衡状态中可能存在的失业问题时应该会同样顺利。但是，实际情况却是，他显然没有证明这种情况。但是，工资在下降过程中的刚性随时都可以助他一臂之力。理论问题本来是讨论的主题，但是讨论却因参加争论的人未能将涉及的不同理论观点清晰地区分开来而受到了损害。这本身也构成了一个值得讨论的问题。但是，我们无法在这里更深入地探讨这个问题。

(7) 最后，还必须谈一谈凯恩斯在创造自己的分析工具方面的杰出成就。例如，读者们可以看看他是如何巧妙地运用卡恩的乘数的，或者看看他是如何巧妙地创造使用者成本概念的，这个概念不仅对界定他的收入概念大有帮助，而且完全算得上是一个具有一定重要意义的新创造。对于这些概念以及他给出的类似的其他概念，我最佩服的一点是，它们全都是那么恰当，它们完全适用他的目的，就像剪裁得体的上衣正适合顾客的身材一样。当然，从另一个角度来看，也正因为如此，在与凯恩斯的特定目的无关的领域，这些概念的用途就比较有限了。用来削梨，水果刀是一件不错的工具，但是如果用它来切牛排，却不可能得心应手；这种令人不快的结果当然只能怪那个选择了错误工具的人，而不能怪制造这件工具的人。

八

《就业、利息和货币通论》甫一问世，立刻获得了极大的成功，而且正如我们已经知道的，它的成功也是非常持久的。不利的评论当然也有很多，但它们起到的作用却是从另一个方面推动了它的成功。一个凯恩斯学派自发地形成了，而且它不是一个像一些经济学史家所说的法国学派、德国学派或意大利学派那种类型的广义的学派，而是一个真正的学派，是一个社会学上的实体，这就是说，凯恩斯学派是一个由一群声称只有“一个领袖、一个教义”的人组成的团体，他们拥有自己的内部圈子，拥有自己的宣传家和自己的口号，还拥有自己的“秘传心法”和“通俗教义”。这还不是全部。在正统凯恩斯主义者的范围之外，还存在着广泛的外围的同情者；而且在同情者之外，又有一批以各种方式，自愿地或勉强地吸收了凯恩斯的分析的一些精神或个别术语的跟进者。在整个经济思想史上，与凯恩斯主义者类似的例子只有两个——重农主义者和马克思主义者。

对于《就业、利息和货币通论》来说，能够同时赢得来自朋友和敌人的积极的认可，尤其是能够从每一位在自己的课堂上真切地体验到这种活生生的影响的教师那儿得到认可，这本身就是一个巨大的成就。然而，我们不能忘记这样一个事实，除非冷冰冰的分析从分析家真实的或想象的政治暗示中获得了本来不属于它的热度，否则在经济学中，如此高的热情——以及相应的强烈的憎恶——是绝不可能燃烧起来的。因此，我们还得看一看这部著作在意识形态方面的意义。在某种意义上，大多数正统的凯恩斯主义者都是“激进主义者”。当然，凯恩斯本人并非如此；撰写关于“维利尔斯血缘”的作者，在任何意义上都不可能是激进主义者。那么，在他的这部著作里，究竟是哪些东西激励了他的追随者，使他们变得激进起来呢？在发表于《美国经济评论》的一篇杰出的论文中，赖特教授（Professor Wright）甚至直截了当地指出，“在很大程度上，只要大量引用《就业、利息和货币通论》，即使是一个保守党候选人也能发起一场政治运动”[①]。确实如此，但是只有当这位候选人懂得如何正确而自如地运用各种旁白和限定条件时，才会如此。毋庸置疑，凯恩斯是一位天才的首倡者，他从来不会否认事实。在一定程度上——尽管可能只是在很小的程度上，他的成功正是基于下面的事实：即使在大胆地向前冲锋的时候，他也从来不会让自己的侧翼有隙可乘，而那些抨击他的政策或理论的轻率的批评家们往往会在吃了大亏以后才明白这一点。[②] 但是，凯恩斯的信徒们却从不考虑各种限制条件，他们只看到了一件事情：凯恩斯对个人节俭的谴责，以及这种谴责对于“有管理的经济”和收入不平等的含义。

---

① D. McC. 赖特，《凯恩斯经济学的未来》（The Future of Keynes Economics），载《美国经济评论》，第 35 卷，第 3 期（1945 年 6 月），第 287 页。这篇论文的很多观点对我自己的观点是很有益的补充，尽管也有一些与我自己的观点不同的地方。由于篇幅的限制，我在这里无法深入地评论赖特的观点。

② 这就是为什么我们在凯恩斯主义者的文献中，经常发现它们的作者的措辞留有很大变动余地的原因！典型的如“凯恩斯未明确地这样说过”或“凯恩斯没有明确地否定过”。纵观《就业、利息和货币通论》一书，大多数明确的保留条件都出现在第十八章和第十九章，而含糊其词的保留条件则随处可见。在《就业、利息和货币通论》中，古典体系的逻辑实际上并未真正受到抨击。即使是萨伊定律（在该书第 26 页所界定的意义上），也没有完全被抛弃。而且，凯恩斯并没有完全否定那种能够平衡储蓄和投资决策的机制的存在——以及利息率在这个机制中的作用；他也没有完全否定货币工资的下降会刺激产量这种可能性。虽然只有在很特殊的情况下，他才会承认这些。因此，凯恩斯的批评家们一直面临着一种危险：他们随时可能被宣称“完全理解错了凯恩斯的原意”，就像那些批评马尔萨斯的粗心的批评家，在批评第一版的《人口论》时，却大量引用了第二版中的内容（在第二版中，马尔萨斯已经为“马尔萨斯主义”提供了巧妙的辩解）。这是一个很重要的问题，但是我们在这里不可能予以深入探讨。在上面引用过的那篇论文中，赖特教授也提供了许多很有教益的例子。

要想搞清楚这种倾向到底意味着什么，我们有必要先回顾一下历史。作为长期的理论发展的一个结果，储蓄已经逐渐演变成为资本主义经济的最后一根支柱。实际上，亚当·斯密就已经把其他因素处理得差不多了。如果我们细致地分析一下斯密的论证（当然，我们在这里讨论的只是他的思想体系的“意识形态性”这个方面），就会发现，在一定意义上，它相当于对“懒惰”的土地所有者和贪婪的商人或“雇主”的彻头彻尾的痛斥，再加上对节俭的大力颂扬。在凯恩斯之前，这始终是绝大多数非马克思主义的经济思想的主要“意识形态倾向”。马歇尔和庇古也不例外。他们两人——其中尤其是庇古——都认定，不平等或当前的不平等状况是“不可欲的”。但是他们都就此止步不前，而从来没有去仔细研究过这根“支柱”本身。

许多在20世纪二三十年代进入经济学教学或研究领域的人，都已经拒绝坚持资本主义生活方式，也不再恪守资产阶级价值观了。他们当中有相当一部分人开始嘲笑利润动机和资本主义发展过程中的个人成就因素。但是，只要他们还没有完全转为信奉纯粹的社会主义，他们就不得不继续重视储蓄，尽管在他们看来，这是在忍受惩罚；他们认为这使自己丧失了社会地位，并称自己属于被凯恩斯极其生动地称为经济学家的“社会底层”的行列。但是，凯恩斯打碎了他们的枷锁，为他们提供了这样一个理论体系：它消灭了个人因素，它不仅是可以“机械化”操作的（尽管理论本身可能不是“机械的”），而且粉碎了储蓄这根最后的支柱。凯恩斯的学说虽然没有真的说出，但是它确实指向以下这两句话。第一句是，“竭力储蓄的人恰恰摧毁了实际资本”；第二句是，储蓄造成的“收入不平等是导致失业的最终原因”。[①] 这就是凯恩斯主义革命的实质。这里还要再强调一次，我的这个说法绝不是不适当的。这一点，而且只有这一点可以解释并在一定程度上为凯恩斯对马歇尔的态度变化提供了辩护。如果只从科学依据的角度出发，他的这种态度变化是无法解释的，也绝对不能说是正当的。

① 任何一个读者，只要看一下《就业、利息和货币通论》的第372～373页和第376页，就肯定会相信，凯恩斯实际上已经极其接近于承认这两种说法了。只有像赖特教授那样恪守自己的良心且事事留意的人，才有资格说他真的没有做过。

尽管漂亮的包装能够保证凯恩斯送给经济学的这份礼物更容易被更多人接受，但是它并不能把人们的注意力从礼物本身转移开去。在《就业、利息和货币通论》这部著作问世以前，经济学已经发展得越来越复杂、越来越不能对简单的问题给出简单的回答了。《就业、利息和货币通论》似乎重新把问题简单化了，使得经济学家又能为社会提供每个人都能理解的简单建议。而且，就像李嘉图的经济学一样，凯恩斯的经济学还包含了许多足以吸引甚至鼓舞那些饱经世故的学者的内容。事实证明，他的这个理论体系，一方面能够与没有受到多少专业训练的人的思想观念紧密地联系起来，另一方面又能令正在崛起的年轻一代经济学家觉得非常满意。他们当中的一些人曾经认为——据我所知，也许现在依旧认为——所有其他的“理论”方面的著作都应该丢进废纸堆。他们尊崇凯恩斯，他为他们提供了一个定义明确的模型，使他们能够去处理、批判、改进经济世界；他的这部著作虽然不能把他们希望看到的东西都具体地描述出来，但至少已经是一个伟大的象征了。

即使是那些在很早之前就已经确立了他们的志向，因此《就业、利息和货币通论》不会对他们的成长过程造成太大冲击的人，也感觉到了它所带来的那种像微风一样的有益健康的影响。在给我的一封信中，一位著名的美国经济学家这样写道：“《就业、利息和货币通论》内的许多东西，过去已经、现在仍然在充实和完善着我们的思想和分析方法。虽然它没有使我们成为凯恩斯主义者，但是它使我们成了更好的经济学家。”无论我们同意与否，这句话都相当准确地概括了凯恩斯成就的实质。特别是，它解释了这样一个问题：为什么那些充满敌意的批评，尽管在攻击凯恩斯的个别主张或假设时显得很成功，却无法对他的整体结构造成致命的损害？一个人，尽管他可能认为凯恩斯对社会的整体看法是错误的，甚至可能声称凯恩斯的每一个主张都会把人引入歧途，但是他仍然可能会非常推崇凯恩斯。在这一点上，凯恩斯与马克思很类似。

对于《就业、利息和货币通论》，我当然不能把它当作学生的试卷来给它评分定级。而且，我也不认为可以给经济学家划分等级。许多人，虽然人们经常拿他们的名字来相互比较，但他们其实都是与众不同、无法相互比较的。不管凯恩斯学说的命运如何，他这个人肯定会活在人们的记忆当中，而且肯定会比凯恩斯主义以及人们对它的褒贬“长寿”得多。

行文至此，我已经不用再多写什么了。我们每个人都知道，这位勇敢的战士为他的最后一部巨著[①]进行了何等伟大的抗争。我们每个人也都知道，凯恩斯在第二次世界大战期间又一次进入财政部任职（1940 年），在那里，他的影响与日俱增，像丘吉尔的影响一样，直到最后无人能与之匹敌。我们每个人还都知道，他被授予了上议院议员的荣誉职位。当然，我们每个人还都知道一些关于“凯恩斯计划”“布雷顿森林体系”和“英国贷款”的事情。但是，这些事情，只能留待一位掌握更多资料的有学识的传记家去叙述了。

① 《就业、利息和货币通论》是凯恩斯的最后一部伟大作品。此后，他只写了许多篇幅较短的作品，尽管他几乎一直写作到他离开人世的那一天为止。

附　录

乔治·弗雷德里克·克纳普*

(George Frederic Knapp)

(1842—1926)

1926 年 2 月 20 日，德国政治经济学第三时代的杰出人物之一克纳普教授永远地离开了德国科学界——第一时代为“官房党派”(cameralism)时代，它的最杰出的代表人物是赛肯道夫(Seckendorff)和尤斯蒂(Justi)；第二时代对应于英国古典时期，屠能和赫尔曼的著作象征着这个时代的最高峰，这两个人也是“社会政治学”和“历史方法”的最杰出的代表人物。尽管乔治·弗雷德里克·克纳普在许多方面与施穆勒、瓦格纳、比歇尔(Bücher)、布伦坦诺(Brentano)等人都不尽相同，但是他必将和他们一起，永远与德国政治经济学第三时代的全部优点及部分缺点联系在一起。

克纳普的一生平淡无奇，只需要几句话就可以描述清楚。1842 年 3 月 7 日，他出生于吉森(Giessen)。他的父亲是一位教授，曾经撰写过一本非常成功的工艺学教科书。克纳普曾经先后在慕尼黑、柏林、哥廷根等地求学，试图成为一名统计学家。在他那个时代，他在数

---

* 原载《经济学杂志》，第 36 卷，第 143 期，1926 年 9 月。

学方面的造诣可以说是出类拔萃的。1867 年，他当上了莱比锡市统计局局长。在接下来的几年里，因为卓有成效地管理了这个机构，他获得了应有的赞誉。他领导下的莱比锡统计局在出版方面所取得的优异成就，就可以充分地证明他的贡献。1869 年，他成了莱比锡大学（University of Leipzig）的“特别”教授——这个头衔大致相当于助理教授。1874 年，他来到斯特拉斯堡（Strassburg）大学，并被提升为正教授，此后他一直在那里工作，直至退休。实际上，他在斯特拉斯堡住的时间还要更久一些：直到 1919 年，他才不得不离开那里，因为那个时候，这座城市已经成了别的国家的一部分。

因为他无论做什么事情，总是一心一意、不屈不挠、坚定不移，所以要回顾他一生的主要经历和重要成就其实并不困难，或者说，远比通常情况下描述另一个思想活力与他差不多的人容易得多。如果我们暂且忽视他早期的两篇论文，其中一篇是他关于屠能的博士论文，另一篇是关于税收问题的论文，那么一直到 1874 年以前，可以说他只是一位统计专家。在统计这个领域，除了完成大量的实践工作之外，他还做出了不少理论贡献。下面的脚注中列出了他在这方面的一些著作①，即使把它们放到现在，也值得仔细研究。因为他在其他领域的成就已经树立了一个很高的标杆，使得我们通常不会详细讨论他在统计领域的贡献。事实上，只是凭借这些著作，他在统计领域就应该享有崇高的地位——如果不是第一流的，至少也是接近于第一流的。

当然，作为一位记录经济生活的历史学家，作为一位关注“制度”问题的经济学家，克纳普的确无愧于“伟大”二字。1887 年，他发表了一部两卷本著作，论述了在普鲁士旧版图上的农民的解放与农业工人的起源（*Bauernbefreiung und der Ursprung der Landarbeiter in den ältern Teilen Preussens*）。这部著作是他的杰作，也是研究同类问题的典范之作；它帮助塑造了整整一代追随者的思想，几乎相当于在经济学领域中创立了一个很特别的分支学科。此中理由，并不

---

① 《论如何根据人口统计推断死亡率》（*Uber die Ermittlung der Sterblichkeit aus den Aufzeichnungen der Bevölkerungsstatistik*），1868 年。《关于道德统计学的新观点》（*Die neueren Ansichten über Moralstatistik*），1871 年。《人口变动理论：应用数学论》（*Theorie des Bevölkerungswechsels：Abhandlungen zur angewandten Mathematik*），1874 年。

在于他运用了任何新的历史方法，也不在于他掌握了解决特殊问题的独家资料。在这些方面，克纳普其实可能还赶不上迈岑（Meitzen）或者汉森等人。但是，他在其他方面所拥有的更高尚、更罕见的品质，却是其他人所不能比拟的。他拥有深刻的洞察力，对于一切事物本质都有清晰的（我其实更应该说是充满激情的）卓见，因此他总是能够穿透表面，直入问题核心。他看清了历史的进程以及历史问题，他对于它们的掌握比大多数人对于自己周围事物的掌握还要更加牢固。他的历史分析是建立在他对当代事实的全面了解的基础上的。像他在1891年出版的《农奴制下与自由制下的土地劳动者》（*Landarbeiter in Knechtschaft und Freiheit*）和1897年出版的《土地所有权和骑士采邑制》（*Grundherrschaft und Rittergut*）这样一些篇幅相对较短的著作的内容，只有一部分来源于历史，另一部分则来源于他对德国土地所有者和他们的劳动者、他们的心理和方法以及他们的生活的目前实际情况的研究。我在这里试图说明的他的这种特质，与他成为一位历史学家的才能当然有很大的关系；但更重要的是，对于不去寻找奇迹，而只专注于探索历史问题的他来说，这个特质就是一切。

像农民通过轮耕来保持土地的肥力一样，1895年，克纳普对这个问题的研究告一段落，然后立即开始了对另一类完全不同的问题的研究。从某些方面来说，那个时候他已经取得了巨大成功。在皇家经济学会的资助下，他的一部著作《国家货币理论》（*Staatliche Theorie des Geldes*）最近被翻译成英文出版了。这部著作的第一版是在1905年问世的，毫无疑问，它使他获得了崇高的国际声誉，还为他赢得了更多的追随者。在某种意义上，这部著作的成功，既要感谢他的崇拜者，也要感谢他的反对者，因为后者通过愤怒的攻击使它更受关注，贡献不亚于前者的褒扬。当然，这部著作确实有许多地方值得推崇：伟大的概念、独树一帜的手法、鲜明的风格，等等。不过，我们也不能否认，它在处理经济理论的根本问题时出现了一些错误，而且，它给德国货币理论带来的负面影响也是无法忽视的。但是，它也告诉人们，无论经济学理论有什么缺点，都不能被无端地蔑视。事实上，这部著作再次向人们显示了这位伟人的能力：他能使很多人确信连他自己都无法证实的东西；甚至，即使在那些他无法使他人信服的问题上，他也能令它们显得非常吸引人。

弗里德里希·冯·维塞尔*

（Friedrich von Wieser）

（1851—1926）

被称为奥地利学派的三位奠基人中的最后一位的维塞尔逝世于 1926 年 7 月 23 日。他是在刚刚过完 75 岁生日十几天后离开人世的，去世前，他的身体和精神依旧充满活力。

弗里德里希·冯·维塞尔男爵生于 1851 年 7 月 10 日，他的父亲是枢密院顾问利欧波尔得·冯·维塞尔男爵（Baron Leopold von Wieser)。弗里德里希·冯·维塞尔在维也纳接受教育，并在那里于 1872 年取得学位。一直到那个时候，他最喜欢研究的仍然是历史方面的东西。但是在 1872 年，他无意中发现了门格尔的著作《国民经济学原理》，在认真钻研之后，他的兴趣就转移到经济理论领域来了。随后，他先后在海德堡大学、耶拿大学和莱比锡大学学习。接着，在成为维也纳大学“不领薪俸的教师”（1883 年）之前，他还曾经担任过一段时间的公务员。1884 年，维塞尔被调到布拉格大学任职，1903 年又返回维也纳大学接替卡尔·门格尔。在这

* 原载《经济学杂志》，第 37 卷，第 146 期，1927 年 6 月。

些年间，他一直坚定地沿着既定的路线前行，潜心研究经济理论，最后终于迈入了一片广泛的天地。限于篇幅，我不得不撇开他一生事业中的细小插曲不谈。值得一提的是，他于 1917 年进入上议院成为终身议员，并在同年加入内阁，出任商业部长一职。不过，不久之后，他就辞去了这个职位，重返维也纳大学，继续担任教授，从事教学科研工作。

要想通过一个简短的介绍，让那些原本不认识维塞尔的人对他留下一个恰如其分的印象，并不是一件容易的事情，因为他的魅力折服了他到过的任何地方的任何人。他的俊雅的外表、非同寻常的独特魅力、威严的态度、一丝不苟的处世风格、能够增加他所说的每句话的分量的有些神秘的气质、他的性格中难以形容的艺术家风范，以及他的一言一行中表现出来的广阔胸怀和渊博知识——所有这一切，全都是很难描述的。因此，也许我最好的办法就是什么也不多说，只告诉读者下面这件事情就行了：在祝贺他 70 岁寿辰的时候，三位祝辞人（其中一位是我本人）都不约而同地把他比作歌德。是的，他总是很活跃，但又总是很沉着；他几乎对所有事物都有兴趣——尤其是，他既是一位卓越的美术鉴赏家，同时也是一位勤勉不辍的艺术赞助商——但是任何事情都不能扰乱他的心境。在他的内心深处似乎具有某种魔力，任何公共的或私人的不幸都无法打击他。他的所有荣誉和成就都是水到渠成的，似乎根本不需要付出特别的努力，他接受它们就像它们本来就等在那里似的。确实，这些对他来说，都并不算什么重要的事情。他也从来没有为争取或反对任何东西而斗争过，拦在他面前的所有困难似乎都自动让开了。渐渐变老通常会使人们感受到岁月对自己的摧残，但是对他来说，却像是油画创作时的最后几笔，目的是使一幅永远能够给人以美感的佳作更加完美。

要用短短的几句话介绍维塞尔这个人是很困难的；而要在一两页纸的有限篇幅内阐述清楚他的科学成就的内容和特点，那就更加困难了；难上加难的是，我现在要面对的是英语国家的读者，而他采用的表达方式却是特别“非英语”的。恐怕就连维塞尔的译者和阐释者斯马特教授（Professor Smart）——他曾经把维塞尔的部分作品翻译成英文——也未能使英国和美国的普通公众对维塞尔真正重要的观点留下深刻的印象。说真的，维塞尔的写作技巧算不上太高明，他是少数几个自己的思想非常清晰但却无法用简洁的语言表达出来的伟大经济学家之一。到目前为止，在所有已经发表的纪念维塞尔的文章中，最好的一篇是哈耶克在1926年的《国民经济和统计年鉴》（*Jahrbücher für Nationalökonomie und Statistik*）上发表的文章，在它的附录中，还列出了维塞尔的全部作品的清单，总共62种。限于篇幅，在这里我们不得不以最简明的方式阐明他的思想的总体方向。

维塞尔首先是一位理论家。门格尔为他所做的事情，与其说是给了他一个观念，不如说是推动他发展自己的观念。很少有人像他那样对价值理论基本问题进行过如此深刻的思考，也很少有人像他那样对经济学基本原理有如此清晰的洞见。在壮年时期，他利用自己的旺盛精力创立了自己的理论和方法，它们集中体现在他的代表作《自然价值论》（*Der Natürliche Wert*）（1889年）一书中。他于1884年出版的《经济价值的起源和基本法则》（*Ursprung und Hauptgesetze des Wirtschaftlichen Güterwertes*）则是《自然价值论》的前身。在《自然价值论》中，他第一次全面阐述了他的边际效用理论、生产成本理论［这一理论以“间接效用”概念为主要解释工具，曾被潘塔莱奥尼（Pantaleoni）称为“维塞尔定理”］，以及他的“归属理论”。这些都是我们所熟知的。但是我在这里要强调的不是他的任何一个工具或理论的重要意义，而是他关于作为一个整体的经济生活的概念的丰富性和宏大性，他用来分析共产主义社会的推理方法充分体现了这一点。自《自然价值论》问世以来，经济学在价格均衡理论方面的研究取得了很大进展。但是（如果我没有弄错的话），近来又突然出现了一些问题，它们迫使我们去重温维塞尔的基本思想，尽管在我们当中的许多人看来，它们已经过时了。

不过，《自然价值论》一书出版后，维塞尔将他的这个思路线索搁置了大约20年。一直到了1909年，他才重新回到这个问题上，并在1914年《社会经济基础》（*Grundriss der Sozialökonomik*）这部百科全书式的巨著中出版了他的《社会经济学理论》（Theorie der gesellschaftlichen Wirtschaft）。这是他关于纯粹理论最后的和最成熟的阐述，由于战争的关系，我们直到现在才开始感受到它的影响力。

与瓦尔拉斯及其他人一样，维塞尔也同时对货币理论进行了研究。他另辟蹊径，慢慢地凭一己之力——他从不参阅别人所写的东西——构建了一个自己的货币理论；在这个领域中，它永远有资格与当代最杰出的理论并列。关于货币问题，他第一次公开发言是在 1903 年，当时他接受委任接替门格尔的职位，为此发表了就职演说；而最后一次发言，则是发表于《政治学辞典》(*Handwörterbuch der Staatswissenschaften*) 中的一篇关于货币问题的论文，他完成该论文之后不久就离开人世了。他的研究思路是，通过研究货币购买力的历史变迁来研究货币问题，并打算为货币数量理论奠定一个坚实的基础，就像他用自己的价值理论为成本理论奠定了基础一样。从古到今，真正理解货币理论的经济学家并不是很多。不过可以庆幸的是，他们之间的共同点很多，而且相互的差异也几乎全都体现在爱好和技巧方面，实际上是微乎其微的。因此，在很大程度上，维塞尔的研究道路必定是与其他人平行的。但是在我看来，在其他一些方面［它们后来被 F. X. 魏斯 (F. X. Weiss) 和 L. V. 米塞斯 (L. V. Mises) 等人进一步发展完善了］，维塞尔比其他任何人都钻研得更加深入。

但是，他在晚年的研究工作主要集中于社会学领域。维塞尔所说的社会学，是有特定含义的，指可以被定义为历史的分析或者被定义为“没有名字的历史”的那种社会学。(“没有名字的历史”这个术语是维塞尔自己创造的，他有一种创造新词的特殊能力。）历史的社会学，或社会学的历史，曾经是他的最早的爱好，最终又成了他的最后的爱好。年轻时，他花了好几年的时间来研究它，付出了很多心血；而步入老年后，他又在 74 岁高龄时出版了《论权力法则》(*Das Gesetz der Macht*) 这部伟大的社会学著作，终于实现了他在学生时代就立下的志向，并收获了他在这个领域中的思想成果。

因此，在维塞尔的一生中，从来没有什么偶然性的、不完美的东西，他永远不会迷失方向，也不会留下任何污点。在他的生命中，每一个元素都是构成一个和谐整体的一部分，它们慢慢地展现，有机地成长，最终达到了惊人的高度和广度。

拉迪斯劳斯·冯·博特基威茨*

（Ladislaus von Bortkiewicz）

（1868—1931）

截至目前，拉迪斯劳斯·冯·博特基威茨可以说是莱克西斯（Lexis）以来最优秀的德国统计学家。在一些重要方面，莱克西斯算得上是他的老师。但是，博特基威茨其实没有德国血统。他是一个向统治波兰的俄国人妥协的波兰家族的子孙。他出生于圣彼得堡，并在那儿长大，后来又在那儿上了大学，而且在那儿教过一段时间的书。博特基威茨由于长期在德国居住而在当地建立了一些人脉关系，并于 1895 年成了斯特拉斯堡大学不领薪俸的教师，这最终使他于 1901 年被委任为柏林大学的“特别”（助理）教授。根据德国大学特有的惯例，这位杰出的外国人是不可能进入柏林大学或其他大学的一些重要职位的候选人名单的。直到 1920 年，根据一项目的在于促进大学院系“民主化”的政策，所有“特别”教授都自动升为正教授，博特基威茨才获得了正教授职位。但是，他仍然是完全孤立的。

之所以会出现这种情况，有好几个原因。首先，他

---

* 原载《经济学杂志》，第 42 卷，第 166 期，1932 年 6 月。

是一个外国人。虽然他不是一位拙劣的演说家，也不是一个不入流的学者，但他确实不是一位擅长授课的好教师。据说，他讲课非常认真，而且十分关注细节，但是听讲的学生却寥寥无几。他批判性的眼光极其敏锐，几乎令人敬畏，这显然使别人很难喜欢他。就连本来有责任推荐他的那些同事，也很难理解他的著作。但是，他似乎并不在意，而是淡然处之，有尊严地享受着人们对他的尊敬和平静的科研生活。然而，当他精力仍然非常充沛的时候，死神突然不期而至，他的生命和科研活动戛然而止。关于他的生平著作，奥斯卡·安德森教授（Professor Oscar Anderson）为他的已经发表的全部作品（就我浏览范围所及）编写了一个完整的书目①，读者们可以参考它。

他是一位天生的批评家，然而，幸运女神并不因他如此就经常垂青于他。即使是他的创造性著作，也都采取批评的形式，因此，批评已经成了他的生命。这种批评的能力，或者应当说批评的热情，突出地表现在他对于微小的疏忽也不放松，而且这一点在他作为经济学家的工作上表现得特别突出。平心而论，在经济学方面他不是一位创造者。我认为，他很可能正是由于拒绝充分使用自己掌握的数学工具而失去了成为一名伟大的经济学家的机会。在他的壮年时期，他就掌握了高深的数学工具，这本来是完全可以使他与埃奇沃思、巴罗内等人平分秋色的。但是，他生不逢时。他是在一个没有几个人肯听别人讲经济学理论的国家和时代里高举经济学理论这面大旗的。他在课堂上传授马歇尔主义的学说，利用自己掌握的强大的数学武器，澄清了许多有争议的问题。他最了不起的成就是他对马克思体系理论结构的研究与分析［载《社会科学文库》（*Archiv für Sozialwissenschaft*），第 23 卷和第 25 卷以及《康拉德年鉴》，1907 年］。在他关于这个论题的所有论文中，这一篇是最好的；同时，在他所有批评马克思的批评者的论文中，它也是最好的。他的另一篇代表作是关于罗贝尔图斯的地租理论与马克

---

① 载《国民经济杂志》（*Zeitschrift für Nationalökonomie*），第 3 卷，第 2 期。在描述博特基威茨这样一个堪称良心典范的人的时候，我也许应该遵循他所树立的榜样，指出奥斯卡·安德森教授编写的这个书目中的一个印刷错误，那是在第 279 页，经济论文清单第二小类中：在博特基威茨对于帕累托的《政治经济学教程》的批评中，他并没有谴责边际效用学派鼓励一种“极端激进的”经济政策，而是谴责它鼓励一种“极端自由的”经济政策。

思的地租理论的比较［载《社会主义历史文库》（*Archiv für die Geschichte des Sozialismus*），第1卷］。博特基威茨这位批评家可能太严厉了，像瓦尔拉斯、帕累托和庞巴维克等人的论著，基本原理是正确的，错漏之处是次要的，在这种时候，他的严苛的批评就没有什么优势了。另外，作为一位精通货币理论和货币政策的学者，他在德国经济学界拥有很高的地位。他对金本位制、银行信用、流通速度等问题的研究都做出了卓越的贡献。不过，在这个领域中，他最好的作品是一篇讨论指数的论文［载《挪威统计杂志》（*Nordisk Statistik Tidskrift*），1924年］，或者更准确地说，是一篇关于欧文·费雪著作的杰出的评论。这篇论文在统计检验问题上做出了创造性的贡献。

在统计方法的领域中，他在当时的德国获得了"最勇敢的探索者"的称号，这是当之无愧的。作为"小数法则"的发现者（1898年）及莱克西斯学派的领袖，他赢得了必定会流芳百世的国际声誉。他唯一的一本"书"——由于他极不愿意将它出版，他因此丧失了对一些由他首创的非常重要的思想的优先权——是他关于概率问题的一本书［载《多次重复》（*Die Iterationen*），1917年］，即使阅读这本书的人对作为其基础的概率的基本概念没有任何偏爱，也无法否认它是一部杰作。由于我的这篇文章是发表在《经济学杂志》上的，因此，要想在这里列出博特基威茨在统计理论方面的所有论著的长长的清单，那将是不可能的，也是不合适的。对于经济学家读者来说，只要举出其中特别重要的代表性作品为例就足够了。在澄清极其重要的收入不平等的测度问题这个方面，没有任何人的贡献能够比得上他（国际统计研究院第19次大会）。此外，我还相信，我们中的大多数人在阅读下面这些杰出的论文时，都会大受教益并且觉得心情愉悦：关于经验曲线的求积分方法的论文［载《斯堪的纳维亚保险统计师杂志》（*Skandinavisk Aktuarie Tidskrift*），1926年］，关于统计指标的同质性和稳定性的论文（同前一刊物，1918年），关于戈森定律下的变量设定的论文［载《挪威统计杂志》，1922年］，关于一切误差法则的共性的论文［载《柏林数学会会议记录》（*Sitzungsberichte der Berliner math. Gesellschaft*），1923年］，或关于偶然事件的时序的论文［载《国际统计机构公报》（*Bulletin de l'institut international de statistique*），1911年］——更不要说他关于死亡率或保险问题的任何一篇了（这些论文中，不少都是相关领域的经典之作)。

但是，为了让读者更好地了解他的思想领域的范围，我在这里还必须提一下他的另外一本小册子，尽管它与经济学关系不大。这本小册子就是他从未正式出版的《作为概率论研究对象的放射性光线》(Radio-aktive Strahlung als Gegenstand wahrscheinlichkeitstheoretischer Untersuchungen)（柏林，1913 年）。在浏览这本小册子的时候，我们似乎看到了写这本小册子的那位经济学家的思想的真正轮廓，并且我们还会怀疑，我们是否真的可以仅仅根据他已经发表（出版）的著作来衡量他的能力?

译后记

《十位伟大的经济学家：从马克思到凯恩斯》的作者约瑟夫·熊彼特自己也是一位伟大的经济学家。这是这本书最难得的地方，因为只有伟人才最能读懂伟人。通过熊彼特的这一著作，我们不仅可以了解这些伟大的经济学家的思想和方法，还将有机会“认识”他们这些人。

本书的第二个难得的地方在于，它实际上是以洛桑学派（瓦尔拉斯、帕累托，费雪也可以包括在内）和奥地利学派（门格尔、庞巴维克和维塞尔）为主要框架的。边际革命是与杰文斯、门格尔和瓦尔拉斯三个人的名字联系在一起的。如果可以大而化之，把杰文斯以后，经马歇尔，至凯恩斯以及其后的英美经济学家称为“英美学派”，那么在英美学派的“繁荣昌盛”的映衬之下，分属法意传统和德奥传统的洛桑学派和奥地利学派就越发显得凄凉凋零了。特别是在当今世界，凯恩斯主义和货币主义（以及它们的变种或后继者）几乎主宰了整个经济学，洛桑学派和奥地利学派的真传，可能真的要面临湮没的危险了。边际革命一源三流，为什么命数会如此不同？这本身就是一个很有意思的问题。在这种情况下，重温熊彼特的这一著作，将会大有裨益。熊彼特本人出身奥地利学派，受奥地利学派的影响很大，但是他本人却认为自己更偏向洛桑学派。其实，熊彼特是这两个学派的集大成者，他提出的发展就是不均衡的创新和突破的观点，可以说是这两派思想的结晶。也正因为如此，他在本书中真正倾注了感情的，乃是对洛桑学派和奥地利学派的各位大师的追忆和尊崇。

本书中所占篇幅最大的一位“经济学家”是马克思。在所有伟大的非马克思主义经济学家当中，熊彼特可能是唯一一个认为“资本主义必将灭亡”的人。众所周知，马克思也认为“资本主义必将灭亡”。虽然此“灭亡”非彼“灭亡”，但是熊彼特无疑是从马克思的思想中汲取了一定营养的，特别是他非常推崇马克思关于资本主义制度按内在逻辑在自身力量推动下发展的观点（这让人想到熊彼特自己的“创造性毁灭”论）。熊彼特对马克思的思想体系的态度也显得颇为矛盾。无论如何，他对马克思的评价，至少也是发人深省的。这是本书的第三个难得之处。

经典著作的重译往往是一件费力不讨好的工作。《十位伟大的经济学家：从马克思到凯恩斯》在国内已经出版过不止一个译本，珠玉在前，我真是“亚历山大”，因此尤其要感谢中国人民大学出版社高晓斐兄的信任。虽然我希望自己能够凭借着前贤佳译所奠定的基础更上一层楼，但究竟做得怎样，也只能请读者来评判了。

感谢妻子傅瑞蓉对我的支持和帮助。她是我的所有译稿的第一读者，也是本书译稿的初校者；本书的翻译，至少有一半功劳属于她。感谢儿子贾岚晴，他的欢乐，减轻了我的疲累；他的快速成长，却教我平添了紧迫感。

感谢汪丁丁教授、叶航教授和罗卫东教授的教诲，感谢陈叶烽、李欢、罗俊、王国梁、纪云东、何志星、张弘、邹铁钉、郑恒、李燕、陈姝、郑昊力、黄达强、应理建、童乙伦等学友的帮助，同时还要感谢好友何永勤、虞伟华、余仲望、鲍玮玮、傅晓燕、傅锐飞、傅旭飞、陈贞芳等的支持。感谢岳父傅美峰、岳母蒋仁娟对贾岚晴的悉心照料。

贾拥民

于杭州

图书在版编目（CIP）数据

十位伟大的经济学家：从马克思到凯恩斯/（美）约瑟夫·熊彼特著；贾拥民译. —北京：中国人民大学出版社，2017.5

（熊彼特著作集）

书名原文：Ten Great Economists：From Marx to Keynes

ISBN 978-7-300-24288-0

Ⅰ.①十… Ⅱ.①约…②贾… Ⅲ.①经济学家-评传-世界 Ⅳ.①K815.31

中国版本图书馆 CIP 数据核字（2017）第 057869 号

熊彼特著作集

十位伟大的经济学家：从马克思到凯恩斯

约瑟夫·熊彼特 著

贾拥民 译

Shiwei Weida de Jingjixuejia：Cong Makesi dao Kaiensi

出版发行	中国人民大学出版社		
社　址	北京中关村大街 31 号	邮政编码	100080
电　话	010－62511242（总编室）		010－62511770（质管部）
	010－82501766（邮购部）		010－62514148（门市部）
	010－62515195（发行公司）		010－62515275（盗版举报）
网　址	http://www.crup.com.cn		
经　销	新华书店		
印　刷	北京联兴盛业印刷股份有限公司		
规　格	170 mm×240 mm　16 开本	版　次	2017 年 5 月第 1 版
印　张	18.5 插页 3	印　次	2019 年 12 月第 3 次印刷
字　数	286 000	定　价	48.00 元